MANUAL DE CONSEJERÍA BÍBLICA

MANUAL DE CONSEJERÍA BÍBLICA

MARIO BERTOLINI

Peniel

Buenos Aires - Miami - San José - Santiago

www.editorialpeniel.com

Manual de consejería bíblica
Mario Bertolini

Publicado por:
Editorial Peniel
Boedo 25
Buenos Aires C1206AAA - Argentina
Tel. (54-11) 4981-6034 / 6178
e-mail: info@peniel.com

www.editorialpeniel.com

Diseño de cubierta e interior: arte@peniel.com

Se utilizó la Biblia versión Reina Valera Revisión 1960.

Impreso en Colombia
Printed in Colombia

Bertolini, Mario.
Manual de consejería. – 1a ed. – Buenos Aires : Peniel, 2005
Traducido por: Ester Barrera.
ISBN 987-557-075-3
1. Cristianismo-Enseñanza. I. Barrera, Ester. trad. II. Título CDD 230.071
272 p. ; 21x14 cm.

ÍNDICE

INTRODUCCIÓN 7

1. EL CONSEJO DE DIOS Y EL CONSEJERO 13

2. LA RAÍZ DE LOS PROBLEMAS 27

3. EL PRÓSITO DE LAS PRUEBAS, LAS DIFICULTADES Y LOS SUFRIMIENTOS 43

4. PECADO Y ESCLAVITUD ESPIRITUAL 63

5. SALVACIÓN Y RESTAURACIÓN 83

6. EL MINISTERIO DEL ESPÍRITU SANTO 97

7. SANIDAD DIVINA 121

8. LIBERACIÓN DE LA ESCLAVITUD ESPIRITUAL 145

9. LIBERACIÓN ESPIRITUAL Y OCULTISMO 171

10. EL MATRIMONIO 203

11. EL HOGAR CRISTIANO 225

12. LA FAMILIA CRISTIANA 245

INTRODUCCIÓN

Como podemos comprobar hoy los creyentes, las cosas en el mundo están empeorando, y cada vez oímos más de "*guerras y rumores de guerra*", tal como lo profetizó Jesús en Mateo 24:7-8 cuando dijo: "*Porque se levantará nación contra nación, y reino contra reino; y habrá pestes, y hambres, y terremotos en diferentes lugares. Y todo esto será principio de dolores*".

Nos damos cuenta que el vivir cristiano bajo la guía del Espíritu Santo se ha hecho dificultoso para muchos creyentes, abunda la seducción del mal, el engaño; fuertes tentaciones y acusaciones han derrumbado la vida de cristianos sinceros y devotos. Apocalipsis 12:12 nos dice que el diablo ha descendido a la Tierra con gran ira, "*sabiendo que tiene poco tiempo*".

Por eso la lucha espiritual nunca ha sido tan crítica como hasta ahora, si bien principalmente en los tiempos de Nerón y de la Inquisición muchos cristianos fueron masivamente perseguidos y martirizados, la mayoría de ellos no perdió la salvación eterna.

En cambio ahora la persecución del diablo viene a través de una inundación e incitación al pecado, para que los creyentes pierdan la promesa de ser más que vencedores en el reino de los cielos, o que algunos sean borrados del libro de la vida, y así pueda lograr sus objetivos malignos robando las almas o esclavizándolas espiritualmente. Pero el Señor Jesucristo nos ha dado las armas espirituales y todo el consejo de Dios para vencer cada tentación, cada engaño y cada acusación enviada en contra de nosotros por el enemigo de nuestras almas.

La consejería espiritual es un ministerio fundamental para ayudar a todos los creyentes en tiempos de crisis, tal como Pablo lo manifiesta en Hechos 20:27 cuando dijo: *"No he rehuido anunciaros todo el consejo de Dios"*. Este es un ministerio que Dios ha otorgado al cuerpo de Cristo para que nos soportemos unos a otros, nos perdonemos unos a otros, y podamos ser vencedores contra las artimañas del diablo.

Para ello debemos adiestrarnos para que *"la palabra de Cristo more en abundancia en nosotros, enseñándonos y exhortándonos unos a otros en toda sabiduría..."* (Colosenses 3:16). Es necesario instruirnos en el conocimiento de la palabra de Dios para ser de ayuda eficaz a otros hermanos en la fe y para vivir una vida victoriosa nosotros mismos, perseverando hasta el fin, y predicando el evangelio del reino a todo el mundo.

Lamentablemente, muchos han asociado la consejería bíblica espiritual con la psicología humanista o la medicina psiquiátrica, y en algunos casos se ha requerido en congregaciones cristianas que el consejero espiritual tenga algún título profesional de psicología humanista.

Esto está muy lejos del propósito de Dios; en realidad, todo pastor o maestro bíblico tiene que guiar fielmente el rebaño del Padre y alimentarlo de la palabra viva de Dios; no solo debe administrar la Palabra en la predicación, sino que debe estar preparado para aconsejar a las ovejas necesitadas, heridas o descarriadas, para mantenerlas guardadas dentro del redil. Sin embargo, también cualquier fiel cristiano puede intervenir en la tarea de aconsejar, sin ser un ministro cristiano en el ejercicio del pastorado o de la enseñanza bíblica.

De hecho, todo creyente es responsable de anunciar el evangelio de Jesucristo a todo aquel que vive separado de Dios; para esto no se requiere un título de ministro cristiano, pero sí se requiere del consejero cristiano un profundo conocimiento de las Escrituras y de una preparación personal en su carácter. Esto significa que si alguien tiene una vocación para aconsejar, debe prepararse para la obra del ministerio. La mejor preparación y entrenamiento para aconsejar bíblicamente es formarse en un buen seminario bíblico y teológico, o en una escuela de líderes, reconocidos por su solidez doctrinal.

Porque los recursos sobre los que debe apoyarse todo consejero cristiano es la palabra de Dios, la guía del Espíritu Santo y la comunión con la Iglesia del Señor. De hecho, quiero aclarar, que no hay lugar en el cuerpo de Cristo para los consejeros independientes que obran por su propia cuenta sin estar unidos al cuerpo o sin pertenecer a una congregación cristiana reconocida.

Dios manifiesta en la Biblia el deseo de que cada creyente se transforme en un intercesor para reconciliar todos los corazones alejados, heridos o lastimados, con Dios. Por ello la Biblia considera el ministerio de la consejería como un servicio espiritual en favor de los necesitados (2 Corintios 5:18).

Como consejero, un cristiano es un vínculo vital entre el que está necesitado y Dios. El Espíritu Santo de Dios es el Consejero de todos los consejeros cristianos, por ello todo cristiano que ha recibido a Cristo como su Salvador personal, debe buscar la llenura del Espíritu Santo, para poder así alcanzar el nivel espiritual y prepararse como consejero.

El ministerio del consejero espiritual es de trascendental importancia para ayudar a mantener la unidad del pueblo de Dios. El consejero podrá exhortar con amor y autoridad espiritual al creyente con dificultades, ayudándolo a "enderezar lo que se había torcido" (ver Romanos 15:14).

Este manual de consejería ha sido diseñado como un instrumento de ayuda y como herramienta eficaz para los que sufren distintas perturbaciones o estados de confusión, y que todo consejero cristiano no debe ignorar. Aunque será el Espíritu Santo quien traerá a la memoria todo el bagaje de conocimientos que usted atesore, y que unido al aprendizaje de textos claves y conceptos bíblicos, estará en condiciones de recibir la dirección divina en el momento en que usted se encuentre ante un problema para aconsejar a otro (ver Juan 14:16; 16:13-14).

Este libro trata sobre las soluciones bíblicas a los principales problemas que tiene el ser humano, y a las diversas dificultades que pueden enfrentar los creyentes durante el crecimiento espiritual. Cada tema ha sido preparado sobre la experiencia que he adquirido en dar el consejo cristiano persona a persona, de la sabiduría proveniente de otros consejeros bíblicos como Jay Adams y Frank Marzulo, entre otros; de la recopilación de apuntes y enseñanzas recibidos en distintos encuentros y seminarios sobre el tema, como los de CBN Internacional, y Misión Carismática Internacional.

Y a través de la práctica en la atención telefónica durante más de quince años como Director del Centro de Consejería de la Cadena Cristiana de Difusión. Que con un equipo de más de sesenta consejeros y el apoyo idóneo del Pastor Daniel Curra como Subdirector del Centro, pudimos impartir el consejo espiritual y evangelizar a miles de personas a través de los llamados de los televidentes, durante la emisión diaria del programa de televisión "Club 700" (Ministerio televisivo de CBN Internacional con sede en Virginia Beach, EE.UU., liderado por Pat Robertson). En marzo de 2004 me llamó una consejera que integró nuestro equipo, que recibía las llamadas del Club 700, para darme un testimonio que me sorprendió. Me dijo que un periodista televisivo y radial de renombre hizo una declaración en su programa, en referencia a la labor de los consejeros del Club 700.

El periodista daba un reporte muy crítico y despectivo, sobre las ofertas electrónicas de aliviar los males por medio de la religión u otras prácticas esotéricas. Pero dijo que había excepciones, y quería hacer una confesión de algo en lo que él había participado. Contó que en el pasado llamó al número del centro de consejería del Club 700, fingiendo ser una persona que pedía ayuda porque planeaba suicidarse, con el objetivo de grabar la conversación y luego ridiculizarla en su programa radial.

Lo que manifestó el periodista es que fue sorprendido por la capacidad, el afecto humanitario y la preocupación con que fue atendido. (Nosotros teníamos un acuerdo con dos centros asistenciales al suicida, de manera que mientras el consejero ministraba al potencial suicida, alertaba a otro consejero para que llamara a emergencias y fuesen al lugar desde donde provenía la llamada.) Y el periodista terminó diciendo que sorpresivamente mientras él continuaba su "actuación" telefónica, llegó un escuadrón de ayuda para impedir que se suicidara.

El periodista dijo que él es judío, pero que por poco lo convencen de la fe en Cristo, y exaltó una profunda admiración a la eficiencia de la tarea realizada. Esto debe servirnos de aliento para lograr el propósito de Dios, y aunque el periodista manifestó su fe religiosa en el judaísmo, sin embargo, fue usado para que el nombre del Señor fuera enaltecido por la tarea realizada. También tenemos el testimonio del actor Jorge Porcel, quien fue impactado por un testimonio del programa del Club 700 y acudió a nuestro centro telefónico y fue ministrado por uno de los consejeros, en un momento crítico de su vida.

Puedo agregar a la experiencia de consejero cristiano, mi permanente tarea como maestro bíblico en las distintas conferencias y seminarios nacionales e internacionales. Tarea que continúo hoy, sumado al de Pastor de la Iglesia Cristiana de la Unión de las Asambleas de Dios, en Buenos Aires, Argentina. Como productor del ministerio radial *"La Biblia te guía"*, Director del Seminario de Enseñanza Bíblica por Internet en: www.labibliateguia.com y Director Nacional de CBN Internacional.

Los requisitos indispensables para el creyente que desee alcanzar el ministerio de dar el consejo de Dios están en las cartas del apóstol Pablo a Tito y en la Primera carta a Timoteo. Después de leerlas, estará en condiciones de comenzar este estudio práctico para el consejero cristiano.

Es mi deseo que Dios lo bendiga y le ayude a ser una consejera o consejero idóneo, y si ha decidido profundizar y prepararse para este ministerio le pido a Dios que nunca falte la unción del Espíritu Santo sobre su vida en el tiempo de su servicio al Señor Jesucristo.

Su siervo en Cristo,

MARIO BERTOLINI
también autor del libro *"Ocultismo, guerra espiritual y liberación"*.

Capítulo 1

EL CONSEJO DE DIOS Y EL CONSEJERO

1. LA CAPACITACIÓN PARA RESTAURAR VIDAS

Es la creencia generalizada que la tarea de aconsejar bíblicamente pertenece exclusivamente solo a los pastores, sacerdotes o clérigos de las iglesias. Aunque en la actualidad se ha pretendido jerarquizar el ministerio, algunas denominaciones cristianas han incorporado a psicólogos matriculados en psicología humanista, tratando de convertirlos en psicólogos "cristianos". (También el enemigo a través de la Nueva Era está promoviendo el estudio de la consejería espiritual, con el título de "Counseling" a esta nueva carrera secular con raíces esotéricas.)

Pero si profundizamos lo que Dios dice al respecto, en la Biblia, nos encontramos que Dios llama a cada cristiano a aconsejar a otros, no como tarea obligatoria, sino como responsabilidad fraternal. En la carta que escribió el apóstol Pablo a los Gálatas 6:1 dice: "*Hermanos*, (no dice: pastores, sacerdotes o clérigos, ni psicólogos) *si alguno es sorprendido en alguna falta, los que sois espirituales*, (todos los creyentes comprometidos con Dios en servirle fielmente) *restauradle con espíritu de mansedumbre, considerándote a ti mismo, no sea que tú también seas tentado*".

También en la carta de Pablo a los Romanos 15:14 encontramos otro claro llamamiento a ejercer la tarea de aconsejar bíblicamente: "*Pero estoy convencido de vosotros, hermanos míos, de que vosotros mismos estáis llenos de bondad, llenos de todo conocimiento, y capacitados también para amonestaros los unos a los otros*". Estos versículos ciertamente involucran a todos los cristianos comprometidos con Dios y de buen testimonio, en la tarea de aconsejar.

El llamamiento es claro: todos los cristianos tenemos que ayudar a "restaurar" a quien Dios haya colocado a nuestro lado y que esté necesitado de enderezar su caminar con Dios. El requerimiento del Padre a restaurar la vida de alguien que está en dificultad, se entiende bien si tomamos el concepto de la palabra restaurar del griego *KATARZIO*, cuya traducción literal es: "Remendar", es decir, volver al enfermo a su anterior condición de sanidad. La palabra restaurar era usada por médicos y pescadores. Una red con agujeros, no servía, pues los peces a los que se quería atrapar se escapaban; cuando la red era reparada, podríamos decir que había sido restaurada para su uso normal, pues vuelve a ser útil por medio de la restauración. El propósito del texto de Gálatas 6:1, por parte de los que "*son espirituales*", es restaurar al miembro de la Iglesia de Cristo que ha sido sorprendido en una falta, hecho que lo ha dislocado del cuerpo espiritual. Al igual que un médico restaura al colocar en su lugar un miembro dislocado. Y de esa forma lo pone nuevamente en su utilidad propia. El consejero que realiza la tarea, no es que asuma la responsabilidad del que ha fallado; lo que hace es asumir la responsabilidad de aconsejar, de modo que aquel que cometió la falta logre corregir su error para retomar la carga de su propia responsabilidad en la Iglesia.

En resumen: restaurar es lograr que el cristiano fallido vuelva a su lugar de utilidad en la Iglesia del Señor. Pero también puede ocurrir que el creyente fallido se haya apartado y en este caso no hay posibilidad de remitirlo con su problema al pastor o a los ancianos de la Iglesia; aquí la restauración será nuestra obligación. La condición que debemos recordar es que quien va a aconsejar a otro debe pertenecer a "*los que sois espirituales*", o los que tienen el Espíritu Santo activado en sus vidas. Porque la presencia del Espíritu Santo hace posible que podamos realizar el proceso de restauración en el aconsejar. Debemos pensar que Dios ha colocado providencialmente en nuestro camino al cristiano que ha errado en su conducta, para que le ayudemos a volver al camino de Dios.

Recordemos la actitud del sacerdote y del levita que, en la parábola del "Buen samaritano", pasaron de largo y evitaron su responsabilidad de ayudar al prójimo. Dios quiere que en estas situaciones seamos como el buen samaritano. Puede ocurrir que el problema que le toca aconsejar exceda sus conocimientos bíblicos o el de su madurez espiritual. Entonces deberá remitir al cristiano a un anciano o al pastor de su congregación. Y así, completará su responsabilidad espiritual.

El otro aspecto es el del creyente que tome esta responsabilidad como vocación ministerial. Las iglesias tienen consejeros "oficiales" designados u ordenados por los pastores y ancianos, para ayudar y pastorear la grey de Cristo.

El punto principal del creyente involucrado en la tarea de aconsejar, es que cada consejo emitido debe ser el consejo de Dios expresado en las Sagradas Escrituras. Solo así podrá haber restauración; porque si el consejo es pobre o mezclado con conceptos humanistas, puede ser inocuo y hasta muy perjudicial. La vida de los cristianos que componen el cuerpo de Cristo, la Iglesia del Señor, está en juego. Por ello, el llamado de Dios a restaurar a los fallidos, jamás debemos tomarlo a la ligera.

¿CUANTAS PERSONAS ESTÁN IMPLICADAS EN EL MOMENTO DE ACONSEJAR?

Aparentemente las personas implicadas son el consejero y el aconsejado. Esto sería correcto si hablamos de impartir consejos humanos o profesionales; pero en el aconsejar bíblico siempre están implicadas tres personas, porque el consejero y el aconsejado se reúnen en el nombre del Señor Jesucristo, y es en su presencia real que se realiza la tarea.

El evangelio según san Mateo 18:10 dice: "*Donde hay dos o tres congregados en mi nombre, allí estoy yo en medio de ellos*". Jesucristo reside hoy de modo invisible en su Iglesia en la persona del Espíritu Santo. Jesús, antes de ascender a los cielos se reunió por última vez con sus discípulos y les dijo que el Padre les enviaría "*otro Consolador (...) el Espíritu de verdad*" (Juan 14:16-17). El "*otro*" mencionado, se refiere a otro como Él mismo, para que los guiara, y los ayudara en todo lo que Jesús les encomendó que hicieran. La palabra *"Consolador"* fue traducida del griego *PARAKLETOS*, que significa: ayudador, abogado, consejero, intercesor, alguien que se pone de nuestro lado para ayudarnos.

La presencia del Señor Jesucristo es manifestada en la consejería por medio de su Santo Espíritu, quien es el autor de las Escrituras, y quien las ha revelado a aquellos que escribieron en manuscritos la palabra de Dios que hoy tenemos en la Biblia. Por lo tanto, cuando se reúne un consejero con el aconsejado, para que el consejo de Dios sea manifestado por su divina Palabra, se requiere la participación del Espíritu Santo. En ese caso habrá tres personas presentes: el Consejero Divino, el consejero cristiano y el aconsejado.

2. EL CONSEJERO DIVINO

Como hemos dicho, el Señor Jesucristo reside ahora de modo invisible en su Iglesia en la persona del Espíritu Santo. Jesús le aseguró a sus discípulos que el Padre les enviaría "otro Consolador (...) el Espíritu de verdad". La palabra "otro" fue traducida del griego ALLOS, que significa: "una diferencia numérica referido a otro con carácter similar, u otro de la misma especie".

Durante tres años y medio Jesús guió, enseñó, instruyó, corrigió y animó a sus discípulos, fue realmente su Consejero, como también aconsejó a muchos más. En el momento que estaba anticipando a sus discípulos su partida de la Tierra, les dijo que les iba a enviar *"otro Consolador"* que sería como Él mismo, para que los guiara y enseñara como Él lo había hecho. *"Consolador"* literalmente significa: "llamado al lado y en ayuda de uno, sugiere la capacidad para prestar ayuda. Generalmente usado para el que aboga por la causa de otro, y en un sentido más amplio, significa uno que socorre, que consuela, que aconseja".

El Espíritu Santo es llamado *"Santo"* porque es la fuente de toda santidad, y su obra principal en el corazón del cristiano es impulsar el anhelo de ser santo en toda expresión y conducta por el hecho de que Dios es Santo. El aconsejar es un aspecto de la santificación. Como hemos dicho, la obra del Espíritu Santo en la persona regenerada es la santificación; por lo tanto debemos considerar al Espíritu Santo como la persona más importante en el contexto del aconsejar bíblico, y considerarlo el Consejero de los consejeros.

Jesús les anunció a sus discípulos que los enviaría a hacer una gran obra, mayor a la que Él había hecho. Esta obra comenzarían a realizarla después que el Espíritu Santo viniera sobre ellos, quien les daría el poder, la guía y los consejos para poder ejecutarla. Jesús les prometió también que continuaría estando junto a ellos, por medio del Espíritu Santo, hasta los confines de la Tierra. Así que Jesús si bien los dejaba físicamente, esto iba a ser beneficioso para ellos y para los cristianos de todo el mundo y de todos los tiempos, porque no estarían nunca más solos, ni tampoco deberían decidir nada por su propia cuenta, pues el Espíritu de verdad les daría el consejo apropiado para cada situación.

Lo cierto es que el Espíritu Santo aconsejó a los discípulos de una manera perfecta y, además, fueron capacitados para recordar de una forma inequívoca las palabras y obras de Jesús, que fueron fielmente reproducidas en el Nuevo Testamento. La obra principal del Espíritu Santo llega hasta nuestros días por medio de su verdad predicada, explicada y aplicada sobre los miembros de la Iglesia de Cristo en todo el mundo.

El Espíritu Santo es quien regenera y da fe a los inconversos (1 Corintios 12:3), quien capacita al creyente para comprender las verdades de Dios (1 Corintios 2:9-16), quien nos ayuda a vivir conforme a la voluntad de Dios. Todos los creyentes reciben el Espíritu Santo en el momento de la regeneración, en el mismo instante que declaran a Jesucristo como el Señor y Salvador de sus vidas; y por lo tanto ya quedan habilitados para recibir su consejo. Pero para tener la capacidad de dar el consejo de Dios, es necesario recibir el bautismo del Espíritu Santo, tal como lo recibieron los ciento veinte creyentes que oraban en el aposento alto en el día de Pentecostés, y someterse a la preparación necesaria.

3. EL CONSEJERO CRISTIANO

De acuerdo a la Biblia hay cuatro fuentes principales de problemas que aquejan al ser humano:

A- Enfermedades orgánicas.
B- Enfermedades mentales o psíquicas, no orgánicas.
C- Pecados personales.
D- Opresión y posesión demoníaca.

La mejor preparación y entrenamiento para dar el consejo cristiano es buscar involucrarse en el estudio de la palabra de Dios, a través de institutos de educación, escuelas de líderes o seminarios cristianos, que le proporcione un fondo teológico y bíblico bien sólido al futuro consejero.

Los recursos sobre los que descansa un consejero cristiano son: la palabra de Dios revelada en la Biblia, la guía del Espíritu Santo, y la Iglesia como congregación de los santos. Dios ha establecido que los creyentes de todas las edades se congreguen en las iglesias locales, como dice la carta a los Hebreos 10:24-25: "*Y considerémonos unos a otros para estimularnos al amor y a las buenas obras; no dejando de congregarnos, como algunos tienen por costumbre, sino exhortándonos* (aconsejándonos); *y tanto más, cuanto veis que aquel día se acerca*".

La vinculación de estos recursos por medio del estudio de la Biblia y la reflexión en lo que Dios nos habla en ella, una cotidiana e íntima relación con el Espíritu Santo a través de la oración, y la participación activa en la comunión con otros creyentes en la Iglesia, harán que el consejero cristiano adquiera la idoneidad que Dios requiere para este servicio.

Los requisitos básicos del consejero cristiano se fundamentan en el desarrollo de una profunda convicción de fe en el Señor Jesucristo, y un desbordante amor y compasión para servir fielmente a Dios y al prójimo.

El consejero cristiano debe, sobre todas las cosas, ser una persona de fe y de esperanza, y creer que todas las promesas de Dios se cumplen indefectiblemente. En la Biblia Dios promete cambiar a todos los que se arrepientan de sus pecados y que busquen andar obedientes en sus mandamientos. Los aconsejados necesitan que el consejero les dé esperanza viva y ánimo para que puedan alcanzar las promesas de Dios. El consejero deberá orientar siempre al aconsejado hacia las soluciones de Dios, y hacer que este deje de mirar los problemas que lo han vencido.

4. ACTITUDES DEL CORAZÓN

El rol del consejero cristiano es enseñar al afligido la Palabra de Dios, revelada por el Espíritu Santo y ungida en el poder de su amor e intercesión.

El objetivo del consejero es el de guiar a la persona que solicita consejo hacia la luz de la verdad que está en la Biblia. Sabemos que cuando una persona inconversa recibe a Jesucristo como su Señor y Salvador, hay que animarla a tomar parte activa en una iglesia local para su futuro crecimiento espiritual. Pero si la persona es un creyente que está alejado de la comunión, hay que restaurarla para que vuelva a ser un miembro útil al cuerpo de Cristo.

Todo consejero cristiano debe tener una serie de actitudes que predispongan su corazón para el servicio de aconsejar. El Salmo 57:7 dice: "*Pronto está mi corazón, oh Dios, mi corazón está dispuesto...*". Estas son las principales actitudes del corazón para ser un fiel y eficiente consejero de Dios:

- Tener una actitud de obediencia a la Palabra de Dios. Dice en Romanos 6.17-18: "*...aunque erais esclavos del pecado, habéis obedecido de corazón a aquella (...) doctrina a la cual fuisteis (...) liberados del pecado*". El consejero que es obediente al Señor Jesucristo y a su Palabra obtiene una visible autoridad espiritual en el servicio, pues Dios siempre respalda a los siervos obedientes.
- Tener una actitud de siervo. Dice Filipenses 2:7: "*Jesús se despojó de sí mismo, tomando forma de siervo (...) se humilló a sí mismo (...) haciéndose obediente hasta la muerte*". Y Mateo 20:28: "*Como el Hijo del Hombre no vino para ser servido, sino para servir, y para dar su vida en rescate por muchos*". El consejero debe ser humilde de corazón y de espíritu. Debe poner sus prioridades en ser de utilidad para otros e imitar a Jesús, que no buscó engrandecerse a sí mismo, sino a ofrecerse como siervo de todos.
- Tener una actitud de pureza e integridad. Dice el Salmo 24:3-4: "*¿Quién subirá al monte del Señor? ¿Y quien estará en su lugar santo? El limpio de manos y puro de corazón; el que no ha elevado su alma a cosas vanas, ni jurado con engaño*". Cuando el espíritu del consejero está influenciado por

actitudes egoístas e impuras, el Espíritu Santo no podrá fluir para bendecir al aconsejado.

• Tener una actitud sumisa. Dice Hebreos 13:17: *"Obedeced a vuestros pastores, y sujetaos a ellos; porque ellos velan por vuestras almas, como quienes han de dar cuenta"*. El consejero debe reconocer y respetar a los líderes de la iglesia que estén sobre él por mandato de Dios. Para poder guiar a otros, primero debe aprender a ser guiado. En la obra de Dios, antes de tener autoridad sobre otro debe estar bajo autoridad y en sujeción a ella.

• Tener una actitud de plena confianza en Dios. Dice 2 Corintios 1:9-10: *"...Tuvimos en nosotros mismos sentencia de muerte, para que no confiásemos en nosotros mismos, sino en Dios que resucita a los muertos; el cual nos libró, y nos libra, y en quien esperamos nos librará, de tan grande muerte"*. El consejero debe tener siempre su mirada puesta en Jesús, durante el tiempo que esta aconsejando, confiando y descansando que Él hará todo lo que prometió.

• Tener una actitud paciente y amorosa. Dice 2 Corintios 5:14: *"Porque el amor de Cristo nos constriñe"*. El consejero debe tener paciencia para escuchar los problemas, una actitud amorosa, pues la impaciencia o la actitud de no dejar hablar al aconsejado, solo traerá confusión. Todo debe ser hecho con amor; el amor es una acción y no un sentimiento.

• Tener una actitud compasiva hacia el pecador, aunque al mismo tiempo, su actitud se mantendrá firme contra *el pecado* que esclaviza al oprimido. El rey David fue severamente amonestado por el profeta Natán, debido al adulterio cometido con Betsabé; el rey retenía en secreto su falta. Recibió la reprensión de los pecados cometidos y el anuncio de las consecuencias que sufriría por ello; pero, sin embargo, después de tomar conciencia de cómo había ofendido a Dios con sus pecados, pudo confesar sus delitos y al instante recibió el misericordioso perdón de Dios. Dice 2 Samuel 12:13: *"Entonces dijo David a Natán: pequé contra Dios. Y Natán dijo a David: También Dios ha remitido tu pecado; no morirás"*. El consejero debe tener siempre un corazón dispuesto a aceptar a los pecadores sin ningún tipo de rechazo.

- Tener una actitud de discípulo, y nunca de maestro. Dice Romanos 2:21: "*Tu, pues, que enseñas a otro, ¿no te enseñas a ti mismo?*" Dios demanda que como cristianos aprendamos a vivir bajo el gobierno de sus autoridades delegadas. Todo consejero con capacidad de aconsejar a otro debe estar bajo autoridad, debe contar con alguien que lo aconseje y supervise espiritualmente; esto nos ayuda a mantener una constante actitud de discípulos.

5. ACONSEJAR EN EL ESPÍRITU

La tarea de aconsejar es la obra del Espíritu Santo. Cuando impartimos el consejo de Dios, debemos tener la confianza de que el Espíritu Santo está presente. Lo descubriremos al depender de Él en cada consejo, Él nos ayudará a entender y a seleccionar las Escrituras precisas según la necesidad del que se dispone a recibir el consejo.

Nunca debemos preocuparnos ni apresurarnos a decir nada por nuestra propia cuenta, es preferible esperar en oración hasta que el Espíritu Santo nos dé sabiduría o descubra la verdad sobre el problema que nos toque aconsejar. Dice Juan 14:23 y 16:13-14: "*Respondió Jesús y le dijo: El que me ama mi palabra guardará(...) cuando venga el Espíritu de Verdad, él os guiará a toda verdad; porque no hablará por su propia cuenta, sino que hablará todo lo que oyere, y os hará saber las cosas que están por venir (...) tomará de lo mío, y os lo hará saber*".

Es necesario, además, tener la mente llena de la Palabra de Dios. Esto lo lograremos leyendo y releyendo la Biblia, y tomando tiempos de reflexión sobre los pasajes que leemos. Entonces cuando tengamos que pensar para dar un consejo, nuestra mente estará impregnada con la Palabra de Dios, y así naturalmente podremos pensar con la mente de Cristo, y cuando aconsejemos lo haremos en perfecta concordancia con Las Escrituras. Dice 2 Timoteo 3:16-17: "*Toda la Escritura es inspirada por Dios, y útil para enseñar, para redargüir, para corregir, para instruir en justicia, a fin de que el hombre de Dios sea perfecto, enteramente preparado para toda buena obra*".

Dios nos dio una boca y dos oídos; probablemente Él ha querido que pasemos el doble de tiempo escuchando en lugar de hablar.

La mayor parte del tiempo el consejero debe usarlo para oír a la persona que acude en busca de ayuda, y el oír requiere una completa atención y esfuerzo mental para retener toda la información recibida; con un oído debe oír al aconsejado, y con el otro estar atento a la voz del Espíritu Santo de Dios.

El consejero debe ser paciente para escuchar a la persona, no debe interrumpirla cuando expone su problema, no debe apresurarse a hablar en los momentos que el necesitado hace pausas en su relato para recordar algo o porque lo necesita; proceda con calma, muestre un genuino interés en lo que la persona dice y no en lo que usted pueda decir. Nunca debe dar un consejo si la persona no ha terminado su relato. Si no ha entendido algo, pida explicaciones, aprenda a obtener más información por medio de preguntas. Recuerde que usted no está para lograr reconocimiento, sino que sirve como intermediario para dar un consejo según la Palabra de Dios. Dice Juan 14:26: "*...el Espíritu Santo (...) él os enseñará todas las cosas, y os recordará todo lo que yo os he dicho*".

Algunas veces el que pide consejo acude buscando un aval a decisiones ya tomadas; entonces, en lugar de buscar el consejo de Dios, busca aprobación o simpatía por sus propias decisiones, en lugar de ser aconsejado. En este caso el consejero debe ser honesto en su consejo y hablar la verdad con amor. Si descubre que el aconsejado tiene culpa o responsabilidad directa con el problema presentado, hay que decírselo; aunque no sea fácil hacerlo. Estamos al servicio de Dios y no de los seres humanos. Dice Hechos 5:29: "*Respondiendo Pedro y los apóstoles, dijeron: es necesario obedecer a Dios antes que a los hombres*".

6. EL CARÁCTER REQUERIDO PARA EL CONSEJERO

Hemos visto las actitudes del corazón requeridas para el consejero cristiano; ahora veremos el carácter requerido para los que aconsejan.

- Tener un carácter humilde, hay que imitar a Jesús en su humildad. Dice Marcos 9:35: "*Entonces él [Jesús] (...) les dijo: Si alguno quiere ser el primero, será el postrero de todos, y el servidor de todos*". Y en Lucas 18:14 Jesús agregó: "*...el que se humilla será enaltecido*".

- Tener un carácter firme, con confianza absoluta en Cristo Jesús. Dice 1 Juan 5:14-15: "*Y esta es la confianza que tenemos en él [Jesucristo], que si pedimos alguna cosa conforme a su voluntad, él nos oye. Y si sabemos que él nos oye (...) sabemos que tenemos las peticiones que le hayamos hecho*".
- Tener un carácter alegre, proveniente del gozo de Dios Dice Juan 15:11: "*Estas cosas os he hablado, para mi gozo esté en vosotros, y vuestro gozo sea cumplido*".
- Tener un carácter sensible, con actitudes de atención al prójimo y disposición de ayudarlo. Jesús dijo en Mateo 25:35-40: "*...tuve hambre, y me diste de comer; tuve sed, y me diste de beber (...) estuve desnudo, y me cubristeis; enfermo y me visitasteis; en la cárcel, y vinisteis a mí (...) ¿Cuándo te vimos hambriento, y te sustentamos (...) o sediento (...) o desnudo (...) o cuándo te vimos enfermo, o en la cárcel, y vinimos a ti? (...) Y respondiendo (...) os digo que en cuanto lo hicisteis a uno de estos mis hermanos más pequeños, a mí lo hicisteis*".
- Tener un carácter prudente; todo lo que el consejero escucha del aconsejado debe quedar guardado entre los dos y Dios. Dice Proverbios 16:28: "*...el chismoso aparta a los mejores amigos*".
- Tener un carácter sumiso, ser obediente a Dios y a todos aquellos que tienen autoridad. Dice Efesios 6:5: "*...obedeced a vuestros amos terrenales con temor y temblor, con sencillez de vuestro corazón, como [obedecéis] a Cristo*".

7. ¿CUÁL ES EL PROPÓSITO BÁSICO PARA DAR EL CONSEJO DE DIOS?

Hemos dicho que aconsejar es como el proceso por el cual un cristiano ayuda a restaurar a otro a una posición de utilidad en el cuerpo de Cristo, que es la Iglesia. Es una actividad en la cual un creyente entra de modo primario como miembro de la iglesia, sometido a la autoridad de los pastores y ancianos de la iglesia para ejercer el servicio.

Entonces aconsejar bíblicamente es la búsqueda de lograr un cambio de conducta en alguien que se ha desviado, por medio de la confrontación de las verdades de Dios, y con el activo interés y afecto personal por parte del consejero hacia el aconsejado. Partamos de la base que hay pautas y actividades pecaminosas en la vida del aconsejado, que Dios quiere cambiar. Y que este cambio podrá ser realizado por medio de una confrontación verbal del aconsejado frente a las Escrituras, administrado por el consejero bajo la unción y el poder del Espíritu Santo; en una forma fraternal, familiar y amorosa para el beneficio de la persona.

Todo aconsejar bíblico tiene el objetivo de lograr un cambio, pero si se pierde este objetivo dejará de ser una sesión de consejería cristiana, para convertirse en una reunión social y humanista que no afectará la vida del aconsejado.

Veamos qué es lo que hay que cambiar por medio del aconsejar. En la carta de Pablo a los Gálatas 6:1 dice: "*...si alguno fuere sorprendido en alguna falta*". Esta situación ocasiona la necesidad de un cambio. Este cambio se fundamenta en la restauración del pecador a una función de utilidad, requiere un cambio en sus pautas de vida, en sus creencias, actitudes y conducta desviadas. En realidad el objetivo es lograr que esas pautas viciadas sean reemplazadas por otras rectas.

Todo aconsejar tiene que ver con cambios de bajos valores morales en creencias, en juicios, en relaciones, que determinan un mal comportamiento. El pecado lleva al pecador a vivir en forma desarticulada con el plan que Dios diseñó para los seres humanos. O sea que el objeto en el aconsejar cristiano es: cambiar el pensamiento y las acciones del pecador. El uso de la confrontación logra que el aconsejar sea curativo. La persona que necesita ser confrontada, es la que ha estado pensando y también obrando pecaminosamente; por eso el aconsejar curativo tiene como meta cambiar la manera pecaminosa de pensar y de actuar del pecador, por medio de la confrontación.

Toda confrontación implica el contacto personal, verbal, cara a cara, para lograr el cambio. Esta confrontación del consejero al aconsejado, se realiza sobre los principios bíblicos que serán aplicados en cada situación. No hay violencia ni actitudes de reprensión amenazadoras en este tipo de confrontación, pues es un aconsejar curativo, es como un diálogo de ayuda en que el consejero desarrolla el tema de consulta para que el aconsejado reaccione a la necesidad urgente de un cambio de vida.

El trato debe ser como el de una madre que corrige a su hijo con sumo interés y profundo amor. Este afecto deberá estar siempre presente para que la confrontación sea de utilidad. Debe resaltarse el interés del consejero por la persona, la búsqueda apasionada de aliviar las miserias que las pautas de la vida pecaminosa infringieron al aconsejado. Al presentarle la Palabra de Dios, el consejero debe interpretar y aplicar los preceptos y prácticas de la Biblia, con el único intento de ayudarlo para que logre los cambios que lo liberarán de su miseria y malestar. Aquí es fundamental la oración, pues será el Espíritu Santo quien usará la Palabra de Dios para iluminar la mente del aconsejado, de modo que quede redargüido de su pecado y sea encaminado hacia el cambio que Dios requiere.

En la oración el consejero debe pedir sabiduría de Dios para ministrar su Palabra con eficacia y, además, orar para que el necesitado reciba fuerzas para obedecerla.

No debemos olvidar que todo aconsejar cristiano tiene por objetivo el cambio escritural que lleve a la restauración y a la utilidad del aconsejado.

La Biblia es el libro que Dios proveyó como un "manual del fabricante" para guiarnos en el aconsejar; en ella está todo lo que necesitamos para realizar los cambios requeridos para vivir una vida que agrade a Dios. Dice 2 Timoteo 3:16-17: "*Toda Escritura es inspirada por Dios, y útil para enseñar, para redargüir, para corregir, para instruir en justicia, a fin de que el hombre de Dios sea perfecto, enteramente preparado para toda buena obra*" (énfasis mío).

Veamos por parte cada uno de estos cuatro valores:

ENSEÑAR: La Biblia enseña cuál es el verdadero estilo de vida que Dios diseñó, para que lo vivamos en la nueva experiencia cristiana. Enseña por medio de preceptos, mandamientos y ejemplos prácticos de hombres y mujeres que dejaron el testimonio de sus vidas, de cómo debemos vivir para agradar a Dios, y qué es lo que le desagrada.

Debemos aclarar que una persona también puede pedir consejo en una situación de duda o de tentación, antes de haber cometido un pecado. Para lo cual el consejero aplicará el consejo preventivo, cuyo objetivo será evitar que el aconsejado caiga en pecado. En este caso el enseñar de la Escritura será la fuerza que encaminará y ayudará al aconsejado a elegir el recto camino de Dios.

REDARGÜIR: El Espíritu Santo por medio de la Biblia nos redarguye de pecado. Es por medio de la convicción del pecado, que es lo que hace posible el cambio de conducta santa que expresa la Biblia. Cuando comparamos nuestras vidas con el estándar bíblico, podremos descubrir cuán lejos o cercanos estamos del amor a Dios y del amor a nuestro prójimo. Si no hay convicción de pecado, no habrá cambio bíblicamente aceptable.

CORREGIR: El arrepentimiento o cambio de actitud en nuestra mente, hace que busquemos un cambio profundo en nuestra conducta. La Biblia nos confronta para que reconozcamos y confesemos nuestros pecados, y procuremos recibir el perdón de Dios para consolidar por medio de la corrección de la conducta o de los pensamientos erróneos, el cambio bíblico.

INSTRUIR EN JUSTICIA: La Biblia nos previene acerca de cómo evitar los pecados, y nos instruye de cómo encontrar la solución cuando caemos en pecado, y cómo quedar liberados de ellos en el futuro por la acción santificadora del Espíritu Santo. Nos exhorta reiteradas veces "a ejercitarnos en la piedad". Nos instruye para que nos despojemos de la vieja manera de vivir "en Adán" –nuestra naturaleza caída– y para que nos vistamos con el ropaje de la nueva manera de vivir "en Cristo" –nuestra nueva naturaleza divina–.

En estos cuatro pasos la Biblia presenta el plan de Dios para instruirnos y realizar los cambios necesarios, para alcanzar la estatura de nuestro Señor y Salvador Jesucristo. Tenemos la responsabilidad como consejeros cristianos de alcanzar el objetivo; Dios nos ha llamado para ir por todo el mundo haciendo discípulos, y enseñándoles que vivan la vida que Dios planeó para todo el género humano. Y la Biblia tiene todo lo que cualquier ser humano necesita para lograr los cambios requeridos por Dios.

Es fundamental para el consejero cristiano pasar mucho tiempo leyendo y estudiando la Biblia cuidadosamente, para poder dar la Palabra de Dios con precisión y seguridad a todos los que necesitan hacer un cambio para Dios.

Capítulo 2

LA RAÍZ DE LOS PROBLEMAS

1. EL ORIGEN DE LOS PROBLEMAS HUMANOS

Después de que Dios creó a la primera pareja humana, dice la Biblia en Génesis 1:27: "*...a imagen de Dios lo creó; hombre y mujer los creó*". Les dio la tarea de "sojuzgar" toda la Tierra y "señorear" sobre ella, de acuerdo al relato bíblico en Génesis 1:28. Dios creó el primer ser humano a su imagen y semejanza. Uno de los aspectos de esa semejanza era la autoridad que Dios delegaba en él para que ejerciera el gobierno mundial, o sea que Adán –el primer hombre– debía reflejar en la Tierra la semejanza del gobierno que Dios ejerce en el universo. Y para ello debía presidir un gobierno real sobre toda la creación, con los valores divinos.

Cuando Adán y Eva desobedecieron el mandato de Dios y pecaron, Adán perdió el dominio sobre la creación, y este dominio espiritual cayó en manos del enemigo de Dios. Ningún ser humano ha podido reconquistarlo plenamente hasta nuestros días. Aunque el Señor Jesucristo ha recuperado el perfecto gobierno de Dios sobre toda persona que reciba por fe lo que Él reconquistó, como lo manifiesta la Escritura en la carta a los Hebreos 2:8-9 donde dice:

"Todo lo sujetaste bajo sus pies (...) nada dejó que no sea sujeto a él; pero todavía no vemos que todas las cosas le sean sujetas. Pero vemos a aquel que fue hecho un poco menor que los ángeles, a Jesús, coronado de gloria y de honra, a causa del padecimiento de la muerte, para que por la gracia de Dios gustase la muerte por todos".

Cristo se hizo hombre para unir la brecha de separación entre la raza humana y Dios, saldó la deuda imposible de pagar por ningún ser humano, con Dios. Jesucristo pagó el precio del rescate con su propia vida, pero no fue retenido por la muerte sino que resucitó de los muertos, y fue exaltado al trono del reino celestial de Dios, como soberano Rey de reyes y Señor de señores.

Hoy los cristianos redimidos por Cristo, continuamos todavía viviendo sujetos a las dificultades y a los efectos del pecado en nuestra naturaleza humana, aunque en lo espiritual hemos recuperado el dominio. Esto es consecuencia del pecado que entró al mundo por la desobediencia de Adán y Eva, y produjo la inversión del gobierno de Dios sobre la creación, de modo que la naturaleza creada comenzó a dominar a la raza humana. Las fuerzas de la naturaleza comenzaron a luchar contra el hombre; dice la Biblia que la tierra comenzó a producir *"cardos y espinos"*.

Desde entonces la responsabilidad del hombre no sería más la de cuidar el huerto de Edén; sino que ahora con gran esfuerzo y el *"sudor de la frente"*, debemos como humanos luchar con la naturaleza para arrebatarle todas las cosas que permiten la subsistencia humana. En realidad, la desobediencia al mandato de Dios por parte de Adán y Eva dio nacimiento a todos los problemas de la humanidad y a la natural rebeldía que domina los corazones humanos.

La persona que busca consejo cristiano, es alguien que de alguna forma ha permitido que el medio ambiente que lo rodea tome control de su vida. Porque alguien que tiene problemas existenciales, es alguien que se ha sometido al gobierno del pecado en un universo opuesto a Dios y a sus valores morales y espirituales.

Sucede lo contrario de lo que Dios puso en las manos del primer hombre, precisamente el mandato de *"sojuzgar"*, de que ejerciera el dominio de su medio ambiente, y el de *"señorear"* fue la delegación desde la máxima autoridad del universo al hombre, para que gobernara el mundo que lo rodeaba, una autoridad delegada por el mismo Gobernante del universo.

2. LA RESPONSABILIDAD DE CADA SER HUMANO FRENTE A LOS PROBLEMAS DE PECADO

Los problemas se generan y se manifiestan en las áreas de nuestro cotidiano vivir y estos son:

- En la familia, en la relación de los esposos, en relación de estos con los hijos y de los hijos entre sí, y también en la relación con los otros parientes.
- En la iglesia local, en la relación con los hermanos de la congregación y con los líderes de la iglesia, con la vida corporativa y con el servicio a Dios.
- En el lugar de trabajo, en relación con la jerarquía laboral y con los compañeros de trabajo, y también con el mismo trabajo.
- En las actividades sociales, lo que incluye a los amigos, relaciones humanas y el noviazgo.
- En las finanzas, en relación con el presupuesto personal o familiar, y el uso del dinero.

La relación idílica entre Dios y Adán fue interrumpida cuando Eva escuchó la voz del diablo, y así surgió el primer gran problema, o el origen de todos los problemas. Este primer problema interrumpió la comunión de las criaturas con su Creador, y debido a que ni Adán ni Eva supieron encontrar la solución, prefirieron evadirlo escondiéndose.

Si Adán hubiese confesado el pecado a Dios con arrepentimiento, reconociendo que él era el único responsable de la desobediencia –en lugar de tratar de justificarse– otra hubiera sido la historia de la humanidad. Pero Adán no solo intentó justificarse al echarle la culpa a Eva, sino que indirectamente lo culpó a Dios por haberla creado débil.

La reacción de Adán, y también la de Eva en el huerto del Edén después de haber pecado, ante la confrontación ante Dios por la desobediencia consumada, fue la de justificarse y echarle cada uno la culpa al otro. Adán culpó a Eva y Eva culpó a la serpiente. Esta actitud pecaminosa contaminó los corazones humanos hasta nuestros días.

Veamos algunas actitudes que manifiesta generalmente un pecador para tratar de evadir su propia responsabilidad y la responsabilidad por su pecado.

Partimos de la base que el dar excusas, o justificarse, o echar la culpa a los demás, agudizará el problema, porque la persona pretende evadir la responsabilidad de enfrentarlo. De esa manera el problema queda intacto; por lo tanto, esa vida nunca podrá ser cambiada. Tomemos algunos ejemplos de actitudes erradas en las que cae el pecador para pretender evadir su responsabilidad:

a) El pecador que trata de evadir la solución, desestimando la importancia y la urgencia de solucionar el problema. Es la persona que dice: "En realidad no es un problema tan importante". "No importa que lo resuelva enseguida". "Simplemente lo ignoraré, y con el tiempo se irá".

b) El pecador que intenta soslayar el problema, desviando el camino de la solución hacia otro lado. Es la persona que se excusa diciendo: "De cualquier forma no era lo que quería". "Ese no era el rumbo que me convenía tomar".

c) El pecador que pretende librarse del problema, retrocediendo o renunciando a asumir su responsabilidad en el asunto. Es la persona que se justifica diciendo: "Nunca iba a lograrlo". "Lo mejor es abandonar el asunto". "Mejor me retiro del asunto, que lo arregle otro".

¿Cuál es la forma bíblica para hallar la solución y resolver el problema? La Biblia enseña que hay un solo camino para solucionar el conflicto, y es enfrentar el problema y "atravesarlo por el centro" hasta las últimas consecuencias. Esto se logra cuando el aconsejado reconoce su propia responsabilidad, y permite la confrontación bíblica con su pecado o con el error cometido.

La confrontación ayuda a romper el conflicto y permite el arrepentimiento del pecador o del causante del problema, y alcanzar la victoria sobre la adversidad que lo perturbaba. No cabe duda que hay una solución bíblica para cada problema, pero la solución definitiva la otorga el Señor Jesucristo, quien produce el cambio por medio del Espíritu Santo cuando la persona decide enfrentar el problema al reconocer su total responsabilidad en el asunto. Entonces Dios toma la vida del arrepentido y hace que en lugar de que sea aplastado por la adversidad, pase victoriosamente sobre ella.

3. EL PRINCIPAL PROBLEMA HUMANO

En realidad, cuando surge un problema de pecado y el pecador no lo trata, el problema comienza a crecer y a invadir otras áreas. La única solución es restaurar la relación adecuada con Dios; en el área o en las áreas donde se produjeron los problemas.

Volvamos al huerto del Edén: la Biblia deja bien en claro que Adán y Eva no obedecieron el mandato de Dios: "*...de todo árbol del huerto podrás comer; mas del árbol de la ciencia del bien y del mal no comerás; porque el día que de él comieres, ciertamente morirás*". Comer del fruto prohibido les permitió conocer la "*ciencia del bien y del mal*". Por eso se despertó en ellos la conciencia del mal, que ciertamente antes no tenían; Dios los había creado en un estado de total inocencia.

Al alcanzar ese nuevo estado de conocimiento, se desató en sus conciencias un profundo sentimiento de culpa, que los llevó a tratar de esconderse de Dios. Al punto que Adán tuvo vergüenza de su desnudez y se cubrió con hojas; en realidad Adán no solo cometió una falta contra Dios, sino que trató de escapar al problema, al esconderse.

Veamos qué hizo Dios con ellos. Primeramente buscó a Adán y lo llamó, le preguntó: "*¿Dónde estás tú?*" Ante lo cual Adán apareció y le dijo: "*Oí tu voz en el huerto, y tuve miedo, porque estaba desnudo; y me escondí*". Entonces Dios lo confrontó a Adán, pues le dijo: "*¿Quién te enseñó que estabas desnudo? ¿Has comido del árbol que yo te mandé que no comieras?*" Dios buscaba que Adán tratara en forma frontal el problema, pero Adán evadió su responsabilidad y culpó indirectamente a Dios y acusó a su compañera por su falta cometida, le respondió: "*La mujer que me diste por compañera me dio del árbol, y yo comí*". Entonces Dios se dirigió a Eva y le preguntó: "*¿Qué es lo que has hecho?*" Y Eva buscó también culpar a otro para evadir su responsabilidad, y dijo: "*La serpiente me engañó, y comí*" (ver Génesis 3:9-13).

Y este es el estado del ser humano hoy: cuando se mete en un problema generado por una propia mala acción, al no reconocer su error trata de seguir evadiendo su responsabilidad delante de Dios y de sus semejantes. Por eso los problemas, desde su origen, no solo no se resuelven, sino que crecen cada día más y más. Y la única manera de encontrar una solución es tomar la decisión de enfrentarlos, buscar el consejo y la ayuda de Dios; pues solo Él tiene el poder para restaurar y dar la solución definitiva a cualquier dificultad de la vida.

4. ¿PUEDEN LA PSIQUIATRÍA Y LA PSICOLOGÍA HUMANISTA SOLUCIONAR LOS PROBLEMAS ESPIRITUALES?

Vivimos en medio de una cultura humanista; por ello, cuando una persona comete alguna falta cívica, moral o ética grave, o sea culpable de un crimen, violación o secuestro extorsivo, inmediatamente se levantan voces que preguntan: "¿Por qué lo habrá hecho?" "¿Por qué llegó a esa locura?" "¿Quién lo hizo tan agresivo?" Estas preguntas presuponen un intento de que el culpable pueda ser justificado, y también de llevar cierto alivio a la persona en el uso de su libre albedrío. Lo único que logra este tipo de preguntas es ayudar al culpable a evadir su responsabilidad humana de herir, lesionar o matar a su prójimo. Aunque nada lo librará de la conciencia de culpa.

En la consejería bíblica debe usarse únicamente la palabra "¿Qué?" al inicio de una pregunta indagatoria al aconsejado. Por ejemplo: "¿Qué lo llevó a hacerlo?" "¿Qué estaba pensado antes de hacerlo?" "¿Qué es lo que buscaba?" Estas preguntas guían y ayudan a asumir la responsabilidad personal del aconsejado acerca de su propio problema. Pero si el consejero le pregunta: "¿Por qué?", lo ayuda a justificarse o a dar alguna excusa.

Es muy importante que el consejero aprenda la diferencia entre una debilidad pecaminosa y una enfermedad. Cuando el aconsejado presenta problemas de desequilibrio mental, será infructuoso darle el consejo bíblico; únicamente se podrá orar por su enfermedad y pedir a Dios la sanidad. Y guiar al enfermo a que haga una consulta con un médico neurólogo.

Aquí debemos aclarar un concepto importantísimo en el aconsejar cristiano, y es el de conocer cuáles son las bases con que la psiquiatría y la psicología humanista tratan a sus pacientes, y cuál es el tipo de solución que les proveen con los problemas denominados "mentales". Primeramente debemos estar seguros que lo que enfrentan psiquíatras y psicólogos son realmente enfermedades y dolencias.

Entonces, lo que el paciente necesitaría primero es la ayuda de un neurólogo, y luego, de acuerdo al diagnóstico, podrá ser derivado a un psiquiatra o a un psicólogo. ¿Por qué? Porque el tratamiento que llevan adelante los psiquíatras y psicólogos es sobre la base de considerar los problemas de conducta o anímicos, tales como la depresión, la angustia, la ansiedad, la soledad, etc., como si fuesen la manifestación de una enfermedad adquirida.

Esto hace que la falla de conducta o el pecado cometido sea ignorado, y lamentablemente el paciente será exonerado de toda responsabilidad en su problema. Esto es muy grave, porque el pecador al ser tratado como enfermo ya no se considera culpable ni responsable de sus malas acciones. Por ejemplo, a un asesino, al que le diagnostican "problemas psíquicos", lo consideran enfermo. Esto significa que no es considerado responsable de los crímenes cometidos.

De manera que la psiquiatría y la psicología pretenden que los problemas de conducta o de malos pensamientos, o de los problemas de perturbación que padezca alguna persona, están causados por otros y no por él mismo. Los psiquíatras y psicólogos, en lugar de llevar al paciente a que reconozca su propia responsabilidad personal en el comportamiento, buscan un culpable externo, como podría ser una mala paternidad, un agobiante medio ambiente en que ha vivido, la impiedad de la sociedad humana, etc.

El psicoanálisis de Freud resulta ser un viaje al pasado en la búsqueda de culpables a quienes acusar por la conducta actual del paciente. La idea fundamental del psicoanálisis es ayudar a que el paciente descubra cómo otros lo han dañado. En realidad, lo que hallará el paciente serán excusas que lo desviarán de su propio mal. Entonces hacen una transferencia de la culpa que le agobiaba a los "verdugos" de su pasado, y reciben un alivio temporal a sus problemas.

Así el mismo psicoanálisis se constituye a sí mismo como la extensión del problema que pretende solucionar, y destruye las bases bíblicas de la responsabilidad humana y social en todos los actos de la vida de una persona.

La Biblia dice que todos los problemas psicológicos, incluso los llamados "mentales", son problemas generados por faltas cometidas contra las leyes de Dios y contra la bíblica manera de vivir, y que no son enfermedades. La Biblia considera enfermedades a las deficiencias físicas, a algún mal funcionamiento orgánico, o producidas por causas psicosomáticas. Aunque la mayoría de las enfermedades psicosomáticas tienen su origen en debilidades de conducta no resueltas y pecados cometidos contra Dios. Muchas enfermedades psicosomáticas son engendradas por no hacer frente al problema y evadir la responsabilidad de tratarlas.

Hace unos años concurría a nuestra iglesia una mujer que padecía de artrosis en sus manos, y dependía del uso de sus manos para su trabajo. En los meses de invierno casi no podía usarlas por los fuertes dolores que la aquejaban. Un día escuchó la predicación de lo dañino que resultaba para un creyente la falta de perdón.

Esta mujer, hacía años, había tenido una disputa con su hermana carnal; fue tal el enojo que nunca más se saludaron. Confesó que cuando veía que su hermana venía caminando por la misma acera, se cruzaba a la acera opuesta para no cruzarse con ella. La predicación tocó su corazón y entendió que no debía guardar más el rencor contra su hermana. Entonces decidió ir a verla; cuando llegó no alcanzó a decirle nada, porque la hermana se abrazó a ella y una a otra no cesaban de pedirse perdón. Pasaron unos días de su reconciliación, cuando de pronto la mujer notó que podía usar sus manos y no sentía ningún dolor.

Entonces se miró y descubrió que todas las deformaciones habían desaparecido, tenía unas manos totalmente hechas a nuevo. Este es un testimonio real de cómo una enfermedad psicosomática fue sanada por Dios, después que el pecado fue removido del corazón. Una enfermedad, que según la medicina tradicional, no tiene cura.

Respecto al pecado, la Biblia aclara que cualquier tipo de pecado no es un acto natural e instintivo del hombre, pues se comete mediante un acto de la voluntad humana. El ser humano fue creado a imagen de Dios para llegar a ser como Él, y no para complacerse a sí mismo. Cuando una persona peca, entra en desobediencia y rebeldía contra los propósitos de Dios para su vida y, como consecuencia, queda separada de la comunión con su Creador.

Como consejeros de Dios debemos advertir al aconsejado, que el haber prestado su voluntad para cometer pecado, lo hace responsable delante de Dios por la decisión tomada. Por lo tanto, para restaurar su vida, debe aceptar el consejo bíblico para su problema y resolver esa debilidad pecaminosa voluntariamente a través de Jesucristo.

5. TRES PASOS HACIA LA SOLUCIÓN BÍBLICA DE LOS PROBLEMAS

Primer Paso: CONFESIÓN DE LOS PECADOS

Dice la Biblia en el libro de Proverbios 28:13: *"El que encubre sus pecados no prosperará; mas el que los confiesa y se aparta alcanzará misericordia".*

El remedio de Dios para los problemas del hombre es la confesión, pues el encubrimiento de las trasgresiones trae miseria, derrota y ruina al pecador. Aquí la Palabra de Dios nos dice que la confesión del pecado y su corrección traen consigo el perdón de Dios y la restauración a la vida de bendición junto a Él.

En la carta de Santiago 5:16 dice: *"Confesaos las ofensas los unos a los otros, y orad los unos por los otros, para que seáis sanados..."*. No cabe duda de que el pecado tiene que ser confesado ante Dios.

Pero consideraremos ahora la confesión del pecado a otra persona. Cuando estamos impulsados por nuestra conciencia de confesar un pecado a alguien contra quien hemos murmurado, no cabe duda que no es fácil encarar la situación con quien ignora nuestra falta contra él. Para hacerlo, debemos primeramente confesar la falta a Dios, y luego todo el asunto debe ser llevado a un arrepentimiento genuino.

Con el espíritu de arrepentimiento nos será más fácil preparar un ensayo de cómo le pediremos perdón a la persona afectada. En la parábola del "hijo pródigo", el joven le había reclamado al padre su herencia anticipada, y con ella abandonó la casa y malgastó su dinero, hasta quedarse sin nada, y comenzó a vivir miserablemente, al punto de pensar en regresar a su casa y trabajar como peón, aunque no sabía si su padre lo recibiría.

Podemos tomar el ejemplo de cómo se gestó en el hijo el arrepentimiento y cómo pensó, anticipadamente, que debería hacerlo. Se dijo a sí mismo: *"Me levantaré e iré a mi padre, y le diré: Padre, he pecado contra el cielo y contra ti. Ya no soy digno de ser llamado hijo tuyo; hazme como uno de tus jornaleros"*. Nos enseña la parábola que la confesión previa a Dios, preparó el corazón del padre, que cuando lo vio venir de lejos, *"fue movido a misericordia, y corrió, y se echó sobre su cuello, y le besó"*. Entonces el hijo confesó su pecado al padre, según lo había preparado, y le dijo: *"Padre, he pecado contra el cielo y contra ti, y ya no soy digno de ser llamado tu hijo"*. Pero el padre ya lo había perdonado antes de que se lo pidiera, y preparó una gran fiesta de recepción por haber recuperado a su hijo.

Segundo Paso: EL PERDÓN

Todos los creyentes, a partir de nuestra confesión de fe en el Señor Jesucristo, hemos recibido el perdón de Dios. Dios había anunciado al primer ser humano que si desobedecía su mandamiento y comía del *"árbol de la ciencia del bien y del mal"*, sería inevitable la consecuencia: sufriría condenación a muerte por su falta, de acuerdo a Génesis 2:17. Y esta sentencia fue cumplida rigurosamente, pues Dios es Dios perfecto en justicia, Él no podía "borrar con el codo lo que había escrito con su mano".

Así que cuando Dios tuvo que sacar a Adán y a Eva del huerto, por el pecado cometido, dice la Biblia que *"puso al oriente del Edén querubines, y una espada encendida que se revolvía por todos lados, para guardar el camino del árbol de la vida"*.

Sin embargo, Dios no abandonó la raza humana a su propio destino para que se hundiera para siempre. Por amor a su creación Dios se hizo hombre en la persona del Hijo de Dios, para que como un segundo Adán, sin pecado, pudiera salvar a la humanidad de la condenación eterna; para ello pagó con su propia vida el precio del rescate, para que todo el que cree en Jesucristo como Salvador personal tenga vida eterna. De esa manera Dios, el Juez Supremo que había condenado eternamente a la raza humana por la desobediencia de Adán, aplica la justificación de la deuda por medio de la obediencia perfecta de su unigénito Hijo, convertido en Hijo del Hombre para redimir a toda la humanidad. De manera que por la fe en lo que Jesucristo hizo, obtenemos el perdón judicial de Dios. Así, Dios, el Juez Supremo, nos perdonó.

Pero hay otro perdón y es el que Dios nos da y no manda otorgar por cada falta cometida contra nuestros semejantes. En el evangelio según san Mateo 6:14-15 dice: *"Si perdonáis a los hombres sus ofensas, os perdonará también a vosotros el Padre celestial; mas si no perdonáis a los hombres sus ofensas, tampoco vuestro padre os perdonará vuestras ofensas"*. Este perdón no es judicial sino paternal. Cada creyente debe confesar sus faltas al Padre Dios para recibir su perdón paternal, así como hemos de confesar el pecado a quienes hemos ofendido y solicitar de ellos su perdón. Solo así se logrará la reconciliación bíblica.

Tercer Paso: LA RESTAURACIÓN

La Biblia dice que todo pecado confesado y perdonado, hace que Dios lo pase por alto, como si se olvidara de la falta cometida y la persona es restaurada a su posición anterior, cuando estaba sin pecado, como si nunca hubiese ocurrido absolutamente nada.

El acto que sigue es abandonar radicalmente el hábito o la causa que llevó a pecar a la persona, y colocar en su lugar una virtud divina, o un hábito bíblico; porque si no hay reemplazo del hábito pecaminoso, en el área del alma donde reinaba el pecado quedará un lugar vacío, y tarde o temprano, el demonio que "ayudaba" a sostener el pecado, reforzará su ataque para que la persona reincida en el mismo pecado, o en otro peor. El camino a la restauración es el que describe la carta de Pablo a los Efesios 4:22-24: "*En cuanto a la pasada manera de vivir, despojaos del viejo hombre, que está viciado conforme a los deseos engañosos, y renovaos en el espíritu de vuestra mente, y vestíos del nuevo hombre, creado según Dios en la justicia y santidad de la verdad. Por lo cual desechando la mentira, hablad verdad cada uno con su prójimo; porque somos miembros los unos de los otros*" (énfasis mío).

Aquí dice la Palabra de Dios que no solo la *mentira* debe ser desechada, sino que la *verdad* debe ser colocada en su lugar, como un reemplazo. En el versículo 28 continúa diciendo que el que *robaba* deje de hacerlo, pero en su lugar lo reemplace por *arduo trabajo*, y que con su salario dé a quienes padecen necesidad. La restauración será completada cuando la pauta bíblica se haya convertido, en la práctica, en un hábito santo.

6. LA ESPERANZA

Un consejero cristiano, sobre todo, tiene que ser una persona de esperanza. Su tarea principal será dar una nota de optimismo bíblico, frente al peso del problema del aconsejado, y ese optimismo estará basado en las seguras garantías que ofrecen las promesas de Dios en las Escrituras.

Debe estar firmemente persuadido de la fidelidad de Dios en el cumplimiento de sus promesas. El entusiasmo es verdaderamente contagioso cuando está basado en la Palabra de Dios. En la carta de Pablo a los Romanos 15:13 dice: "*Y el Dios de esperanza os llene de todo gozo y paz en el creer, para que abundéis en esperanza por el poder del Espíritu Santo*". Este pasaje nos habla del ánimo y la constancia que trae la esperanza. Muchas personas llegan buscando el consejo de Dios para aliviar sus vidas abatidas y en estado de desesperación; por ello gran parte de la tarea de aconsejar comprenderá en instar a alcanzar la esperanza bíblica para ayudar a los aconsejados a cambiar sus estados de desesperanza.

a) LA ESPERANZA DURANTE EL PROCESO DEL CAMBIO

El apóstol Pablo al escribir su primera carta a los Tesalonicenses, alaba la decisión de los creyentes que abandonaron a los ídolos para servir a Dios, y por haber recibido la Palabra de Dios en medio de grandes dificultades y problemas. Por ello les dice: "Damos gracias a Dios por todos vosotros, haciendo memoria de vosotros en nuestras oraciones, acordándonos sin cesar delante de Dios y Padre nuestro de la obra de vuestra fe, del trabajo de vuestro amor y de vuestra constancia en la esperanza en nuestro Señor Jesucristo" (énfasis mío).

Ellos estaban padeciendo, pero los mantenía la constancia basada en la esperanza. Cuando un aconsejado comienza a restaurar su vida, necesita de constancia para enfrentar la dificultad de los primeros fracasos, a causa de las pautas de conductas que están cambiando; allí necesita sobre todas las cosas una sólida esperanza. La esperanza será la fuerza que le ayudará a continuar sin desmayar a lo largo del proceso de cambio.

b) ¿QUIÉN NECESITA ESPERANZA?

Toda persona con problemas necesita esperanza, y también los que no tienen problemas, todos los seres humanos necesitan esperanza. Cuando hay problemas, sea a causa de un pecado o de una grave dificultad, esto produce en la persona efectos de abatimiento, de dudas y de desánimo. La conjunción de estos problemas termina en la desesperanza.

Cualquier creyente también en algún momento de adversidad puede ser alcanzado por el desánimo. Veamos las soluciones que nos provee el Señor.

La Biblia ofrece una doble esperanza:

LA ESPERANZA FUTURA

Llamada también la *esperanza bendita*, que incluye el cumplimiento de las profecías para los "últimos tiempos" bíblicos. Donde se anuncia la segunda venida de Cristo, la resurrección de los muertos, la eliminación del pecado y el cese de todo sufrimiento. Esta es la gran esperanza de todo cristiano.

LA ESPERANZA DE LA BIENAVENTURANZA ACTUAL

La buena noticia para el aconsejado, es que el alivio a su dolor y la angustia de su problema que parecían interminables, no solo tendrá el alivio buscado, sino que traerá también la solución a su problema, "aquí y ahora". La promesa de Dios para sus hijos en esta vida es una seguridad de lograr una vida de paz, de gozo, con la bendita presencia de nuestro Señor y Salvador Jesucristo. Dice la carta de Pablo a los Romanos 8: 24-25, 28a: *"En esperanza fuimos salvos; pero la esperanza que se ve, no es esperanza; porque lo que alguno ve, ¿a qué esperarlo? Pero si esperamos lo que no vemos, con paciencia lo aguardamos (...) Y sabemos que los que aman a Dios, todas las cosas les ayudan a bien"*.

c) ALGUNOS DE LOS PRINCIPALES PROBLEMAS QUE REQUIEREN ESPERANZAS:

Las personas que padecen de problemas agudos y prolongados necesitan esperanza. La mujer que tocó el manto de Jesús en medio de la multitud, dice la Palabra de Dios en el evangelio según san Lucas 8:43, que ella "padecía de flujo de sangre desde hacía doce años, y que había gastado en médicos todo cuanto tenía, y por ninguno había podido ser curada". Ella mantuvo firme la esperanza en Dios, hasta que Jesús la sanó.

Las personas como esta mujer, cuyos problemas tienen varios años y van en busca del consejo de Dios, ante todo necesitan esperanza. Porque han hecho varios intentos para hallar alivio a sus problemas, pero han fracasado. Esto hace que vayan perdiendo la esperanza de que alguien pueda resolverlos. Estas personas necesitan tener la seguridad de que hay esperanza en Cristo, y esta esperanza está dentro del poder de su Palabra, ministrada por su Espíritu, como dice la carta a los Romanos 15:4: *"Porque las cosas que se escribieron antes, para nuestra enseñanza se escribieron, a fin de que por la paciencia y la consolación de las Escrituras, tengamos esperanza"*.

Las personas que viven atemorizadas, que tienen miedo de todo, necesitan esperanza. Porque el temor las paraliza, es una fuerza que se opone y aleja el amor, pues el amor da confianza, firmeza, seguridad al que ama y al que es amado. Dice la Biblia en la primera carta de Juan el Apóstol 4:18: *"En el amor no hay temor, sino que el perfecto amor echa fuera el temor; porque el temor lleva en sí castigo. De donde el que teme, no ha sido perfeccionado en el amor"*.

Las personas que han tenido varios fracasos en la vida necesitan esperanza. La mayoría de las personas con fracasos, son las que han permitido que el enojo y el resentimiento impregnen sus corazones. Es necesario que el consejero confronte al aconsejado para que abandone el enojo y el resentimiento, culpando a otros de sus propios fracasos; en este caso lo más importante es llevar al aconsejado a que se arrepienta de sus actitudes, antes de ministrarle esperanza. Hay que impulsarlo a que cambie sus actitudes negativas y ponga sobre ellas la perseverancia y la paciencia, para continuar a la meta de la solución sin desmayar, a pesar de las demoras o dificultades que lleve el proceso de cambio. Durante todo el transcurso de las sesiones el aconsejado necesitará una esperanza genuina de que en Cristo será más que vencedor.

Las personas deprimidas necesitan esperanza. El problema de la depresión, entre otros, es que la persona tiende a abandonar sus tareas y deberes regulares, y esto debilita su responsabilidad como ser humano y, por supuesto, queda desprovisto de toda esperanza. El consejero ante todo debe mostrarle la posibilidad de una nueva forma de vida en Cristo, e impulsarlo a abandonar toda actitud de compadecerse a sí mismo, y que se arrepienta de todo acto contrario a la voluntad de Dios, para que el deprimido pueda desarrollar acciones positivas para alcanzar esperanza.

En estos casos lo que trae la esperanza al aconsejado será la acción, y no las palabras.

Las personas que han sufrido pérdidas irreparables necesitan esperanza. Son variados los tipos de pérdidas con experiencias destructivas, que traen desesperanzas a quienes las sufren:

a) Pérdida de un ser querido por muerte.
b) Pérdida de un cónyuge, por adulterio o divorcio.
c) Pérdida de un enamorado, por engaño o abandono.
d) Pérdida del hogar, por mudanza obligada o destrucción.
e) Pérdida del empleo.
f) Pérdida de posesiones personales, por bancarrota.
g) Pérdida de buen nombre y prestigio.

Las personas que no han tenido una experiencia personal con Cristo necesitan esperanza. Todo no creyente vive en desesperanza, porque no ha experimentado la esperanza bendita que viene de creer el Evangelio. Dice la carta a los Romanos 8:24: *"Porque en esperanza fuimos salvos; pero la esperanza que se ve, no es esperanza; porque lo que alguno ve, ¿a qué esperarlo?"*

7. CÓMO IMPARTIR LA ESPERANZA

En todos los casos la Biblia es más que suficiente para dar esperanza a quien busca ser aconsejado. La Biblia fue escrita para darnos esperanza. El consejero debe conocer muy bien las promesas de Dios que están en las Escrituras, específicamente ante un caso donde el aconsejado ha perdido la esperanza. En general, cuando el aconsejado habla de lo que considera las causas que lo llevaron a la desesperanza, sea negligencia, falta de responsabilidad o pecado, trata de minimizar sus responsabilidades diciendo: "Bueno, me parece que no he sido un buen padre", o "No he sido la mejor esposa", etc.

El consejero, cuando el aconsejado hace una confesión de desaprobación o despreciativa de sí mismo, debe inmediatamente interrogar; diciéndole, por ejemplo: "Esto es de muchísima importancia, porque un creyente debe ser sobre todas las cosas un buen padre. Dígame en qué forma no ha sido un buen padre…".

Si el padre lo ha dicho para parecer "piadoso", seguramente dará marcha atrás e intentará seguir en otra dirección, diciendo: "No quiero que me malinterprete…". Allí el consejero se dará cuenta que trata con una persona hipócrita, y debe actuar en consecuencia. Y recién cuando la persona descubra su alma y se sincere de corazón, estará lista para que resurja la esperanza en su vida.

Cuando un aconsejado dice de sí mismo: "No sirvo como padre, no le intereso a ninguno de mis hijos, cada vez que les hablo no me prestan atención...", en ese caso hay que confrontar a la persona pidiéndole que explique por qué no sirve como padre. Hay que preguntarle: ¿Cómo sabe que usted no es importante para sus hijos? ¿Por qué no lo tienen en cuenta al hablar con ellos? De esta forma comenzará a darse cuenta que alguien le está tomando en serio; es el primer paso para que tome confianza en expresarse y que tenga el aliento de que su problema comienza a aclararse, y que al fin podrá encontrar una solución. Entonces la persona estará lista para recibir esperanza.

Si la persona aconsejada manifiesta: "No he sido una buena esposa", y confiesa infidelidad conyugal, el consejero debe saber que después de un caso de adulterio, donde los cónyuges se proponen restaurar la relación, inevitablemente el cónyuge inocente presentará una resistencia para volver a confiar en el cónyuge adúltero. Pese al perdón del esposo, las palabras o las promesas de la esposa adúltera no le serán de absoluta confianza inmediatamente. Por ello cada promesa o palabra deberá ser respaldada con la acción. Todo tendrá que ser demostrado.

De esa forma el cónyuge ofendido poco a poco irá recuperando la confianza. En realidad, el consejero debe hacer un doble trabajo: por un lado, ayudar a la esposa adúltera a que manifieste evidencias claras de que ha logrado el cambio bíblico, con muestras de genuino arrepentimiento. Y con el esposo ofendido, ayudarlo a quitar todo resentimiento y rechazo, y llevarlo a afirmar la esperanza de que la reconciliación será consolidada en el amor de Cristo. Debemos presentar nuestro caso como creyentes, pues sabemos que cuando le somos infieles a Dios, y luego nos arrepentimos, Él siempre vuelve a darnos una nueva oportunidad.

En conclusión, hay dos tareas fundamentales al aconsejar a los desesperanzados: la primera es que la persona recupere los valores bíblicos, para que restaure la fortaleza moral y espiritual pérdidas.

Y la segunda es cuando los valores han sido recuperados, presentar al aconsejado las bases bíblicas de la esperanza, para que viva con ellas.

Capítulo 3

EL PRÓSITO DE LAS PRUEBAS, LAS DIFICULTADES Y LOS SUFRIMIENTOS

1. CEDER LOS DERECHOS AL SEÑOR

Todos los seres humanos tenemos derechos que reclamamos como propios, y cuando estos son desconocidos o violados surge una reacción interna maligna que puede llegar a ser violenta, y que en la mayoría de los casos es la raíz de una sucesión de problemas.

Demos una mirada a lo que consideramos nuestros derechos:

- Nuestra identidad
- Nuestra reputación
- Nuestras posesiones
- Nuestro derecho a recibir agradecimiento
- Nuestro derecho a tener la razón
- Nuestro derecho a recibir respeto por lo que somos o repre sentamos
- Nuestro derecho a la seguridad.

En el pasaje de 1 Samuel 18:6-9 encontramos al pueblo de Israel que proclama alabanzas por la proeza de David, después de haber vencido al gigante Goliat. Esto contrarió al rey Saúl, porque consideró que él estaba perdiendo reconocimiento, pues creía que como rey de Israel debía ser el único en recibir los honores del pueblo.

La Biblia nos enseña que el Señor espera que todos los creyentes rindamos nuestros derechos a Él, tal como lo expresó Juan el Bautista cuando dijo de Jesús: *"Es necesario que él crezca, pero que yo mengüe"* (Juan 3:30). Porque cuando reclamamos nuestros derechos enaltecemos el orgullo y el egoísmo de nuestro "yo" egocéntrico.

UN EJEMPLO DE DERECHOS NO CEDIDOS

"Entonces Jesús, mirándole, le llamó, y le dijo: Una cosa te falta: anda, vende todo lo que tienes, y dalo a los pobres, y tendrás tesoros en el cielo; y ven, sígueme, tomando tu cruz. Pero él, afligido por esta palabra, se fue triste, porque tenía muchas posesiones" (Marcos 10:21-22).

Este joven rico que se había acercado a Jesús en busca de su consejo para afirmar su vida con Dios, ciertamente tenía derecho a las riquezas de sus propiedades, no hacía nada ilegal. Era su derecho guardarlas, conservarlas y acrecentarlas, pero Jesús respondió a su pregunta: "¿Qué era lo que debía hacer para heredar la vida eterna?", y la respuesta fue que se despojara de sus riquezas. Porque Jesús había mirado su alma y descubrió que las riquezas le estaban robando su corazón para amar a Dios. Pero el joven se negó a entregar el derecho de sus posesiones al Señor, y se fue triste porque no pudo ni quiso obedecerle.

No cabe duda que se perdió lo mejor que Dios podía darle, la vida eterna con el Señor. Luego Jesús se volvió a sus discípulos –que habían presenciado la escena– y les dijo: *"¡Cuán difícilmente entrarán en el reino de Dios los que tienen riquezas!"* En realidad estaba diciendo "cuán difícilmente entrarán en el Reino los que pretenden retener sus derechos".

UN EJEMPLO DE DERECHOS CEDIDOS

"Y Jesús les dijo: Venid en pos de mí, y os haré pescadores de hombres. Ellos entonces, dejando al instante las redes, le siguieron. Pasando de allí, vio a otros dos hermanos, Jacobo hijo de Zebedeo, y Juan su hermano, en la barca con Zebedeo su padre, que remendaban

sus redes; los llamó. Y ellos, dejando al instante la barca y a su padre, le siguieron" (Mateo 4:19-22.

Los apóstoles también tenían sus derechos, eran empresarios de la pesca, las barcas y las redes eran su seguridad económica. Tenían derecho de retenerlas y de trabajar con ellas, pero cedieron sus derechos al Señor y obtuvieron la mayor ganancia de sus vidas.

CÓMO CEDER NUESTROS DERECHOS AL SEÑOR

Jesús dijo: *"Si alguno quiere venir en pos de mí, niéguese a sí mismo, y tome su cruz, y sígame. Porque todo aquel que quiera salvar su vida la perderá; y todo el que pierda su vida por causa de mí y del evangelio, la salvará"* (Marcos 8:34-35). El Señor requiere que renunciemos y nos despojemos de los derechos a los viejos deseos, dejar de darle complacencia a nuestros sentidos, y abandonar los hábitos y prácticas que nos hacen desobedecer los mandamientos de Dios. En resumen, que cedamos nuestros derechos a seguir viviendo bajo los caprichos y placeres egoístas de nuestra carne mortal.

EL EJEMPLO DE RENUNCIA A TODO DERECHO

Jesús renunció a todos sus derechos de gloria y se despojó de su poder para hacerse hombre igual a todos nosotros. Dejó de lado su forma de Dios y se hizo siervo de todos. Siendo hombre se humilló a sí mismo y fue obediente hasta la muerte.

Pero como resultado de haber cedido todos sus derechos, Dios Padre lo exaltó hasta lo más alto, y le dio un nombre sobre todos los nombres del universo, lo hizo Señor y dueño de todo. Dice Filipenses 2:5-11: *"Haya, pues, en vosotros este sentir que hubo también en Cristo Jesús, el cual, siendo en forma de Dios, no estimó ser igual a Dios como cosa a que aferrarse, sino que se despojó a sí mismo, tomando forma de siervo, hecho semejante a los hombres; y estando en condición de hombre, se humilló a sí mismo, haciéndose obediente hasta la muerte, y muerte de cruz. Por lo cual Dios también le exaltó hasta lo sumo, y le dio un nombre que es sobre todo nombre, para que en el nombre de Jesús se doble toda rodilla de los que están en los cielos, y en la tierra, y debajo de la tierra; y toda lengua confiese que Jesucristo es el Señor, para gloria de Dios Padre".*

Jesús es nuestro ejemplo para que comprendamos que Él cedió todos sus derechos y lo hizo al convertirse en un ser humano igual a nosotros; por lo tanto, cada uno de nosotros también tiene la capacidad para poder renunciar a sus propios derechos y obedecer al Señor Jesucristo y a todos sus mandamientos.

CÓMO MINISTRAR A UN CREYENTE CON ESTE PROBLEMA

a) Identificar cuál es el derecho que no cede al Señor.

b) Ayudar a que el creyente pueda ceder los derechos retenidos, a Dios.

c) Es conveniente hacer una oración pidiendo perdón al Señor por haber retenido ese derecho y, si hay pecado, confesarlo como tal. Luego ceder ese derecho a Dios, y renunciar a volver a usarlo para sí mismo.

d) Agradecer a Dios por el resultado obtenido.

2. ¿POR QUÉ LOS TIEMPOS DE PRUEBAS?

Ante todo debemos aclarar que convertirnos en cristianos no nos libera automáticamente de sufrir dificultades y problemas. Aunque ante cada problema Dios nos provee una respuesta satisfactoria para ellos.

TIPOS DE PRUEBAS QUE PUEDE ENFRENTAR UN CREYENTE

a) Pruebas generales y comunes a todos los creyentes. La Biblia dice que el mundo se opone a Dios, y que los creyentes pueden padecer persecución, peligro, tribulaciones, desprecio, abandono… solo por declarar y anunciar la fe en el Señor Jesucristo (ver Romanos 8:35-36, Mateo 5:11-12).

b) Pruebas permitidas por Dios para frenar nuestros instintos y emociones. Cuando servimos al Señor podemos sufrir la tentación de exaltarnos a nosotros mismos (ver 2 Corintios 12:7).

c) Pruebas para disciplinar nuestras vidas. Dice la Biblia que Dios nos disciplina como un padre corrige el error de sus hijos, para encaminarnos siempre para bien (ver Hebreos 12:5-6).

FUENTES DE LAS PRUEBAS DE AFLICCIÓN

Las pruebas pueden provenir desde otras personas, desde circunstancias que afectan nuestro diario vivir, y pueden originarse en nosotros mismos.

Dios quiere formar un nuevo carácter en nuestras vidas, por ello la Biblia nos enseña que hay un límite para cada prueba, pues Dios nos ha prometido que no permitirá ninguna aflicción mayor a la que podamos soportar, tal como lo describe 2 Corintios 4:8 en adelante:

a) Dios permite que estemos atribulados, pero no angustiados.
b) Dios permite que estemos en apuros, pero no desesperados.
c) Dios permite que seamos perseguidos, pero no desamparados.
d) Dios permite que podamos ser derribados, pero no destruidos.
e) Dios permite que la muerte nos toque, pero Él nos da la vida eterna.

Dios busca que cada una de las pruebas de aflicción que enfrentemos generen una nueva cualidad espiritual en nuestro carácter. Para ello debemos dar una respuesta adecuada a cada dificultad que se nos presente:

a) Ante la aflicción, debemos usar el gozo del Señor.
b) Ante la confusión, debemos responder con paz y confianza en el Señor.
c) Ante las urgentes necesidades de otros, debemos responder con generosidad.
d) Ante la tentación, debemos responder con dominio propio.
e) Ante el desánimo, debemos anteponer la paciencia.
f) Ante las agresiones o mal trato de otros, debemos responder con amor genuino y pacificación.
g) Ante los inconvenientes inesperados, debemos responder con mansedumbre y templanza.

¿POR QUÉ DIOS PERMITE LAS PRUEBAS?

Someter algo a prueba equivale a comprobar lo auténtico o genuino del objeto en cuestión. Por eso el apóstol Santiago dice: *"Hermanos míos, tened por sumo gozo cuando os halléis en diversas pruebas, sabiendo que la prueba de vuestra fe produce paciencia. Mas tenga la paciencia su obra completa, para que seáis completos y cabales, sin que os falte cosa alguna"* (Santiago 1:2-4).

Aquí no dice la Escritura que tenemos que gozarnos en las pruebas que nos agobian, sino en los frutos de bendición que esas pruebas van a producir en nuestras vidas. El "*sumo gozo*" no debe ser una actitud emocional, sino la posición desde donde tendremos una evaluación real de las causas de las adversidades, y desde la perspectiva de Dios. No cabe duda que las pruebas dan crecimiento espiritual y fortaleza moral al creyente.

Hebreos 12:7-8, 11 dice: "*Si soportáis la disciplina, Dios os trata como a hijos; porque ¿qué hijo es aquel al que el padre no disciplina? Pero si se os deja sin disciplina, de la cual todos han sido participantes, entonces sois bastardos y no hijos (...) En verdad que ninguna disciplina al presente parece ser causa de gozo, sino de tristeza; pero después da fruto apacible de justicia a los que en ella han sido ejercitados*".

Dios está interesado en la forma en que afrontamos los problemas, y cuál es la actitud que adoptamos frente a ellos; para que modifiquemos la tendencia natural de centrarnos y afligirnos en los mismos problemas que nos afligen. Las pruebas son usadas por Dios; principalmente para purgar nuestra fe de todas las impurezas que tengamos, al extirpar todo lo que nos afecte o sea erróneo.

Por ello, si afirmamos nuestra vista en los problemas que nos acosan, nos preocuparán más de lo necesario y nos llevarán a la derrota. Pero si en lugar de prestar toda la atención en la adversidad, levantamos nuestros ojos al Señor y consumador de nuestra fe, esto permitirá que obtengamos la victoria sobre el problema y nunca la derrota.

No debemos permitir que nada se interponga entre nosotros y Jesucristo, ninguna emoción ni sentimiento, nada debe obstaculizar nuestra fe. Santiago dice que las pruebas de nuestra fe producen paciencia; pero no debemos confundir la paciencia con resignación pasiva frente a la adversidad, sino una paciencia que nos dé firmeza y valor para ayudarnos a resistir con valentía; porque la paciencia es la capacidad que nos otorga Dios para resistir. Dice el Salmo 34:19: "*Muchas son las aflicciones del justo, pero de todas ellas me librará el Señor*".

La Biblia dice que Dios nos dio la capacidad para ser vencedores ante la adversidad:

a) "*Antes, en todas estas cosas somos más que vencedores por medio de aquel que nos amó*" (Romanos 8:37).

b) "*Porque todo el que es nacido de Dios vence al mundo, y esta es la victoria que ha vencido al mundo, nuestra fe*" (1 Juan 5:4). La fe actúa con la Palabra de Dios, y no obedecerla es señal de un corazón engañado. Debemos revisar cada área de nuestra vida, porque puede haber algún área que dice tener fe, pero sus acciones hablan de incredulidad.

CUANDO LAS PRUEBAS PROVIENEN DE OTROS

Hay veces que Dios permite convivir laboralmente o durante el tiempo de estudiantes con alguien que podemos considerar como una persona indeseable, molesta, "pesada", intolerable. Esto provoca de nuestra parte una actitud de rechazo hacia tal persona, pero tambien nos lleva a emitir un juicio despectivo sobre ella. Quizás aún sea una persona que se burle del evangelio, y que hable peyorativamente de nosotros; por lo tanto la vemos como un pecador empedernido.

Lo que debemos entender es que estamos frente a una prueba permitida por el Señor, y Él ha querido que esa persona sea nuestra disciplina para que cambiemos actitudes ante nuestro prójimo. Lo primero que debemos hacer es pedirle perdón a Dios por haber juzgado con menosprecio a tal persona, y arrepentirnos ante Dios, pues en nuestro juzgar lo incluimos al creador del "indeseable".

Dios quiere que amemos indiscriminadamente a todos nuestros semejante, aún a nuestros enemigos. Mucho más cuando esto nos sucede en la iglesia, cuando se rechaza a algún hermano o hermana espiritual y se lo separa del afecto y comunión fraternal, porque se lo considere "pesado", molesto, charlatán. En ambos casos debemos acercarnos a la persona en cuestión y relacionarnos como Dios quiere que lo hagamos y, si correspondiere, pedirle perdón por nuestra actitud de rechazo hacia ella.

Hay veces que Dios nos pone cerca de personas que son indiferentes para que las ministremos; quizás esa persona es indiferente porque está influida por un espíritu de soledad y abandono, o nos pone frente a personas que viven angustiadas porque tiene una raíz de amargura, o que son mezquinas porque viven bajo un espíritu de frustración.

En esos casos debemos acercarnos a esas personas que tienen falta de amor, para ayudarlas a que abandonen la indiferencia, la amargura o la mezquindad; debemos llegar a sus corazones con la demostración de nuestro afecto, para luego llevarlas a comprender que son amadas por Dios.

¿CÓMO MINISTRAR AL CREYENTE ATRIBULADO POR PRUEBAS?

a) Primeramente, identificar el origen de la prueba a que está sometido el atribulado.

b) Identificar la prueba en sí misma, hacerle conocer que su fe es sometida a prueba. Luego alentarlo a resistir para que pueda ser moldeado a la manera de Dios, ayudarlo para que haga lo correcto para alcanzar la semejanza de Cristo.

c) Darles las respuestas bíblicas respecto al problema.

d) Orar y dar gracias a Dios por la respuesta.

3. PRINCIPIOS ACERCA DEL SUFRIMIENTO

El sufrimiento humano está relacionado con la caída de Adán y Eva en el Edén. Ellos optaron por satisfacer sus deseos e impulsos, y desobedecer el mandato de Dios. Como resultado de la desobediencia el pecado entró a la raza humana, y con el pecado los sufrimientos (ver Génesis 3:8-21). También dice Filipenses 1:29: *"Nos es concedido a causa de Cristo no solo que creáis en él, sino también que padezcáis por él"*. Cuando comenzamos a flaquear en nuestra conducta como creyentes y le damos prioridad a lo nuestro propio, y dejamos de lado al Señor, Dios, que nos ama entrañablemente, buscará a través de la disciplina que recuperemos nuestro andar cristiano para producir frutos de justicia (ver Hebreos 12:11).

LAS ÁREAS DE SUFRIMIENTO

Adán y Eva rechazaron el mandamiento de Dios. Todo rechazo a lo que Dios nos demanda en su Palabra, es un rechazo a Dios mismo. Este rechazo a hacer la voluntad de Dios trajo consecuencias dentro y fuera del ser humano. En el ámbito externo la Tierra se convirtió en un lugar de maldición, y se desató un sentimiento de egoísmo y enemistad entre las relaciones humanas: hijos contra padres, vecinos contra vecinos, blancos contra negros, naciones contra naciones.

Y el ser interior de la naturaleza humana quedó corrompido, la mente fue gobernada por una mala conciencia que generó las malas actitudes del corazón, y que se manifestaron en malas acciones, lo que ocasionó más y más pecados.

Y el pecado acarreó sufrimiento. El sufrimiento es algo que nadie desea, que todo ser humano busca evadir y eliminar. La mayoría de las veces el sufriente trata de buscar alivio al culpar a otros de las causas de su mal; resiente así su propio corazón. Debido a que todo ser humano naturalmente nace separado de Dios por el pecado heredado, y como el pecado impregna todo el ser completo: espíritu, alma, y cuerpo. Esto hace que cualquier persona esté propensa a los siguientes padecimientos.

- Su espíritu vive atribulado.
- Su alma está saturada de preocupaciones.
- Su mente siempre está dudando y en incertidumbre.
- Su voluntad es indecisa.
- Sus emociones son inestables.
- Su cuerpo físico está a merced de la enfermedad y de los impedimentos.

HAY CUATRO RAZONES BÍBLICAS ACERCA DEL SUFRIMIENTO TEMPORAL

Dios ha otorgado a cada creyente en el momento de la salvación, una nueva naturaleza divina; pero esta naturaleza de carácter santo ha sido depositada sobre nuestra vieja estructura de vida; por lo tanto, cada viejo hábito debe ser cambiado por los nuevos hábitos santos de Dios. Esto produce un sufrimiento, especialmente en aquellas cosas que provocaban placer a nuestra alma; por eso dice la carta de 1 Pedro 5:10: *"Mas el Dios de toda gracia, que nos llamó a su gloria eterna en Jesucristo, después que hayáis padecido un poco de tiempo, él mismo os perfeccione, afirme, fortalezca, y establezca"* (énfasis mío).

¿Se da cuenta? El cambio lo producirá el Señor después que hayamos padecido *"un poco de tiempo"*. La duración dependerá de nosotros mismos, en relación a nuestra disposición de ceder o no, aquello que el Señor busca que nos despojemos. Es por esto que el Señor usa las dificultades y sufrimientos para lograr su propósito en nuestra vida.

Veamos los objetivos que Dios quiere alcanzar en la vida de cada uno, por medio de los temporales padecimientos:

1. Para que podamos ***perfeccionarnos***, completando así todo aquello que nos falta para lograr una conducta santa, semejante a la santidad de Jesús.
2. Para ***afirmarnos*** y asegurar nuestra íntima y fiel relación con el Señor, a través de nuestro compromiso.

3. Para *fortalecernos* ante el embate de las tentaciones que surgen de nuestros propios deseos egoístas, y de aquellos dardos que el diablo lanza contra nosotros.

4. Para *establecernos*, robusteciéndonos para que podamos soportar cualquier sufrimiento, y para que cuando estemos sometidos bajo la presión de las dificultades podamos comprobar la verdadera profundidad de nuestra fe en Dios, pues cuando nuestros corazones estén "*establecidos*" con firmeza, nunca vacilaremos en nada.

CÓMO CRECER ESPIRITUALMENTE A TRAVÉS DE LAS DIFICULTADES

Dios permite algunos problemas en nuestra vida cristiana para motivarnos espiritualmente, pero si tratamos de evadirlos pueden ser nuestro peor enemigo, llegarán a desanimarnos. La diferencia estará en entender o no cuál es el propósito de Dios para nosotros a través de las pruebas.

Veamos cuales son los beneficios bíblicos de las pruebas para nuestro crecimiento espiritual:

- Cambia nuestra disposición y nuestro ánimo: Salmo 25:1-2.
- Nos revela el amor de Dios por nosotros: Hebreos 12:6.
- Nos hace examinar nuestro corazón con humildad: Salmo 139:23-24.
- Nos ayuda a desalojar el orgullo de nuestras vidas: Santiago 4:6.
- Revela nuestras debilidades: 1 Corintios 1:26-29.
- Nos ayuda a recordar que estamos en una permanente batalla: Efesios 6:12.
- Nos ayuda a afirmar nuestra fe: Santiago 1:3.
- Nos hace odiar el mal y el pecado, tal como Dios los odia: Proverbios 8:13.
- Nos impulsa a orar por los que están en autoridad: 1 Tesalonicenses 5:12-13.
- Nos ayuda a elegir las prioridades correctamente: 2 Corintios 4:18.
- Nos hace más responsables: Proverbios 16:6.
- Nos motiva a consolar a los demás: 2 Corintios 1:3-5.

4. CORRIJAMOS NUESTRAS ACTITUDES HUMANAS

De las actitudes que cultivemos aflorará nuestro comportamiento. Las circunstancias que nos tocan vivir cotidianamente provocan reacciones en nosotros, que derivan en actitudes, y estas pueden agradar o desagradar al Señor, según la elección que hagamos (ver Marcos 7:15, Santiago 3:10).

Debemos recordar diariamente que Dios tiene el control de todo lo que nos suceda y que, sobre todo, tiene un plan para que se cumpla en cada uno de nosotros. Muchas de las circunstancias que debemos enfrentar están permitidas por Dios, como hemos visto, para perfeccionarnos (ver Romanos 8:28, Mateo 5:11-12).

Uno de los principales problemas en nuestro carácter es el doble ánimo. Muchas veces tratamos de vivir el cristianismo a nuestra manera, ponemos un pie en la iglesia y mantenemos el otro en el mundo o en nuestros propios asuntos e intereses. Dios quiere librarnos del doble ánimo, y usa la adversidad para que cambiemos nuestras actitudes, y podamos reproducir en nosotros la firmeza del carácter de Cristo, que es lo que únicamente nos liberará de la atadura de vivir como cristianos una vida con doble intención (ver Santiago 1:7-8, Colosenses 3:2, Mateo 5:15).

Dios quiere que nuestro testimonio muestre al mundo que Cristo gobierna nuestras vidas, pero nuestro testimonio cristiano puede ser efectivo o ineficaz, de acuerdo a las actitudes que mostremos en nuestro carácter hacia las circunstancias que nos toque enfrentar.

La reacción ante cada circunstancia de adversidad queda sometida a nuestro libre albedrío o a nuestra libertad de elección. La decisión que tomemos descubrirá cuál ha sido nuestra actitud. Hay dos actitudes que como creyentes podemos tomar: una es espiritual y la otra es emocional.

ACTITUD ESPIRITUAL

Cuando la actitud frente a la adversidad es de absoluta confianza y dependencia en Cristo, se manifestará en acciones espirituales correctas, tales como tener paz "en medio de la tormenta". De modo que cada actitud correcta en respuesta a alguna crisis, dará como fruto un testimonio cristiano.

ACTITUD EMOCIONAL

Si la actitud con que reaccionamos ante la adversidad es emocional o sensitiva, dará como resultado una acción carnal, y el testimonio también lo será. Es el resultado de una falta de convicción en el Señor y el poder de su gracia, y una fuerte dependencia en las propias emociones y sentimientos.

Cuando los israelitas regresaron de reconocer la Tierra Prometida, los diez espías dieron un reporte **emocional** de miedo y de malestar y, como resultado, todo el pueblo tuvo temor. En cambio Josué y Caleb dieron un reporte **espiritual**: no miraron las circunstancias sino a Dios, confiaron en que les daría la victoria (ver Números 13:25-33). Pero nadie los escuchó porque sus emociones ya estaban contaminadas por el espíritu de temor y de queja, que reportaron los otros diez espías.

Recordemos que si alguna vez fallamos en nuestras actitudes, Dios no nos condena; su gracia infinita está disponible para que podamos restaurarnos. Si hemos tenido una actitud carnal o emocional frente a alguna circunstancia, debemos confesarlo a Dios como un pecado, pues hemos permitido que el doble ánimo gobierne nuestra vida. Es pecado porque hemos dudado de que la fidelidad del Señor sea para siempre (ver 1 Juan 1:9).

Todas nuestras actitudes pueden y deben ser cambiadas de acuerdo al modelo de Dios. Pablo dejó de lado todo compromiso con sus emociones, y declaró: *"Todo lo puedo en Cristo que me fortalece"* (Filipenses 4:13).

En la carta de Pablo a los Colosenses 3:24 dice: *"Del Señor recibiréis la recompensa, porque a Cristo el Señor servís"*. La Palabra nos enseña sobre la actitud que debemos tener los creyentes frente al trabajo. Lo que juzga Dios es nuestro comportamiento, porque nuestro comportamiento es el resultado de lo que somos y también de lo que hacemos.

5. CAMBIEMOS NUESTROS HÁBITOS

La Palabra de Dios es clara respecto a que hay algo imperativo que debemos hacer para alcanzar el nuevo carácter y los hábitos cristianos, y que esto es de nuestra absoluta responsabilidad.

Dice Efesios 4:22-24: *"En cuanto a la pasada manera de vivir, despojaos del viejo hombre, que está viciado conforme a deseos engañosos, y renovaos en el espíritu de vuestra mente, y vestíos del nuevo hombre, creado según Dios en la justicia y santidad de la verdad"*.

Hay dos cosas que debemos hacer: "despojarnos o quitarnos", y "vestirnos o ponernos". Para despojarnos de un hábito pecaminoso debemos ejercer nuestra voluntad para detener la acción del mal hábito en nuestra vida. Por ejemplo: si alguien quiere quitarse el hábito de fumar, ante todo deberá dejar de comprar cigarrillos, o dejar de pedirle a alguien que lo convide. Si alguien quiere despojarse de un hábito de impureza sexual, deberá dejar de ver pornografía en los cinematógrafos, o dejar de alquilar videos indecentes, o abandonar la compra de revistas impuras. Así luego, al recuperar la pureza espiritual, permitirá que el Espíritu Santo intervenga en su ayuda para que pueda abandonar cualquier participación en actos de inmoralidad sexual.

Para vestirnos con los nuevos hábitos cristianos debemos participar activamente en un programa de lectura bíblica diaria, debemos poner un horario de oración y cumplirlo diariamente, involucrarnos como miembros de una iglesia cristiana evangélica y no faltar a ninguna de sus reuniones, y ofrecernos como voluntarios para servir al Señor en su obra. Sobre todo buscar ayuda espiritual por medio de pastores y líderes idóneos en el consejo de Dios, y que también lo ayuden en el seguimiento para una completa restauración.

Por supuesto, aquí será necesario el uso del domino propio, como dice Proverbios 15:1: *"La blanda respuesta calma la ira; mas la palabra áspera hace subir el furor"*. Hay dos puntos en los que puede detenerse una acción hacia el pecado: uno es el de **resistir**, y el otro el de **rechazar**, y en ambos puntos el ejercicio del dominio propio es fundamental. Como sabemos, el ser humano –a diferencia de los animales– tiene conciencia, lo cual le permite aplazar una respuesta emocional o instintiva, y puede así elegir un curso distinto de acción. Todos los seres humanos tenemos la imagen de Dios, lo cual nos hace criaturas responsables.

Jesús fue tentado en el desierto por el diablo, para que desobedeciera al Padre en la misión para la que fue enviado. En cada tentación consideró el pensamiento de cometer la desobediencia, pero su voluntad santificada rechazó cada propuesta, declaró una razón bíblica para el rechazo. Jesús primero resistió la tentación, impidió que la propuesta entrara a su mente, para luego tener la fuerza de voluntad suficiente para argumentar el rechazo. Y logró así no ser vencido. Por eso Santiago 4:7 dice: *"Resistid al diablo y huirá de vosotros"*.

El resistir la tentación, negar la acción de satisfacer los deseos carnales, es el primer paso firme hacia el rechazo y la consolidación de la victoria contra el pecado. Cuando la resistencia es quebrada y la voluntad es seducida, no quedan fuerzas para rechazar la tentación, y así, lamentablemente, el pecado es concebido.

Como dice Proverbios 15:1: *"... la palabra áspera hace subir el furor"*. Cuando alguien es injuriado, la respuesta es enojo, el enojo se torna en agresión verbal, la agresión en agravio, y finalmente llega la ira, y la ira pone fuera de control a cualquier persona; este es el viejo hábito que debemos cambiar. En cambio *"la respuesta blanda calma la ira"*. La repuesta blanda es una respuesta pacificadora, este es el nuevo hábito que debemos usar.

Recordemos que para ponernos los nuevos hábitos de Dios, debemos antes desechar todos los viejos hábitos de nosotros mismos. Dice Santiago 1:21: *"Por lo cual, desechando toda inmundicia y abundancia de malicia, recibid con mansedumbre la palabra implantada, la cual puede salvar vuestras almas"*.

6. ELIJAMOS HACER LA VOLUNTAD DE DIOS

La voluntad reside en el alma humana. Dado que Dios nos creó con libre albedrío, podemos elegir obedecer la voluntad de Dios u oponernos a ella; si nos oponemos, haremos nuestra propia voluntad, o la del enemigo. La acción que siga la voluntad determinará quién gobierna esa vida, si es que está sometida al gobierno de Dios desde el espíritu humano, o si está gobernada por el egocentrismo, el "yo", desde el alma humana. O si el enemigo ha logrado poner sus pensamientos perversos, para sostener hábitos pecaminosos.

Dice Proverbios 16:9a que *"el corazón del hombre piensa su camino"*. Los caminos del ser humano conducen siempre al mundo natural y material. Esta vida está gobernada por el alma humana, que reacciona a través del instinto, de los sentimientos, y es motivada por el egoísmo de su propio "yo". Por ello nos advierte Proverbios 14:12: *"Hay camino que al hombre le parece derecho; pero su fin es camino de muerte"*. Dice también Proverbios 16:9, que pese a que alguien pueda equivocarse en la elección del camino, *"el Señor endereza sus pasos"*, si nos sometemos a su voluntad. El camino de Dios es sobrenatural y espiritual, y nos introduce en el mundo espiritual hacia la vida eterna con Dios.

Para poder reconocer la voluntad de Dios, y obedecerla, es prio ritario despojarnos de nuestra vieja manera de pensar, y buscar que la mente sea totalmente renovada por el Espíritu de Dios. Dice Romanos 12:12: *"No os conforméis a este siglo, sino transformaos por la renovación de vuestro entendimiento, para que comprobéis cual sea la buena voluntad de Dios, agradable y perfecta"*.

7. ¿CUÁNDO ES PECADO LA IRA?

Debemos entender que la ira en sí misma no es un pecado. Hay una diferencia entre la ira ante una situación desagradable, y la ira manifestada contra alguien. La carta de Pablo a los Efesios en el capítulo 4 versículo 26 dice: *"Airaos, pero no pequéis"*. O sea, que podemos enojarnos, pero no debemos pecar con ese enojo. Esto parecería una contradicción, pero no lo es.

Veamos específicamente: ¿cuándo es pecado la ira? Cuando es usada para herir o para destruir, es pecaminosa. Me refiero cuando la dirigimos contra alguien o algo (ver Proverbios 15:1 y 29:11); y también si es enfocada contra uno mismo (ver Proverbios 27:3-5). Porque la ira produce un descontrol emocional similar al estallido de una granada de guerra que esparce sus esquirlas y destruye todo lo que está alrededor del área de impacto. Es el efecto que nos provoca decir: "fulano perdió los estribos", referido a alguien que manifestó su ira con descontrol violento.

Veamos entonces: ¿cuándo no se considera pecado la ira?

La Biblia muestra un pasaje donde Jesús manifestó públicamente su ira, sin caer en pecado. En el pasaje de Juan 2:13-17 dice que Jesús llegó a Jerusalén cerca de la celebración de la Pascua, y que al ver a los comerciantes que profanaban la entrada del templo de Jerusalén, tomó unas cuerdas e improvisó un látigo para espantar a los animales que estaban en venta y para echar a sus dueños, y para desalojar a los cambistas de monedas a los que derribó las mesas de dinero. Jesús actuó con ira contra los especuladores comerciantes que se aprovechaban de la celebración para cargar el precio sobre los animales para el sacrificio, y también con el cambio del dinero que los creyentes traían para las ofrendas, que debían ser hechas en moneda hebrea.

En realidad esta era una semilla de corrupción del amor al dinero instalado en la misma entrada de la casa de Dios. Fue el celo por lo sagrado de lo que representaba el templo, lo que provocó la ira de Jesús, pero observemos que fue una ira controlada. Después que expulsó a los vendedores de animales y los cambistas, cambió su actitud con los vendedores de palomas, a ellos les dijo: "*Quitad de aquí esto, y no hagáis de la casa de mi Padre casa de mercado*".

Jesús estableció una diferencia en la manifestación de su ira, expulsó a los explotadores con violencia, pero a los vendedores de palomas no los echó como especuladores, sino para que no ejerzan el comercio en el lugar sagrado, pues debían hacerlo en tiendas, o en la plaza o en las calles. La ira de Jesús fue una ira controlada, en ningún momento podríamos decir que "perdió los estribos"; al contrario, fue primero violento con los corruptos, pero luego sacó con energía pero sin violencia a los vendedores de palomas y, además, a todos les dio una buena razón de su comportamiento.

Ninguno de los traficantes reaccionó en su contra, con su huída mostraron que eran conscientes de que estaban obrando mal. Podríamos decir que la manifestación de Jesús fue una ira santa, sin pecado.

Todos hemos sido creados por Dios con emociones, y cuando estas son usadas constructivamente de acuerdo a los principios bíblicos, siempre serán beneficiosas. Pero serán perjudiciales cuando pecamos si las expresamos en desarmonía con la voluntad de Dios.

En Efesios 4:26 la Palabra de Dios hace una distinción entre la ira pecaminosa y la ira santa. La ira será siempre pecaminosa cuando estalla sin control contra otros o, como hemos mencionado anteriormente, también cuando la dirigimos hacia nosotros mismos por medio de alguna ofensa recibida y la guardamos con resentimiento. Lamentablemente, las dos agravan los problemas en lugar de resolverlos.

En cambio la ira santa siempre está dirigida a solucionar los problemas. Santiago 1:19-20 dice: "*Todo hombre sea pronto para oír, tardo para hablar, tardo para airarse; porque la ira del hombre no obra la justicia de Dios*".

La Biblia dice que no es pecado enojarnos, sino que a veces pecamos por la forma e intención como expresamos la ira. En Marcos 3:5 vemos que Jesús miró con enojo a los escribas y fariseos. Pero no estalló en ira, ni los insultó ni los agredió con crueldad maligna. En lugar de ello, impulsado por la ira, los enfrentó, y les preguntó si consideraban más importante respetar el día de reposo que hacer el bien o salvar la vida de alguien.

De ese modo solucionó el problema que tenía por delante. La mejor manera de controlar la ira es enfocarla en la solución del problema, y nunca hacia el problema.

La reprensión motivada por la ira necesita llevar amor con el propósito de buscar una solución; el enfoque debe estar centrado en el error producido, y no en la agresión a la persona causante del problema.

CÓMO ACONSEJAR A LOS QUE PECAN CON IRA

Respecto al problema del que estalla en ira y pierde el control actuando o hablando con violencia, dice Proverbios 25:28: *"Como una ciudad derribada y sin muro es el hombre cuyo espíritu no tiene rienda"*. Pero en Proverbios 14:29 dice: *"El que tarda en airarse es grande de entendimiento"*. El camino de corrección es aprender a controlar o restringir la ira, hacerse lento para reaccionar con iracundia, por ejemplo, contar desde uno hasta cien –si es necesario– antes de violentarse.

Ante todo, el aconsejado debe arrepentirse por no haber respetado a quien hirió con su descontrol. Ayudarle a reconocer que seguramente, si hubiese sido un superior se hubiera contenido, por lo tanto desestimó a la persona por no controlar su ira.

Hay que dirigir a la persona para que pida perdón a aquel o a aquellos contra quienes descargó su ira. Debe existir la voluntad del aconsejado de querer solucionar el problema de la ira, pero si la persona dice: "es mi carácter", "qué le voy a hacer", "siempre fui así", será imposible hallar el camino de la corrección.

¿Cómo debe tratarse a todo hábito pecaminoso? Hay que ayudar a que el aconsejado se despoje de la ira, del viejo hábito de enojarse con violencia, hacer que tome el compromiso de este cambio delante de Dios y también de los implicados en el problema. Vestirse del nuevo hábito de la paciencia le ayudará a encontrar la solución; esto es, aprendiendo a descargar la ira positivamente para resolver el problema que dio lugar al enojo. Si el problema está en la familia, el diálogo familiar será de gran ayuda; hay que hacer acuerdos de conductas y formas previas de comportamiento, específicamente con las personas con las que tiene esos choques.

El factor clave es reemplazar el descontrol, y las expresiones de mal genio, por un acuerdo de diálogo, ya sea en forma inmediata al descontrol, o posterior, si los ánimos siguen exaltados en ese momento.

El otro aspecto tiene que ver con la persona que dirige la ira contra sí misma. Efesios 4:26 dice: *"Airaos, pero no pequéis; no se ponga el sol sobre vuestro enojo"*. Aquí habla del Sol del atardecer, que marcha hacia el ocaso, se refiere a guardar las ofensas y los agravios contra los demás, a alimentar una venganza. Hay que ayudar al aconsejado que enfoque la ira hacia el problema, y nunca más hacia sí mismo, porque toda herida interna produce una úlcera muy difícil de sanar. Por ejemplo, si un esposo es descuidado con la ropa sucia, y esto enoja a la esposa, puede generar ira interna. Si ella piensa para sí: *"Lo acostumbraron a vivir desprolijamente y nadie va a cambiarlo"*.

Pero si la esposa enfoca la ira hacia la solución del problema, se enojará con el esposo por su desconsideración, pero pensará: *"Este fin de semana le diré a Juan que vamos a comprar un canasto grande para la ropa sucia, porque esto no puede seguir así"*. La primera respuesta está cargada de resentimiento y es pecaminosa, la segunda es un enojo santo, porque está enfocada en la solución del problema.

Solo cuando el aconsejado está de acuerdo en buscar la solución según el método de Dios, entonces habrá solución. El aconsejado debe reconocer que cuando se ha descontrolado con ira, está en pecado y separado de la bendición de Dios. Deberá reconciliarse primeramente con Dios y seguidamente con quien ha lastimado. No puede solucionarse el problema contra el otro, antes de solucionar el problema de pecado con Dios. Si no se sigue el orden bíblico fracasará todo intento de aconsejar al pecador, ni se logrará que este cambie.

Será necesaria en todos los casos la oración intercesora y también de guerra espiritual, cuando se perciba que en el descontrol participaron demonios. Hay veces que la persona dice: "Me cegué de tal forma que no recuerdo nada". Si el aconsejado manifiesta alguna actitud agresiva durante la sesión, será conveniente que el consejero declare y aplique la sangre de Cristo entre ambos, y luego eche el demonio de ira que esté oprimiendo al aconsejado.

Capítulo 4

PECADO Y ESCLAVITUD ESPIRITUAL

1. EL TEMOR Y SUS VARIACIONES

Dice 1 Juan 4:18: *"En el amor no hay temor, sino que el perfecto amor echa afuera el temor; porque el temor lleva en sí castigo. De donde el que teme, no ha sido perfeccionado en el amor"*. ¿Por qué Dios contrasta tan negativamente el temor con el amor? ¿Por qué no contrasta el temor con la paz, o el temor y la seguridad, o el temor y la serenidad? Es que el temor y el amor se excluyen mutuamente, porque el amor produce la entrega de sí mismo a otros. En cambio el temor lleva a la persona a encerrarse en sí misma para protegerse.

El amor siempre busca oportunidades para dar, es la actitud del que se pregunta a sí mismo: "¿Qué puedo hacer por mi prójimo?" En cambio el que vive en temor está siempre receloso frente a los demás, y su actitud es la que lo lleva a preguntarse: "¿Qué va a hacer él por mí?" El amor avanza hacia los demás, pero el temor se retrae y se aísla de los demás. Lo que impulsa a cada creyente a amar a su prójimo, es el amor de Dios que brota de cada corazón purificado.

Dado que el temor es pecado cuando se retiene sin confesar, produce una variación de carácter en sentido inverso, porque la intensidad del temor resta el amor de Dios. En cambio el aumento del amor hace declinar el temor.

El motivo por el cual Jesús no tuvo miedo al enfrentar la prueba más difícil de su ministerio –la de su crucifixión– fue debido a que estaba saturado por el amor a toda la humanidad, el mismo desbordante amor que estuvo con el Padre cuando envió a su Hijo (ver Juan 3:16).

El mayor temor del ser humano es el temor a la muerte, pero los creyentes tenemos el amor de Dios para poder mirar la muerte con la esperanza de la vida eterna, y en la confianza de que estaremos con Cristo Jesús. Romanos 8:15 dice que los cristianos no hemos recibido un espíritu de esclavitud para que vivamos en temor, pues el temor lleva en sí castigo, porque es pecado ante Dios. El Salmo 118:6 dice: *"El Señor está conmigo, no temeré lo que me pueda hacer el hombre"*.

El temor parece proceder de aquello que pueda hacernos Dios si no estamos en orden con Él; por ejemplo: temor al juicio final y la condenación eterna. O lo que pueda hacernos el hombre, como violencia, humillación, sufrimiento, etc.

¿Cómo aumentamos nuestro amor por Dios? Cuando obedecemos sus mandamientos, mientras oramos y lo adoramos, y cuando le servimos incondicionalmente. ¿Cómo aumentamos nuestro amor al prójimo? Cuando dejamos de lado todo egoísmo y nos ofrecemos, y nos damos desinteresadamente hacia otros.

El temor acarrea la manifestación de dos males: la preocupación y la ansiedad.

LA PREOCUPACIÓN

Es un pecado emocional que muchos creyentes permiten en sus vidas, y no pueden solucionarlo. Las preocupaciones provienen de sentimientos y emociones negativas que toman el control de la mente. Cuando el creyente está preocupado por un determinado problema, se ata a sí mismo espiritualmente, pues no permite que obre la fe en el Señor Jesucristo.

Jesús nos dice en Lucas 12:29-31: *"Vosotros, pues, **no os preocupéis** por lo que habéis de comer, ni por lo que habéis de beber, **ni***

estéis en ansiosa inquietud. *Porque todas estas cosas buscan las gentes del mundo; pero vuestro Padre sabe que tenéis necesidad de estas cosas. Mas bien buscad el reino de Dios, y todas estas cosas os serán añadidas"* (énfasis mío).

La preocupación es ocuparnos con temor, en forma anticipada, por algo que puede afectarnos. Para evitar que un problema nos preocupe hasta hacernos perder el sueño, debemos ejercitar la fe, dejando confiadamente nuestras cargas en Cristo y esperando de Él la solución prometida.

LA ANSIEDAD

Es un estado alterado de la mente, que va paralelo a la preocupación, y también es pecado, pero que puede llegar a ser más perjudicial. Con frecuencia es el resultado de temores subconscientes y pensamientos de fracaso, o de sucesos que pueden haberlo desestabilizado. La ansiedad produce una tensión que ahoga la fe e impide el fluir del gozo de Dios; impide al ansioso acudir a Dios en busca de ayuda.

Las emociones negativas, cuando logran provocar tensión al creyente, lo transforman en un esclavo de la ansiedad y lo paralizan espiritualmente. Dice 1 Pedro 5:7: *"Echando toda vuestra ansiedad sobre él, porque él tiene cuidado de vosotros"*. Esto significa que Dios espera que nos acerquemos a Él, para que ningún creyente pueda ser una víctima de la ansiedad, ni de que lleve una vida sometida a la esclavitud de los sentimientos y emociones negativas. El ansioso debe confesar el pecado ante el Señor, sabiendo que Dios desea que vivamos en libertad y nunca más como esclavos del pecado.

2. CLAVES PARA VENCER EL TEMOR

El consejero debe persuadir al aconsejado que el amor es una fuerza espiritual que Dios nos da y quiere que la usemos para echar fuera todo tipo de temores. Un ejemplo que nos ayuda a comprender la fuerza del amor, es el de una madre que puede atemorizarse ante la presencia de un ratón, pero la misma madre, sin embargo, tendrá todo el valor del mundo para enfrentar a una fiera salvaje que pudiera amenazar la vida de su hijo al que ama; porque la fuerza del amor es siempre superior y vence todo temor.

El consejero debe llevar al aconsejado para que reemplace todo temor con el amor incondicional de Dios, y animarlo a que se apropie de las promesas de la Palabra de Dios. El Salmo 34:4 dice: *"Busqué al Señor, y él me oyó, y me libró de todos los temores"*.

Finalmente hay que ayudar al aconsejado a recuperar el temor reverente de Dios, porque es el que remueve todos los temores y produce abundancia de amor. Dice la carta a los Hebreos 5:7: *"Y Cristo, en los días de su carne, ofreciendo ruegos y súplicas con gran clamor y lágrimas al que podía librar de la muerte, fue oído a causa de su temor reverente"*.

3. EL PECADO

Todos los consejeros cristianos somos llamados a trabajar en franca oposición al sistema del mundo, contra los demonios y los deseos inmorales de la carne. Esto implica no solo que enfrentamos una lucha contra sangre y carne, sino también contra fuerzas sobrenaturales de las tinieblas. En este caso el aconsejar debe ser entendido y llevado a cabo como una batalla espiritual, el enemigo debe ser derrotado en todas sus variadas manifestaciones.

Todo consejero debe conocer los fundamentos del pecado: cuando está frente a alguien que cayó en un hábito pecaminoso, o alguien que lleva una vida orientada hacia los deseos egoístas o vive bajo el control de sus sentimientos y emociones. Este estilo de vida es un obstáculo a la vida de piedad, pues está orientada a la búsqueda de recibir y sacar el mejor provecho de cada situación para sí mismo, o de que alguien le provea de alguna utilidad, porque está totalmente cerrado a dar, o a ofrecerse de ayuda a otros.

Satanás afirma los deseos egoístas del pecador haciendo que dirija su mirada a sí mismo y a los goces del mundo, para justificar su complacencia al placer temporal, o produciendo autocompasión por sus temores, aumentando las preocupaciones y ansiedades, de manera que el pecador no pueda reconocer su situación pecaminosa.

Satanás instiga a los pecadores a vivir bajo el dominio de sus propios sentimientos y emociones, los aleja del estilo de vida cristiana en obediencia y sumisión a Dios. Allí está la auténtica manifestación del pecado, cuyas raíces se establecieron en el Edén, donde Adán y Eva decidieron no obedecer a Dios y satisfacer sus propios deseos, instigados por el diablo, y cayeron bajo el dominio del egoísmo y a merced de lo que le dictan sus sentimientos y emociones.

4. EL PECADO Y LA ESCLAVITUD ESPIRITUAL

Pecado es todo lo que se interpone entre Dios y nosotros e impide nuestra comunión con Él. Todo pecado no confesado y retenido voluntariamente, origina una interrupción del fluir del Espíritu Santo. Si el pecador es un creyente, al mantener oculto su pecado pierde interés en la obra de Dios, ya no presta atención para que los inconversos puedan recibir la salvación, o que él mismo pueda recibir sanidad y liberación, además de ser privado de todas las bendiciones y dones que Dios otorga a sus hijos.

ALGUNAS DE LAS ÁREAS FRECUENTES DEL PECADO SON:

• FALTA DE PERDÓN

Hay un principio de Dios que es directivo y vital, y está condicionado a que solo seremos perdonados en nuestras faltas y pecados por el Señor, en la medida que perdonemos primeramente a quienes nos han ofendido. Algunas personas dicen que le es imposible perdonar a quienes las hirieron o arruinaron su vida con total injusticia.

Algunos dicen: "No es falta de perdón o resentimiento, pero lo que me hicieron no puedo olvidarlo". Pero el perdón que otorga Dios, y que nos demanda que lo ofrezcamos a quienes nos ofenden, no se basa en sentimientos, sino en una decisión de nuestra voluntad. Debe haber perdón continuo en nuestro corazón, el amor de Dios nos da la voluntad de soportar el dolor de cualquier herida, para que seamos perdonadores.

• LA IRA, EL ORGULLO Y EL EGOÍSMO

Estos son pecados que generan otros pecados, tales como la amargura que hecha raíces de maldición y aumenta el resentimiento, el odio, el rencor, etc. El orgullo y la altivez provocan discriminación hacia los demás. El egoísmo genera celos, envidia, divisiones, etc.

• IMPUREZA MORAL

Es el resultado de dar rienda suelta a la lujuria y a la concupiscencia. Estos pecados no solo abren las puertas de la maldición, sino que voluntariamente se ponen en las manos de poderes demoníacos para ser esclavizados espiritualmente.

• MURMRACIÓN, CRÍTICA Y JUZGAMIENTO

Es un pecado de rebeldía contra la persona ausente de quien se emite una crítica desleal, un juicio lesivo; toda murmuración contra una persona, es indirectamente un juicio contra Dios. María, la hermana de Moisés, estaba sirviendo a Dios junto a su otro hermano Aarón, y en la ausencia de Moisés criticó y enjuició la santidad de este, ante lo cual Aarón asintió calladamente. Como resultado del enojo de Dios, y por la maldición del pecado, María enfermó de lepra, y Aarón debió humillarse ante Moisés y pedirle que intercediera ante Dios para que la sanara. En el tiempo en que vivimos, en el marco del Nuevo Testamento, la palabra de Dios condena todo tipo de murmuración y la prohíbe. Si bien Dios no castigará con lepra la carne del pecador, sin embargo, si el murmurador no confiesa el pecado a Dios y al ofendido, una lepra espiritual contaminará su corazón, con la pérdida de todas las bendiciones del Señor.

• ESCLAVITUD ESPIRITUAL

Cuando un creyente oculta sus pecados y los retiene sin confesarlos, trae como resultado esclavitud espiritual. El pecado, como si fuese una semilla, afirma sus raíces en el corazón del pecador y desarrolla un hábito con ramas que dan fruto de rebeldía y maldad. Los pecados no confesados producen sufrimientos emocionales y también físicos. Dice el Salmo 32:2-3: "*Mientras callé, se envejecieron mis huesos en mi gemir todo el día. Porque de día y de noche se agravó tu mano; se volvió mi verdor en sequedades de verano*". El pecador puede a veces estar bajo el engaño de que su actitud es pasajera o de poca importancia, puede llegar a decir "tengo un enojo pequeño con fulano", o "fue una mentira sin intención de lastimar"; pero guardar el enojo o la mentira es pecado para Dios, y todo pecado no confesado causa atadura espiritual y, aunque sea pequeño, siempre producirá una atadura firme que solo será cortada por medio de la liberación espiritual.

Jesús vino a darnos una nueva vida de abundantes bendiciones, Él dijo: "*Yo he venido para que tengan vida y para que la tengan en abundancia*" (Juan 10:10).

Todo pecador necesita confesar su pecado, para ser liberado de la esclavitud que lo atormenta. Debemos saber que el pecado sale por una sola vía, y es por la boca del pecador que confiesa su falta. Dice el Salmo 32:1, 5: "*Bienaventurado aquel cuya trasgresión ha sido perdonada, y cubierto su pecado (...) Mi pecado te declaré, y no encubrí mi iniquidad. Dije: Confesaré mis transgresiones al Señor; y tú perdonaste la maldad de mi pecado*". Una vez que el aconsejado ha confesado su falta y ha decidido alejarse de las causas que provocaron su pecado, debe comenzar a practicar el odio al pecado cometido, tan intensamente como Dios odia todo pecado.

La misión del consejero es "lavar los pies", ayudar a todos los hermanos espirituales que han caído en la suciedad del pecado, para que vuelvan a vivir en libertad espiritual, la libertad que Dios nos ha llamado a vivir.

¿QUÉ SUCEDE SI NO LIMPIAMOS EL ALMA DEL PECADO?

Cuando el pecador retiene su pecado sin confesar, lleva adelante una vida con culpa, y esto genera un triple efecto negativo que afecta la mente, el organismo humano y el espíritu del pecador.

A. PROBLEMAS MENTALES Y EMOCIONALES

Estos problemas no son una enfermedad, sino el resultado de un modo de vivir desordenado y en contraposición al plan divino. El consejero debe comprender y discernir la diferencia que hay entre el pecado y una enfermedad orgánica. Pues cuando un aconsejado confiesa que sufre de problemas mentales o emocionales, solo se lo podrá ayudar cuando el consejero descubre si las raíces del problema están en algún pecado escondido o no reconocido por el aconsejado.

El camino a seguir es que el aconsejado pueda reconocer su responsabilidad personal, y buscar la solución del pecado que origina los problemas para que sea librado de su esclavitud. Dice Juan 15:22: "*Si yo no hubiera venido, ni les hubiera hablado, no tendrían pecado; pero ahora no tienen excusa por su pecado*".

Pero si el problema del aconsejado es orgánico, no podremos llevarlo a ninguna reflexión si padece de alguna afección cerebral;

en ese caso será necesario que sea asistido por un profesional especialista en neurología.

B. ENFERMEDADES FÍSICAS

Cuando un pecado es retenido sin confesar, como hemos visto anteriormente, puede producir problemas orgánicos de origen psicosomáticos, tales como: hipertensión arterial, problemas cardíacos, dolores de cabeza crónicos o cefaleas, úlceras, gastritis, colitis, cálculos en el hígado y riñones, artritis. Hay estadísticas que demuestran que más del 60% de las enfermedades son de origen psicosomáticos, a raíz de problemas generados en la mente o en las emociones.

Hemos comprobado que muchas de estas enfermedades que sufren algunos creyentes, se debe a pecados no confesados, algunos en forma consciente y otros guardados en el inconsciente, como el rencor y la falta de perdón.

También el llevar una vida en contravención a las leyes de Dios, produce problemas mentales y emocionales; algunos de ellos pueden dar origen a problemas estomacales, como disfunciones en la digestión; problemas respiratorios y que no son originados en una deficiencia orgánica, sino que su causa es espiritual. Dice el Salmo 38:3-5: "*Nada hay sano en mi carne, a causa de tu ira; ni hay paz en mis huesos, a causa de mi pecado. Porque mis iniquidades se han agravado sobre mi cabeza; como carga pesada se han agravado sobre mí. Hieden y supuran mis llagas, a causa de mi locura*".

C. BLOQUEO ESPIRITUAL

Es la última consecuencia del pecador que retiene los pecados por tiempo indefinido y sin confesar; me refiero al creyente que ya no lucha por vencer el pecado y ha permitido que el pecado se transforme en un hábito en su vida; es entonces que se produce progresivamente una cauterización de su conciencia.

Esto trae una separación de Dios, debido a la rebeldía de quien se niega a corregir el pecado de su vida, y trata de vivir un cristianismo compartido: lleva una vida con doble ánimo. El alma queda atrapada, busca la satisfacción del placer del pecado, pues ha traspasado los límites morales de las leyes de Dios, y se produce un bloqueo espiritual que le impide volver completamente a Dios, tal como lo expresa Romanos 6:23: *"Porque la paga del pecado es muerte"*.

La única forma de salir de esa esclavitud es confesar la falta y comenzar con una terapia espiritual y práctica, desde la liberación de espíritus demoníacos hasta un plan de pautas específicas que le ayuden a un cambio total de hábitos en la vida cotidiana.

5. PRINCIPIOS DE ATAR Y DESATAR

Dice Mateo 18:18: *"De cierto os digo que todo lo que atéis en la tierra, será atado en el cielo; y todo lo que desatéis en la tierra será desatado en el cielo"*. Esta acción se ha aplicado principalmente para atar e imposibilitar las obras del diablo y sus demonios sobre las almas humanas. Pero esta palabra tiene un mayor alcance, y debemos prestar mucha atención, porque nuestra relación con el Señor y otras relaciones pueden ser atadas por acciones pecaminosas o actitudes no cristianas asumidas, que pueden ponernos fuera del gobierno de Dios.

Veamos algunas de las acciones que producen atadura espiritual: falta de perdón, resentimiento, amargura, crítica, chismes, impureza moral, egoísmo, mal trato, criterio erróneo, falta de sentido común, etc. Por ejemplo: la falta de perdón hacia una persona ata a la misma persona en pecado, y a quien ella no ha perdonado. Y si un creyente no perdona a un inconverso, se entromete entre él y la obra del Espíritu Santo, que busca al inconverso para convencerlo de pecado y salvarlo y, por supuesto, se ata espiritualmente a sí mismo.

Debemos siempre tener en mente las palabras de Jesús respecto a ¿cuántas veces tenemos que perdonar? ¿Hasta siete? Él nos responde: *"No te digo hasta siete, sino hasta setenta veces siete"* (Mateo 18:21-22).

También orar equivocadamente puede atar la perfecta voluntad de Dios. Cuando vehemente insistimos o nos encaprichamos en pedirle algo a Dios, pueden ocurrir dos cosas: que no recibamos respuesta, o que recibamos la respuesta de la voluntad permisiva de Dios. Esto forma parte de la escuela de Dios, y es para que aprendamos una próxima vez cuál es la diferencia entre su perfecta voluntad y la nuestra. En Isaías 38:1-21 vemos un pasaje en el cual nos dice que había llegado la hora de morir al rey Ezequías, pero este lloró y le imploró amargamente a Dios que le permitiera vivir más tiempo. Y Dios le otorgó quince años más de vida. Esta fue la facultad permisiva de Dios, pero en ese tiempo tuvo otro hijo que lo sucedió, que fue un rey malvado que trajo maldición a su pueblo.

Toda desobediencia a la Palabra de Dios ata su perfecta voluntad. Pero cuando el desobediente se arrepiente y recibe el perdón de Dios, Él no solo nos perdona sino que nos desata de la atadura espiritual, y trae el cumplimiento de su perfecta voluntad que estaba retenida.

Por ello nunca debemos pedirle a Dios lo mejor de nuestra opinión, sino lo mejor de Él. Solo el cumplimiento de su voluntad será lo mejor para nosotros.

Es importante para el consejero o el creyente, saber que cuando va a procederse a orar para atar una maldad, debe identificarse la naturaleza espiritual de ella. El consejero tiene que distinguir entre el mal general proveniente de Satanás como *"el espíritu que obra en los hijos de desobediencia"*; con el otro que es el espíritu del mal o del demonio que habita y oprime la voluntad de algún área del pecador.

En el primer caso es el príncipe de la potestad del aire que influye y obra sobre los seres humanos a través de los pensamientos egoístas, y estimula los deseos perversos de la carne. En el otro caso son uno o varios espíritus malignos que controlan un área o la misma vida de una persona. Jesús vino a deshacer las obras del diablo, y esto lo consumó en la cruz, llevando a la muerte los deseos perversos de la carne y de la mente humana, y de la vanagloria y del amor al mundo; este fue el golpe mortal a la vieja creación. Por eso hoy podemos orar y desatar los "bienes" robados y retenidos por el diablo. Veamos, ¿cuáles son estos "bienes" robados y reemplazados por el espíritu del mal?:

- El diablo robó del corazón humano el amor a Dios, y lo reemplazó por el amor a sí mismo y al pecado.
- Robó la santidad de Dios de los corazones humanos, y trajo profanación.
- Robó la amistad de las criaturas con su Creador, puso enemistad con Dios.
- Robó la obediencia a seguir la voluntad de Dios, y trajo la desobediencia a sus mandamientos.

- Robó la sanidad de Dios y trajo la enfermedad.
- Robó la vida eterna con Dios y trajo la muerte y la perdición eterna.
- Robó la prosperidad divina y la reemplazó con la avaricia, la miseria y la pobreza.

Hoy el Señor nos demanda a todos los creyentes a poner en libertad a todos los cautivos del diablo, atar al "hombre fuerte" para despojarlo de todos los "bienes" que robó y retiene.

El pecado es el instrumento más poderoso del diablo, porque el que peca es del diablo. Y si Satanás tiene algún poder sobre nosotros, nunca podremos desatar a otros de la esclavitud del diablo. Santiago aclara que la oración eficaz del justo es la única arma que tiene poder contra el maligno, pero especifica que el poder está en "el justo", es alguien que, además de haber sido justificado por Dios en la salvación, es un creyente que busca y anda en perfecta santidad de conducta. Desde una posición de santidad práctica, la oración del justo puede ¡y mucho!

Veamos algunos ejemplos que nos da la Biblia: de Elías –dice la Escritura que era "justo"– oró a Dios para atar la lluvia del cielo, y no llovió por tres años, y otra vez oró y desató la lluvia para que la tierra produjera fruto (ver Santiago 5:16-18).

Moisés fue otro "justo" que usó la oración de atar y desatar con eficacia. Cuando el pueblo de Dios llegó a Horeb, estaban todos sedientos en medio de un desierto de arena y piedras, pero cuando Moisés oró las rocas soltaron aguas en abundancia y saciaron la sed de todos. En otro pasaje los amalecitas atacaron al pueblo de Dios, y Moisés subido a la cumbre de un monte, alzó los brazos al cielo, ató el avance del enemigo y desató el poder de la victoria a favor de los israelitas.

En el libro de los Hechos encontramos que la oración eficaz de los creyentes desató a Pedro de sus cadenas y fue liberado de la cárcel por un ángel. En la oración de atar y desatar, las acciones del cielo siguen las acciones de la Tierra; Cristo oye las oraciones de la Tierra y actúa por mandato de la Tierra. No es una petición, sino una orden para que una atadura se haga sobre la Tierra, o una orden para que se desate algo sobre la Tierra.

Porque es una oración de autoridad, significa literalmente desde el punto de vista de Dios, que podemos en oración "mandarlo" a Él.

Cuando Cristo ascendió a los cielos abrió un nuevo camino para que también nosotros podamos ascender desde la Tierra al cielo. Sabemos que nuestro enemigo espiritual vive en los aires, pero Cristo está ascendido en el tercer cielo. Antes de su ascensión los aires estaban bloqueados por Satanás, pero ahora están abiertos, porque Cristo está sobre todo principado y autoridad, y poder y señorío, y sobre todo nombre que se nombra. Él ha puesto a Satanás y todas las cosas bajo sus pies.

Puesto que nuestra lucha es contra las huestes espirituales de maldad, todos los creyentes estamos involucrados en una guerra espiritual.

Esta oración siempre será efectiva cuando sepamos que lo que reclamamos es la perfecta voluntad de Dios, y qué es lo que Él desea hacer. Es una oración que manda el mover del brazo de Dios para atar o desatar cualquier situación.

Cuando Pedro se encontró frente al cuerpo muerto de Tabita, le dijo al cuerpo "atado" por la muerte: *"Tabita, levántate. Y ella abrió los ojos, y al ver a Pedro se incorporó"* (Hechos 9:40). Aquí vemos cómo el poder de la resurrección de Cristo obró sobre la joven "la desató" de la muerte, en obediencia al mandato de Pedro. El apóstol no oró a Dios diciendo: "Oh Señor, por favor, resucita a Tabita de la muerte", sino que hizo una oración de mandato directo, dijo: *"Tabita, ¡levántate!"* Y así fue hecho por Dios.

6. PRINCIPIOS DE SEMBAR Y COSECHAR.

Dios estableció un mandamiento nuevo respecto a amarnos unos a otros, y como amar es dar, esto establece la primer premisa de la siembra, que es darnos nosotros mismos a otros. La Palabra de Dios dice que *"lo que el hombre sembrare, eso también segará"* (Gálatas 6:7). O sea, lo que sembramos, o las acciones que realizamos, eso mismo es lo que cosecharemos o recibiremos en retribución.

La otra premisa es que no debemos dar especulativamente para esperar una recompensa; Dios quiere que no pretendamos nada del aquel a quien le damos. Porque esto se convertiría en un trueque, en una acción comercial especulativa, precisamente de la que Dios nos ha librado. El dar que Dios requiere de nosotros, es dar algo sin esperar nada como retribución. De cualquier forma, en el reino espiritual no es posible dar más de lo que Dios nos ha dado o de lo que puede darnos.

Sin embargo, Dios ha establecido promesas para el dador relacionado con los esfuerzos que haga para dar. Dice 2 Corintios 9:6: *"El que siembra escasamente, también segará escasamente; y el que siembra generosamente, generosamente también segará"*. Básicamente Dios quiere que aprendamos a dar, que sembremos con generosidad y no como un acto ritual o una obligación religiosa, quiere liberarnos de todo tipo de mezquindad, no solo en lo referido al dinero, sino en todas nuestras actitudes cotidianas.

Jesús dijo en Lucas 6:38: *"Dad, y se os dará; medida buena, apretada, remecida y rebosando darán en vuestro regazo. Porque con la misma medida que medís, os volverán a medir"*. El mandato de "*dad*" indica una acción de dar sin ninguna medida. El Señor Jesucristo dio su vida para otorgarnos vida eterna sin esperar ninguna retribución; Él es nuestro principal ejemplo y motivación de ser generosos.

Jesús sabía por esta ley divina de retribución, que su siembra le daría una muy abundante cosecha de millones de hijos e hijas para la gloria del Padre. Dios espera que vivamos nuestras vidas cristianas, que nos demos abiertamente unos a otros y a nuestro prójimo.

Veamos cómo será esta retribución o cosecha: *"Y se os dará; medida buena (...) darán en tu regazo"*. Literalmente el regazo se refiere a la parte frontal superior de las vestimentas comunes usadas en la época de Jesús. Los varones vestían una especie de bata de baño ajustada con un cinturón o faja, y la parte superior que cruza una con otra forma como un gran bolsillo donde guardaban cosas, el cual era flexible porque podía regularse la capacidad.

Es también una metáfora, dado que en el área del bolsillo está el corazón y, como dice la Biblia, el corazón se agranda al dar, crea un mayor espacio para que pueda llenarse de mas bendicion, y que son las que hacen fluir las recompensas materiales. Jesús nos promete una buena medida desbordante y abundante, quiere que conozcamos su abundante provisión para todos los asuntos de nuestra vida, es como si Jesús nos dijera: "Cuando des a otro yo llenaré el bolsillo más grande que tengas, de amor y de todo lo que necesites para tu diario y cotidiano vivir".

Él quiere llenarnos de su abundancia, para que demos más, nunca para que acumulemos ganancias para nosotros mismos ni volvamos a alimentar el egoísmo.

La esencia del principio de sembrar y cosechar fue declarada por Jesús cuando dijo: *"Porque con la misma medida que medís os volverán a medir"*. Esta es la ley de la reciprocidad del reino de Dios. Actúa de la siguiente manera: cuando damos algo, algo siempre recibiremos; pero si nos negamos a dar, también a nosotros se nos negará recibir lo que pedimos. Este principio de Dios no intenta sobornarnos, ni tampoco es para que lo usemos especulativamente en nuestro beneficio; sino que Dios quiere que aprendamos a ser generosos en todas las acciones de nuestra vida.

Muchos creyentes se sienten acusados o no perdonados, porque no dan perdón. Otros se sienten rechazados, porque no dan aceptación. Otros no tienen amigos, porque no dan amistad. Algunos padecen necesidades, porque no dan ni a Dios ni a los necesitados. Otros tienen problemas con la autoridad, están de queja en queja, no se sujetan a ningún poder reconocido, porque no dan sumisión, ni a Dios ni a sus autoridades delegadas, etc.

Dios quiere que sepamos que cada vez que damos algo, Él se encargará de que recibamos una retribución por lo que dimos. No solo se trata de dar dinero, sino de dar tiempo, dar bondad, dar misericordia, y que esa acción de dar sea siempre con generosidad.

Pero hay algo más en este principio: Dios ha querido que nosotros mismos seamos quienes regulemos la abundancia de la cosecha que recibiremos. Porque dice la Palabra de Dios que será la medida de lo que sembremos, la que determinará la dimensión pequeña o abundante– de la cosecha que obtendremos.

El dar y el sembrar con generosidad tiene que ver con nuestro aprendizaje de los caminos del Señor, para crecer en la vida abundante que Dios ha puesto delante de cada uno de nosotros.

7. LA CONFESIÓN DE FE

Cuando una persona es dominada por el pesimismo o por la amargura, expresa dudas, debilidad, torpeza, inhabilidad... además, contaminará su espíritu y su fe quedará aprisionada en esa atmósfera pesimista. Para detener ese estado de derrota y pobreza espiritual, debe usarse el mismo camino de la confesión, pero en lugar de confesar un pecado o un estado pesimista, debe hacer una confesión positiva de fe en las promesas de victoria de la Palabra de Dios.

Como creyentes podemos ser tomados por sorpresa por cualquier adversidad que amenace llevarnos a algún tipo de derrota. El Señor nos ha provisto de fe suficiente para desafiar cualquier amenaza de adversidad. Ante todo debemos orar y hacer la misma confesión de fe que hizo Pablo: "*Todo lo puedo en Cristo que me fortalece*" (Filipenses 4:13). Cada día podemos enfrentarnos a distintos problemas; la confesión de fe diaria nos ayudará no solo a enfrentarlos, sino a pasar airosamente sobre ellos. Por ejemplo, confesar nuestra fe diciendo: "*Más poderoso es el que está en mí que el que está en el mundo*" (1 Juan 4:4).

Cuando los filisteos desafiaron a Israel por medio del gigante Goliat, dice que "*todos los varones de Israel que veían aquel hombre huían de su presencia, y tenían gran temor. Y cada uno de los de Israel decía: ¿No habéis visto aquel hombre que ha salido?...*" (1 Samuel 17:24-25).

Todos los soldados del ejército de Israel y el mismo rey Saúl confesaron falta de fe en Dios, pues cayeron bajo una gran turbación y miedo. Cuando David llegó al lugar y vio al gigante dijo: "*¿Quién es este filisteo incircunciso, para que provoque a los escuadrones del Dios viviente?*" (1 Samuel 17:26).

Dada la valentía de su declaración, David fue llevado ante Saúl como candidato para enfrentar al gigante, pero el rey le dijo que era muy joven para pelear con Goliat, y que el gigante era un guerrero profesional. Ante esto David le respondió que él había sido pastor de ovejas y que había matado a muchos animales salvajes, para defenderlas. Y, además, le dijo al rey: "*Fuese león, fuese oso, tu siervo lo mataba; y este filisteo incircunciso será como uno de ellos (...) El Señor, me ha librado de las garras del león y de las garras del oso, él también me librará de la mano de este filisteo*" (1 Samuel 17:36-37).

Esta confesión de fe en Dios convenció al rey y le abrió a David el camino a la victoria.

Aquí vemos dos confesiones opuestas: una era la confesión de miedo y derrota de los israelitas, era como si estuviesen diciendo: "Goliat es tan grande, que será imposible vencerlo". En cambio

David tuvo una actitud distinta: confesó victoria desde el mismo momento que vio al enemigo; es como si David hubiese dicho: "Goliat es tan grande, que será imposible errarle con la honda, en el nombre del Señor", esa fue una confesión espiritual de victoria.

De la misma forma hoy los creyentes debemos permanentemente ejercitarnos en el nuevo lenguaje de la fe, y estar listos para confesar la misma declaración de fe de David frente a cualquier adversidad que nos toque enfrentar.

Por ejemplo: si un creyente recibe un diagnóstico de cáncer, nunca debe decir "este cáncer va a llevarme a la tumba". En cambio deberá confesar su fe en Dios y decir: "Mi Señor Jesús venció el cáncer y se lo llevó con Él en el Calvario. Jesús cargó sobre Él todas mis dolencias y enfermedades, confieso a Jesucristo como mi Señor sanador" (ver Isaías 53:4-6).

Esta confesión de fe sin duda abrirá las puertas para que Dios haga el milagro. Como creyentes debemos vivir confesando siempre la fe victoriosa en nuestro Señor Jesucristo.

8. EL PECADO IMPERDONABLE

La blasfemia contra el Espíritu Santo es el peor de los pecados manifestados vocalmente, pues es un pecado que Dios jamás perdonará. *"Por tanto os digo: Todo pecado y blasfemia será perdonado a los hombres; mas la blasfemia contra el Espíritu no le será perdonada. A cualquiera que dijere alguna palabra contra el Hijo del Hombre, le será perdonado; pero el que hable contra el Espíritu Santo, no le será perdonado, ni en este siglo ni en el venidero"* (Mateo 12:31-32). Estos versículos incluyen lo siguiente:

- La Escritura nos asegura el generoso perdón de todo pecado, por medio de la gracia de Dios y el cumplimiento de las condiciones que conforman la proclamación del Evangelio (Marcos 1:15). La perversidad de cualquier pecado no será obstáculo para que seamos aceptados por Dios, si de verdad nos arrepentimos y creemos en el Evangelio, pues todo pecado y blasfemia serán perdonados a los hombres (Mateo 12:31).

  Aunque el pecado llegue hasta los cielos, hasta los cielos llegará la misericordia de Dios (Salmos 16:5). La misericordia de Dios se extiende incluso hasta la blasfemia, un pecado que profana directamente el nombre y el honor de Dios. Pablo había sido blasfemo, pero fue recibido y aceptado con misericordia (1 Timoteo 1:13). Bien podemos decir: "*¿Qué Dios como tú, que perdonas la maldad?*" (Miqueas 7:18). Incluso dice la Escritura que las palabras blasfemas lanzadas contra el Hijo del Hombre serán también perdonadas (Mateo 12: 32), como en efecto lo fueron las de quienes le lanzaron vituperios y burlas cuando estaba en la cruz, muchos de los cuales después se arrepintieron y hallaron misericordia.

- Hay una excepción a la regla general anterior, y es la blasfemia contra el Espíritu Santo, la cual, en las palabras de Jesús, no será perdonada ni en esta época ni en la venidera (Mateo 12:31-32). Este es, pues, el único pecado imperdonable del que somos advertidos en la Biblia. Cuando Jesús dice: "*Por tanto*" (v. 31) empalma con lo de: "*Sabiendo Jesús los pensamientos de ellos, dijo*", etc. (ver Mateo 12:25 y siguientes). Nos da a entender con ello que los fariseos habían blasfemado contra el Espíritu Santo y, "*por tanto*", habían cometido el pecado imperdonable. Este versículo 32 ha sido siempre objeto de controversia, pero el contexto general de la palabra de Dios nos proporciona los datos suficientes para darle una interpretación satisfactoria. No se trata aquí de hablar contra una persona divina, ni de resistir a la operación del Espíritu Santo en el corazón de un incrédulo; tampoco se implica que el hablar contra el Espíritu Santo sea peor que hablar contra el Padre o contra el Hijo.

La blasfemia contra el Espíritu Santo consiste en el acto consciente y voluntario de atribuir al espíritu inmundo, al mismo poder de Satanás, las obras milagrosas de Jesús, llevadas a cabo mediante la mano de Dios, por el Espíritu Santo, el cual da pruebas evidentes, mediante esos milagros de que Jesús era el Cristo, el Mesías de Dios, y que la verdad de sus enseñanzas eran incuestionables y al mismo tiempo comprometedoras. Porque el rechazo voluntario de esta evidencia cierra la puerta al perdón de Dios, no por falta de eficacia en la obra del Calvario, ni por falta de gracia y misericordia de parte de Dios, sino porque el que comete dicho pecado se priva voluntariamente a sí mismo de la necesaria

disposición para recibir el perdón divino. Tomás de Aquino emplea la comparación del enfermo del estómago que podría ser sanado con cierto remedio, pero lamentablemente su mismo estómago lo impedía, porque rechazaba la medicina. Debemos aclarar que el pecado de 1 Juan 5:16 no tiene nada que ver con esto, y el comienzo mismo del versículo debería ser suficiente para convencerse (*"si alguno ve a su hermano..."*). Algunos teólogos y estudiosos de las Escrituras discuten acerca de si el pecado imperdonable puede darse ahora, una vez que Cristo ya no está físicamente obrando milagros en la Tierra. Pero se olvidan de la maliciosa disposición de los fariseos –que era la verdadera causa del pecado imperdonable– y que esto puede repetirse en todo tiempo.
Es importante aclarar que quienes temen haber cometido el "pecado imperdonable", dan a entender, con ese mismo temor, que no lo han cometido. El único pecado imperdonable es el rechazo del perdón.
También la mala interpretación de la última parte del versículo 32 ha dado lugar a toda clase de errores. Desde los primeros siglos de la Iglesia Católica Romana han sostenido la antibíblica doctrina del "purgatorio", en base al pasaje de Lucas 16:22, donde el mendigo después de morir va al seno de Abraham, y el de Lucas 23:43, en el que Jesús le dice al delincuente arrepentido, crucificado a su lado, que ese día estará en el paraíso junto a Él. Pero estos versículos no se refieren a pecados que no se perdonen en esta vida, ni que pudieran perdonarse en la vida futura. Tampoco dan pie a una segunda oportunidad después de la muerte, como los que sostienen la doctrina de la reencarnación, Hebreos 9:27 es bien claro al decir: *"Y de la manera que está establecido para los hombres que mueran una sola vez, y después de esto el juicio"*, puesto que el versículo siguiente exhorta a que todos deben reconciliarse con Dios, seguido de una advertencia sumamente seria de que ahora, el tiempo en que vivimos en la Tierra es el día de la salvación (2 Corintios 5:20, 6:2). Marcos 3:29 presenta la blasfemia contra el Espíritu Santo como pecado eterno. La frase de Jesús en Mateo 12:32b se adapta a la concepción judía sobre los períodos

de la historia humana y universal. Los divide en dos partes: los primeros tiempos –hasta la venida del Mesías– y los últimos tiempos –después de la venida del Mesías–. La "época venidera" se cierra con el juicio de Dios que ha de resolver definitivamente el destino eterno de los seres humanos.
Se trata, por consiguiente, de una frase enfática para dar un relieve especial a la declaración de que la blasfemia contra el Espíritu Santo no será jamás perdonada por Dios.

Capítulo 5

SALVACIÓN Y RESTAURACIÓN

1. PRINCIPIOS SOBRE LA SALVACIÓN ETERNA

Las enseñanzas sobre los efectos que produce la redención del Señor Jesucristo en la vida humana, si hacemos solo énfasis en las maravillas de lo que Dios "hace o puede hacer", es lo que denominamos un "evangelio de oferta", que puede traer como resultado un comportamiento sin compromiso de quien lo acepta, condicionado a que ocurra el milagro o la solución ofrecida.

De manera que si la persona recibe bendición, permanece en la congregación mientras sigue recibiendo. Y si no recibe nada, se va. No habrá posibilidad de que la persona experimente el nuevo nacimiento espiritual, ni mucho menos llegar a ser un discípulo; su cristianismo será superficial.

En cambio cuando se predica el evangelio que descubre quién es verdaderamente Dios: un Dios de amor, de poder, de esperanza, de misericordia, de compasión; que ha provisto la Buena Nueva de salvación para toda la humanidad, entonces la persona podrá experimentar el nuevo nacimiento espiritual y recibirá la salvación para su espíritu.

La salvación implica afecto y compromiso hacia la persona del Señor Jesucristo, no a una causa ni a una institución religiosa. La verdad que anunciamos al mundo es que el pecado de Adán trajo muerte eterna a la raza humana, y en cambio la muerte de Jesucristo trajo vida eterna a todos los que en Él creen.

Cuando un creyente evangeliza a una persona, no debe hacerlo solo como un deber u obligación para ganar el reconocimiento del pastor o líder, ni tampoco hacerlo especulativamente para ganar un privilegio en el reino de los cielos. Buscar las almas perdidas es una motivación que viene del amor a Dios y de su compasión por los perdidos, porque Dios es el único que puede salvar. Lo esencial es participar, dar el mensaje del Evangelio de vida con amor al prójimo, para que todos tengan la oportunidad de ser salvos.

La responsabilidad de recibir o no la salvación descansa en la persona que recibe el mensaje, nunca en el esfuerzo del que evangeliza; es un acto de la libre voluntad del que escucha. Pero el mensaje del evangelio debe guiar siempre al inconverso a que tome una decisión, debe hacerle saber que esa decisión afectará su vida actual y su futuro eterno, y que Dios desea que toda la humanidad reciba la vida eterna en la salvación. En 1 Timoteo 2:4 dice: *"El cual quiere que todos los hombres sean salvos y vengan al conocimiento de la verdad"*.

También la Biblia da las razones de por qué Dios tiene ese ferviente anhelo. Y la razón esencial es "por amor". En 1 Juan 4:10 leemos: *"En esto consiste el amor; no en que nosotros hayamos amado a Dios, sino en que él nos amó a nosotros, y envió a su Hijo en propiciación por nuestros pecados"*.

2. CONSOLIDACIÓN DE LA SALVACIÓN ETERNA

Juan 3:6 dice: *"El que es nacido del Espíritu, espíritu es"*. La salvación del espíritu humano significa tener vida eterna con Dios. Una vez que recibimos la salvación en nuestro espíritu, tenemos asegurada la vida eterna.

Sin embargo, recibir la salvación es solo el principio de la nueva vida, es ponernos en los umbrales del camino a la vida eterna, porque Jesús no vino a salvar solo nuestras vidas de la muerte eterna, sino a salvarnos de toda nuestra vana manera de vivir. Por lo tanto, se requiere que la obra de la salvación se complete en nuestra alma, en donde el yo humano siempre busca hacer lo que quiere.

Dios vino a salvarnos de nuestra esclavitud del pecado y a liberarnos de nuestro egoísmo, del orgullo, de la vanidad, de los placeres temporales, y a desligarnos del amor al mundo. Quizá usted se pregunte ¿qué es la consolidación? Consolidar equivale al mismo cuidado que una madre debe tener con su bebé recién nacido; es el cuidado del consejero con el recién convertido. Desde que la persona nace de nuevo y tiene un encuentro personal con Jesucristo, los primeros días son fundamentales en su formación.

En el mismo momento que se gana una vida para el Señor debe comenzar el proceso del cuidado de esa persona, con la misma solicitud que tiene una madre. De la especial atención que se le brinde en esos primeros días dependerá la clase de cristiano que llegará a ser. Lamentablemente, para muchos creyentes su tarea termina cuando la persona levantó la mano y recibió a Jesús. Piensan que con el solo hecho de haberlos llevado a la iglesia, ya cumplieron con el Señor y ahora esa vida será responsabilidad del pastor.

Pero la realidad es que ese es el momento cuando el trabajo de consejero recién se inicia. Debe haber una protección, un cuidado especial hacia el nuevo creyente, para que alcance un desarrollo pleno. Debe nutrirse de la leche espiritual de la Palabra, tiene que recibir y sentir el calor de hogar, tener un grupo de personas que lo hagan sentirse bienvenido y que lo ayuden a vencer sus luchas.

Si tiene heridas, será necesario que lo ayuden para que estas heridas emocionales sean sanadas; si todavía batalla con la tentación, que puedan orientarlo para que obtenga la victoria; si atraviesa luchas en el área financiera, que le ayuden a entrar en la dimensión de la fe, para que a través de ella conquiste lo que necesita.

Toda esta tarea es un proceso que, si se realiza correctamente, se verá el fruto de una nueva vida cristiana en cada una de las personas que recibieron a Cristo como su Señor y Salvador. Jesús dijo: "*Si alguno quiere venir en pos de mí, niéguese a sí mismo, y tome su cruz y sígame. Porque todo el que quiere salvar su vida la perderá; y todo el que pierda su vida por causa de mí y del evangelio, la salvará*".

Estas palabras están dirigidas a quienes han recibido la salvación y quienes han recibido también el consejo de Dios en el proceso de la consolidación, que en definitiva es ayudar al nuevo creyente a que comprenda el propósito que tuvo Dios para salvarnos y llamarnos.

El llamado es para seguir a Jesús, y entrar en su servicio, con la condición de negarse a sí mismo. Esto significa: renunciar a los privilegios de hacer cada uno lo que le da la gana. Es ponernos a un lado nosotros mismos, dejar de ser el centro, para ponernos a los pies de Jesús.

Pero aún hay otro requisito, y es que cada uno elija llevar su cruz. Esto es más que negarnos a seguir nuestra propia voluntad, porque tomar la cruz es obedecer a Dios en todas las decisiones de nuestro diario vivir. De acuerdo a esto todo lo que hagamos hoy en la Tierra como creyentes, afectará nuestra posición actual y futura en el reino de Dios. *(Recomendamos el libro* "Consolidación" *de la Misión Carismática Internacional de Bogotá, Colombia).*

LA SALVACIÓN DEL ALMA

Podemos inferir de las Escrituras que existirán dos clases de creyentes en la eternidad de los cielos, aunque los dos gozarán de la salvación eterna de sus espíritus. Sin embargo, habrá una diferencia en la posición y lugar que ocuparán en el reino de Dios. La Biblia llama "vencedores" a los que en la vida terrena eligen tomar su cruz y abandonan todo placer temporal por amor al Señor y dejan de complacerse a sí mismo. Y otros eligen ser creyentes, pero sin tomar la cruz, porque prefieren todavía obtener los beneficios temporales de los goces del mundo, y se resisten a perder su alma que se deleita en esos placeres.

Pero la palabra de Dios es bien clara al respecto: dice que todo lo que signifique pérdida por no vivir en los goces del mundo hoy, va a significar ganancia para mañana en la eternidad del Reino. En cambio, todo creyente que ha obtenido la salvación de Jesús, pero continúa buscando y disfrutando de las ganancias y los placeres de este mundo hoy, sufrirá pérdida en el mañana.

Todos los seres humanos podemos recibir salvación eterna de nuestro espíritu humano, porque Cristo fue a la cruz por nosotros, pero la salvación de nuestra alma la recibimos cuando decidimos llevar la cruz nuestra cada día. Negarnos a nosotros mismos es eliminar la gratificación desbordante de nuestros deseos carnales y buscar solo lo que suple nuestras necesidades primordiales. Por eso el apóstol Pedro en su primera carta, cuando habla de nuestra esperanza "viva", especifica en 1:9: *"Obteniendo el fin de nuestra fe, que es la salvación de vuestras almas"*.

Cuando los creyentes estemos ante el tribunal de Cristo, el Señor va a mirar si nuestras almas están completamente crucificadas, o si se mantienen vivas y satisfechas del gozo mundano. Esto decidirá nuestra posición en el reino de Dios, que será entre los santos que "miran y oyen", o los santos que "entran" para servir a Dios alrededor de su trono dentro de la Ciudad Santa, y los "vencedores" que reinarán con Cristo por mil años sobre la Tierra en su segunda venida.

Cuando Jesús le reveló la salvación a Nicodemo, primero le dijo: *"De cierto, de cierto te digo, que el que no naciere de nuevo, no puede ver el reino de los cielos"* (Juan 3:3). Aquí "ver" fue traducido del griego *EIDON*, que significa: "llamando la atención a lo que puede ser revelado a los ojos y al oído, o percibido mentalmente". Esto se refiere a la salvación de nuestro espíritu, que nos permitirá acceder y vivir eternamente en el reino de Dios como ciudadanos del cielo.

Luego Jesús le dijo a Nicodemo –quien no entendía cómo podría nacer de nuevo–: *"De cierto, de cierto te digo, que el que no naciere de agua y del Espíritu, no puede entra al reino de Dios"* (Juan 3:5). Aquí "entrar" fue traducido del griego *EISKALEO*, que significa: "llamar hacia adentro", (compuesto por *EIS:* dentro, y *KALEO:* llamar). Está referido a la salvación del alma, a los que la pierden en la Tierra por causa de Cristo, para que puedan entrar en el servicio eterno con Dios alrededor de su trono (Apocalipsis 22:3-4) y poder reinar con Cristo como vencedores en el reino venidero (Apocalipsis capítulos 2 y 3).

El llamado de Dios es para que vivamos en su más completa salvación; el primer paso es gratuito, la salvación de nuestro espíritu humano no nos cuesta nada; pero la salvación del alma nos cuesta todo, hasta la pérdida de nuestra propia alma, para que podamos ganar todo lo que Dios quiere darnos en la eternidad de su reino.

El Señor nos desafía a todos los creyentes a dejar de ser conformistas y contempladores anímicos, para transformarnos en sus siervos espirituales comprometidos con Él para siempre. Su propósito es que podamos hacer su perfecta y preciosa voluntad, para que todos recibamos lo mejor de Dios, aquí y ahora, y en la eternidad del reino de los cielos.

3. ¿CÓMO DIFERENCIAR UN RELIGIOSO DE UN CREYENTE GENUINO?

En general podríamos decir que alguien no es una persona creyente si no ha experimentado una regeneración espiritual, ni tampoco ha tenido convicción de pecado por medio de la obra santificadora del Espíritu Santo, y por lo tanto nunca ha tenido la fe necesaria para creer en el Señor Jesucristo como su salvador personal. En resumen, no es creyente quien no cree en el Evangelio.

Podemos como consejeros de Dios encontrarnos ante alguien que busca ayuda espiritual, pero acerca del cual no estamos seguros de si ¿es o no es un auténtico creyente? Ante todo, no debemos confiarnos de nuestra propia opinión, recordemos que como seres humanos estamos inclinados a emitir juicios de opinión por la apariencia externa; solo Dios tiene la capacidad de mirar el corazón para emitir juicios verdaderos.

Sin embargo, la Biblia nos provee de algunas pautas para que podamos diferenciar a un creyente verdadero de alguien que no lo es. Por ejemplo la Biblia nos dice que *"por sus frutos los conoceréis"*. Referido a que si nos encontramos con alguien que dice ser creyente, pero su conducta lo niega, puede ser un inconverso o un cristiano muy desobediente.

Si tomamos estos valores, y dado que en ese momento la persona no da evidencia de que su voluntad está sometida a Cristo y a su Palabra, debemos tratarlo como un inconverso. Tratarlo de esta forma significa que deberemos predicarle el evangelio de salvación antes de emitir algún consejo espiritual.

Si una persona que no confiesa su fe en Cristo, dice ser un religioso, o es miembro de una religión falsa, o declara ser agnóstico, entonces estamos frente a un inconverso.

Pero si esa persona asiste a una iglesia cristiana, pero su testimonio de vida muestra pocas evidencias de santidad, no debemos considerarlo inconverso hasta que la iglesia o ellos mismos lo declaren. Las Escrituras dicen que cuando un creyente está en pecado y no se somete a la disciplina de la iglesia del Señor, cuando rechaza la autoridad de Cristo delegada en ella por medio de sus pastores, entonces el trato con tal persona deberá ser como el trato a un inconverso que desconoce las verdades de Dios.

Dice Mateo 18:17: *"Y si no lo oyere a la iglesia, tenlo por gentil y publicano"*. Lo mismo sucede con los creyentes que dicen serlo, pero permanecen fuera de la iglesia, y que no solo no se congregan, sino que no se someten al cuidado y disciplina de la iglesia de Cristo.

En definitiva, es inconverso todo aquel que no se somete en sumisión a la autoridad de Cristo, ni a aquellos sobre los cuales el Señor ha delegado su autoridad, ni a todo lo que Dios nos pide que nos sometamos en su palabra.

4. ¿PUEDE ACONSEJARSE BÍBLICAMENTE A LOS NO CREYENTES?

Ya hemos dicho que no debe intentarse aconsejar bíblicamente a los que no son creyentes. Porque nuestro propósito al aconsejar debe ser el de producir un cambio de conducta en el aconsejado que sea del agrado de Dios; por eso es imposible aconsejar bíblicamente a un no creyente, porque no tiene el menor deseo de honrar a Cristo ni de obedecerlo como Señor. Tampoco tiene la capacidad de entender las Escrituras, ni el poder ni el dominio propio para hacer la voluntad de Dios.

En lugar de ello tiene un corazón endurecido, como de piedra, que no puede ser sensibilizado hasta que el Espíritu Santo lo toque y lo transforme en un corazón de carne (ver Ezequiel 11:19).

Hasta que el corazón del inconverso no sea regenerado, no podrá amar a Dios ni a su prójimo, ni mucho menos podrá obedecer alguno de los mandamientos de Dios.

Dado que todos los problemas se originan en el corazón espiritual del ser humano, un corazón no convertido es una verdadera muralla que rechaza e impide recibir todo consejo divino. Debemos aclarar que el corazón espiritual –según la Biblia– está ligado al espíritu humano, es el lugar donde se genera la vida interior, desde donde podemos tener comunión íntima con Dios y con nosotros mismos.

En el corazón surgen todos los problemas humanos, por ello es imposible intentar un cambio en la conducta de un no creyente, a menos que se realice primeramente un cambio en su corazón, que está adormecido a causa del pecado original.

Recordemos que el aconsejar bíblicamente requiere un cambio de corazón para lograr un cambio de vida, y este cambio no será hecho por el esfuerzo del consejero, sino por el poder regenerador del Espíritu Santo.

¿QUÉ ES LO QUE NO DEBEMOS HACER, Y QUÉ ES LO QUE DEBEMOS HACER CON UN INCONVERSO?

No debemos buscar una conformidad externa con la palabra de Dios de parte de quien busca consejo, porque estaremos fomentando la hipocresía. Hay muchos inconversos y aún religiosos que alaban las Escrituras y admiran las palabras de Jesús, pero continúan con sus vidas pecaminosas. No debemos esforzarnos en que el aconsejado asienta las verdades de Dios solo como una ayuda para reformar su moral, eso es buscar una reforma parcial de conducta.

Lo que necesita el inconverso es una transformación espiritual completa. En cambio, sí debemos aconsejar al inconverso de que Cristo es la manera de encontrar todas las soluciones a los problemas de la vida. Hay que confrontar al aconsejado con su pecado y no con su problema, para que entienda la real necesidad de recibir al Salvador de su vida. Si el inconverso muestra un arrepentimiento genuino y despierta su fe en Cristo, entonces el consejero podrá después impartirle el consejo de Dios sobre el problema presentado.

Jay Adams en su libro *Capacitados para restaurar* da un práctico ejemplo de cómo aconsejar a un inconverso que está ansioso por recibir ayuda espiritual; dice: "Será útil decirle algo como lo siguiente. '¿Ves? Dios tiene respuestas a todos tus problemas, y tendré mucho gusto de hablar de ellos tan pronto como sea posible hacerlo. Pero estas respuestas se hallan todas de este lado de una pared que te separa de los problemas. No puedes hacer uso de las respuestas hasta que hayas pasado la puerta de esa pared. Esta puerta, naturalmente, es Aquel sobre el cual te he hablado: el Señor Jesucristo'".

Pero, en el caso que el inconverso se niegue a confesar a Jesucristo como Señor y Salvador de su vida, será imposible darle algún consejo bíblico y, si lo hacemos, no solo malentenderá la verdad de Dios, sino que eso va a confundirlo más que ayudarlo.

5. EL MINISTERIO DE LA RESTAURACIÓN

El proceso bíblico de la restauración de un creyente pecador siempre se inicia en el corazón de Dios; desde allí el Espíritu Santo convence al pecador de su falta. Así como lo encontramos en 2 Samuel 12:13, en la confesión del rey: *"Entonces David dijo a Natán: Pequé contra el Señor"*. Cuando el pecador creyente confiesa su falta, en muchos casos, y en forma simultánea, el Espíritu Santo obra de manera sobrenatural buscando y motivando a un restaurador (Santiago 5:19-20) para que ministre al pecador y le ayude a que despierte un ferviente deseo de reconciliarse con el Señor Jesucristo.

Y cuando este deseo se transforma en una súplica (Salmo 139:23-24), entonces Dios produce la restauración del hijo pecador y lo vuelve a su anterior estado de santidad.

Como consejeros de Dios debemos cuidarnos de no analizar o interpretar nosotros mismos los problemas del aconsejado, pues corremos el peligro de enredarnos en la situación al tratar de demostrar que entendemos el problema, pero sin aportarle ninguna solución a su conflicto.

Dios no nos llama a entender ni analizar los problemas, sino a descubrir la solución bíblica de los problemas presentados, y ayudar a que la persona ponga en práctica el consejo de Dios y así logre restaurar su vida. Como consejeros debemos esforzarnos en encontrar la solución bíblica para ayudar al pecador a salir de su pecado.

En 2 Timoteo 3:16 dice que la Escritura es para *"corregir e instruir en justicia"*. Esto implica una acción de dejar o abandonar los patrones de conducta pecaminosa, y separarse de sus prácticas. La Biblia es el instrumento adecuado para lograr estos objetivos al aprender la forma práctica de usarla para estos propósitos.

Aquí encontramos la solución doble para cualquier problema. Todo problema pecaminoso se soluciona primeramente, dejando la práctica de lo que nos aleja de Dios y de nuestro prójimo. Y luego nos enseña la manera de mantenernos separados del pecado en nuestro futuro inmediato.

El primer paso tiene que ver con *"corregir"*. Para que la corrección sea cumplida se necesita la confesión del pecado, para que el arrepentido reciba el perdón de Dios. Confesión fue traducido de la palabra griega *EXOMOLOGEO*, que significa "*decir la misma cosa*", es esencialmente establecer un acuerdo de partes.

Cuando un pecador confiesa su falta ante Dios, establece un acuerdo con Él; acepta la condición de que el Señor es justo para considerar culpable al pecador. Es por así decirlo, un "contrato" de admisión de la culpa. Cuando el aconsejado admite su pecado, está en condiciones de confesar. Y la confesión de la culpa permite que la "recompensa" sea el perdón de Dios.

Al finalizar la enseñanza de la oración llamada "*Padre Nuestro*", Jesús dice en Mateo 6:14-15: "*...si perdonáis a los hombres sus ofensas, os perdonará también a vosotros vuestro Padre celestial; mas si no perdonáis a los hombres sus ofensas, tampoco vuestro Padre os perdonará vuestras ofensas*".

Dios requiere que cada pecado cometido sea confesado a Él para poder recibir su perdón paternal, que es distinto al perdón que recibimos cuando recibimos a Cristo como Salvador personal, pues ese perdón no fue paternal sino judicial, dado que Dios nos perdonó como Juez Supremo.

También Dios requiere que cuando hayamos herido u ofendido a nuestro prójimo, confesemos el pecado al ofendido y busquemos su perdón. Pues solo podrá restablecerse una correcta relación con Dios por medio de la reconciliación. Recordemos que la Biblia dice que "*el que encubre sus pecados no prosperará; mas el que confiesa y se aparta alcanzará misericordia*" (Proverbios 28:13).

El siguiente paso es "*instruir en justicia*". Esto corresponde a la dinámica de quitar todo lo perjudicial y pecaminoso, y "ponerse" todo lo santo. En la confesión del pecado se hace un reconocimiento del mal cometido; el paso que sigue es abandonar el hábito pecaminoso y reemplazarlo por un hábito santo (Efesios 4:22-24). Efesios 4:25 y 28 demanda que no solo el mentir sea quitado, sino que la verdad sea puesta en su lugar; y dice que el que roba no solo deje de hacerlo, sino que lo reemplace con trabajo duro y que provea ayuda al necesitado.

No solo debe abandonarse todo hábito pecaminoso, sino que debe establecerse un programa contra el retorno del deseo de pecar. Jesús estableció un programa para que las pautas y los hábitos pecaminosos sean erradicados para siempre en forma drástica, como si fuese una operación de cirugía con injerto, donde se quita la parte enferma y se reemplaza por una sana.

Él dijo: "*Y si tu ojo derecho te es ocasión de caer,* ***sácalo, y échalo de ti;*** *pues más te conviene que* ***se pierda uno de tus miembros,*** *y no que todo tu cuerpo sea echado al infierno. Y si tu mano derecha te es ocasión de caer, córtala, y échala de ti; pues más te conviene que se pierda uno de tus miembros, y no que todo tu cuerpo sea echado al infierno*" (Mateo 5:27-30, énfasis mío). En este proceso el consejero debe ayudar al aconsejado a encontrar medios y métodos de poner barreras de protección que prevengan la reiteración del o de los pecados cometidos. Debe advertirse a la persona que no debe sorprenderse cuando sea tentado a volver al pecado, quizás por asociación de imágenes o por medio de recuerdos placenteros y deleites pasados; por lo tanto, deberá estar alerta contra ello y atenta para no volver a pecar.

No cabe duda que cuidarse de la tentación será al principio una tarea ardua, y tan costosa como si se le amputaran un miembro del cuerpo.

Tendrá que "amputar" quizás amistades muy íntimas o arraigadas costumbres placenteras. Es importante advertir al aconsejado del esfuerzo que requerirá para que no sea vencido ni sorprendido con algo inesperado. Por eso Jesús usó el ejemplo de la amputación para enseñar lo completo y terminante que debe ser el programa para prevenir todo pecado futuro.

QUITAR Y PONER

Nosotros, los consejeros que ministramos en el nombre de Jesús, debemos ayudar en la práctica al aconsejado, a encontrar el camino para prevenir todo fracaso futuro. Tomemos el ejemplo práctico de un pecador que busca el consejo de Dios para ser liberado de su hábito en la pornografía. Partamos de la base de que el pecador ya ha confesado su pecado, se ha arrepentido y busca abandonarlo para siempre. El paso que sigue es aconsejarlo para que no ceda a cualquier tentación que pueda recibir en el futuro.

Lo prioritario será aconsejar al pecador que debe destruir y tirar todo material pornográfico que tenga en su poder. Debe cambiar el recorrido de los lugares de donde compraba o veía material pornográfico, y debe romper los lazos de relación con todas las personas con que compartía o lo relacionaban con la pornografía.

Esto tiene que ver con "quitarse" o despojarse del mal hábito. Lo que sigue es lo que tiene que ponerse, para llenar el vacío que dejó el mal hábito. Filipenses 4:8 da una lista de todas las cosas que debemos "poner" en nuestra mente; de esta forma la mente es puesta bajo disciplina para que no ingresen pensamientos ajenos. Es una forma práctica de poner la mente bajo el yugo de Dios.

Es necesario que el pecador arrepentido entrene su mente para admitir solo pensamientos de santidad, en lugar de dejarla libre para que husmee los placeres pervertidos de la pornografía.

Es importante aprender de memoria los textos bíblicos apropiados, para contrarrestar cualquier tentación que le invite a volver al hábito pecaminoso confesado. Para ello el consejero debe conocer de antemano los principales pasajes, junto con su significado, sobre los problemas más importantes que aquejan el alma humana.

Esto requiere un estudio regular de la Biblia, con oración y reflexión sobre cada texto.

Demás está decir que de nada servirá el mejor consejo de Dios a la persona atribulada, si el aconsejado no lo pone en práctica. Porque recién cuando el aconsejado ponga en práctica el consejo de Dios, se producirá la verdadera restauración.

6. GUÍA PARA ACONSEJAR A LOS NUEVOS CREYENTES

Como consejeros debemos fortalecer acciones espirituales para que los nuevos creyentes despierten a una ardiente comunión con el Señor Jesucristo. Estos son algunos de los puntos principales:

a) Comunión entre creyentes.

Deben ser animados y guiados hacia la unidad y el compañerismo con otros creyentes. Hebreos 10:25: *"No dejando de congregarnos, como algunos tienen por costumbre, sino exhortándonos; y tanto más, cuanto veis que aquel día se acerca"*.

b) Bautismo en agua.

Debe enfatizarse la importancia del bautismo en agua, explicar su real significado, que va mucho más allá que una ceremonia religiosa. Y que junto a la celebración de la Santa Cena, son los únicos dos sacramentos que la Biblia requiere sean obedecidos como mandamiento del Señor.

Mateo 3:13-17 dice: "*Entonces Jesús vino de Galilea a Juan al Jordán, para ser bautizado por él. Mas Juan se le oponía, diciendo: Yo necesito ser bautizado por ti, ¿y tú vienes a mí? Pero Jesús le respondió: Deja ahora, porque así conviene que cumplamos toda justicia. Entonces le dejó. Y Jesús, después que fue bautizado, subió luego del agua; y he aquí los cielos le fueron abiertos, y vio al Espíritu de Dios que descendía como paloma, y venía sobre él. Y hubo una voz de los cielos, que decía: Este es mi Hijo amado, en quien tengo complacencia*". Ver también Colosenses 2:12.

c) Estudiar la Biblia como la palabra de Dios.

Explicar la importancia de estudiar diariamente la palabra de Dios y animarlos a leer la Primera Carta de Juan como un punto de partida, y luego seguir el Evangelio de Juan y con todo el Nuevo Testamento. En 2 Timoteo 2:15 leemos: "*Procura con diligencia presentarte a Dios aprobado, como obrero que no tiene de qué avergonzarse, que usa bien la palabra de verdad*". Otra referencia: 2 Timoteo 3:16-17.

Recomendamos usar este método sencillo y práctico del estudio de la Biblia, siguiendo los cinco pasos. (Aconsejamos la lectura del libro *Cómo estudiar la Biblia por sí mismo*, de Tim La Haye).

¿Cómo leer el Nuevo Testamento?

1. *Leer uno o dos capítulos por día, después de haber orado previamente.*
2. *Hacer un resumen por escrito de lo que dice el capítulo.*
3. *Buscar qué promesa está incluida en la lectura.*
4. *Buscar: ¿qué mandamiento está incluido para obedecerlo?*
5. *Preguntarse: ¿qué me dice la palabra de Dios a mi vida?*

Es prudente que el nuevo creyente sea ayudado por la lectura de un buen comentario de la Biblia.

d) Orar permanentemente.

Animarlos a tener diariamente un tiempo de oración individual, para su propio crecimiento espiritual y para practicar la comunión íntima con Dios. En 1 Tesalonicenses 5:17 dice: "*Orad sin cesar*".

e) Ejercitar la fe.

Animarlos a dar a conocer su nuevo estado de fe a otras personas que Jesús haya puesto en su vida. Santiago 2:17 dice: "*Así también la fe, si no tiene obras, es muerta en sí misma*".

7. ¿ES POSIBLE ACONSEJAR BÍBLICAMENTE A UN CATÓLICO ROMANO?

Los creyentes católicos romanos creen en Jesucristo, pero no lo recibieron en sus vidas como el único y suficiente Salvador. Por lo tanto, están a mitad de camino de la salvación de Cristo. La Biblia dice: "*Mas a todos los que le recibieron, a los que creen en su nombre, les dio potestad de ser hechos hijos de Dios*" (Juan 1:12, énfasis mío). Los católicos romanos creen en Jesucristo, pero no "le recibieron"; por lo tanto, cuando un católico pide ser aconsejado bíblicamente, lo primero que debemos hacer como consejeros espirituales es ayudarles a decidir que reciban a Jesucristo como el Señor y Salvador de sus vidas, de acuerdo al pasaje de Romanos 10:8-11, 13.

Debemos preguntarles si están seguros de su eterna salvación. La respuesta que generalmente dan los católicos romanos es dudosa y negativa, porque ellos apoyan su confianza en sus buenas acciones, en el tratar de no hacerle mal a nadie, en la asistencia de cada domingo a la iglesia, que se confiesan regularmente con el párroco y en que rezan con frecuencia. Creen erróneamente que el cielo es algo que merecemos o que podemos ganarlo por nuestro buen obrar.

Y una de las peores y erradas enseñanzas que reciben, es la esperanza de un "purgatorio", que dicen es un lugar intermedio para que después de la muerte y antes de ir a la eternidad con Dios, puedan purificar los pecados del alma que hayan conservado sin confesar o sin renunciar a ellos. Debemos leerles Romanos 10:9 y dejar que la palabra de Dios hable por sí sola a sus corazones.

Cuando confiesen a Jesucristo como Señor y Salvador, entonces debemos seguir la guía para nuevos creyentes. Luego de ello podremos ayudarles en la consejería bíblica, para que puedan encontrar la solución a sus problemas y pecados.

Capítulo 6

EL MINISTERIO DEL ESPÍRITU SANTO

EL BAUTISMO BÍBLICO EN AGUA

El bautismo en agua, tal como está establecido en el Nuevo Testamento, es la manera como el creyente da testimonio público de su unión con Cristo. Lo primero que hay que enseñar a un candidato para ser bautizado en agua, es que el bautismo es mucho más trascendente que un ritual o una ceremonia religiosa.

En el Nuevo Testamento nunca aparece mencionado como un acto independiente o separado de la obra expiadora de nuestro Salvador, pues su significado incluye la obra redentora y total de nuestro Señor Jesucristo, tal como lo expresa Hechos 2:38-41: *"Pedro les dijo: Arrepentíos, bautícese cada uno de vosotros en el nombre Jesucristo para perdón de sus pecados; y recibiréis el don del Espíritu Santo. Porque para vosotros es la promesa y para vuestros hijos, y para todos los que están lejos; para cuantos el Señor nuestro Dios llamare. Y con otras muchas palabras testificaba y les exhortaba, diciendo: Sed salvos de esta perversa generación. Así que, los que recibieron su palabra fueron bautizados, y se añadieron aquel día como tres mil personas".*

La promesa del nuevo Pacto llega a ser una realidad por medio del bautismo en agua. Allí, al ser sumergida bajo las aguas, queda sepultada y muerta nuestra "vieja creación", la que teníamos en la naturaleza caída de Adán, y al levantarnos de las aguas simbolizamos la resurrección y la identificación con la "nueva vida" en Cristo. Tal como lo expresa 2 Corintios 5:17: *"De modo que si alguno está en Cristo, nueva criatura es, las cosas viejas pasaron; he aquí todas son hechas nuevas"*.

Verifiquemos pues, cuál es el significado bíblico de "bautizar". Literalmente bautizar significa ser sumergido en agua y emerger de ella. Las palabras bautizar y bautismo fueron traducidas del griego *BAPTISMA*, cuyo significado involucra "el proceso de inmersión, sumergir y emerger", deriva de la raíz griega *BAPTO*, que significa: mojar, empapar.

El aconsejado debe saber que el bautismo en agua no es opcional, porque es el mandato de Dios para todos los creyentes. Jesús lo mandó en Marcos 16:16: *"El que creyere y fuere bautizado, será salvo; mas el que no creyere, será condenado"*.

Este pasaje no dice que debemos ser bautizados para ser salvos, pero hace un énfasis en la trascendencia del bautismo en agua para confirmar públicamente el cambio ocurrido en nuestras vidas. Pues, en la inmersión, damos testimonio de que nos desligamos para siempre de nuestra vieja vida carnal y anímica. Y al emerger de las aguas manifestamos nuestra consagración a vivir para Cristo.

Lo que ocurre en el momento de la salvación, al recibir al Señor Jesucristo como el nuevo dueño de nuestro ser, es que somos literalmente incluidos en la muerte, sepultura y resurrección del Señor. Por ello el cristianismo solo será una experiencia verdadera, cuando evidenciamos el "nuevo nacimiento" en Cristo Jesús, en nuestra manera de vivir.

Jesús mismo fue bautizado por inmersión en las aguas del río Jordán, tal como lo describe Mateo 3:13-17: *"Entonces Jesús vino de Galilea a Juan al Jordán, para ser bautizado por él. Mas Juan se le oponía, diciendo: Yo necesito ser bautizado por ti, ¿y tú vienes a mí? Pero Jesús le respondió: Deja ahora, porque así conviene que cumplamos toda justicia. Entonces le dejó. Y Jesús, después que fue bautizado, subió luego del agua; y he aquí los cielos fueron abiertos, y vio al Espíritu de Dios que descendía como paloma, y venía sobre él. Y hubo una voz de los cielos, que decía: Este es mi Hijo amado, en quien tengo complacencia".*

Dado que el bautismo en agua es un mandamiento de Dios, si decimos que amamos verdaderamente a Cristo, entonces debemos ser obedientes a sus mandatos. Jesús nos dice en Juan 14: 15: "*Si me amáis, guardad mis mandamientos*".

Veamos los requisitos bíblicos para ser bautizados:

- Prestar toda la atención para ser obedientes a la palabra de Dios, dejar de ser oidores, y transformarnos en hacedores de la voluntad de Dios. Tal como obedecieron los primeros creyentes después de escuchar la predicación de Pedro, relatada en Hechos 2:41 que dice: "*Así que, los que recibieron su palabra fueron bautizados; y se añadieron aquel día como tres mil personas*".
- Tener convicción de pecado, tal como lo registra Mateo 3:6: "*Y eran bautizados por él en el Jordán, confesando sus pecados*".
- Mostrar arrepentimiento por la condición y los hechos de la vieja vida. Hechos 2:38 dice: "*Pedro les dijo: arrepentíos y bautícese cada uno de vosotros en el nombre de Jesucristo para perdón de los pecados; y recibiréis el don del Espíritu Santo*".
- Expresar la fe en Jesucristo en el vivir cotidiano. Marcos 16:16 dice: "*El que creyere y fuere bautizado, será salvo; mas el que no creyere, será condenado*".

¿QUÉ LE SUCEDE ESPIRITUALMENTE AL CREYENTE CUANDO ES BAUTIZADO EN AGUA?

En el bautismo en agua hay una completa restauración interior, que se produce en el corazón del creyente. El Espíritu Santo hace una "operación espiritual" conocida como circuncisión del corazón. La circuncisión carnal era un mandato de Dios en el Antiguo Testamento. Dice Génesis 17:14: "*Y el varón incircunciso, el que no hubiere circuncidado la carne de su prepucio, aquella persona será cortada de su pueblo; ha violado mi pacto*".

Esto fue un símbolo profético de la circuncisión del corazón que es obrada hoy por el Espíritu de Dios. La circuncisión de los israelitas fue la señal del pacto celebrado entre Dios y Abraham. Dice Génesis 17:11: "*Circuncidaréis, pues, la carne de vuestro prepucio, y será por señal del pacto entre mí y vosotros"*. Esta señal marcaba a los israelitas como escogidos de Dios y los apartaba como su propiedad personal. Dice Génesis 17:13: *"...y estará mi pacto en vuestra carne por pacto perpetuo"*.

Esto hizo que los israelitas mantengan su relación con Dios por medio de la obediencia a su mandato de la circuncisión. Una circuncisión no solo de la carne, sino también de sus corazones. Deuteronomio 10:16 dice: *"Circuncidad, pues, el prepucio de vuestro corazón, y no endurezcáis más vuestra cerviz"*.

Así como la circuncisión del prepucio de los varones era símbolo y señal del antiguo pacto, el bautismo en agua hoy representa la circuncisión espiritual del nuevo pacto de Dios con nosotros sus hijos e hijas espirituales. La señal de todo verdadero cristiano es la exteriorización de lo que Dios hizo en el interior de nuestros corazones, dar evidencia de que fue quitada nuestra naturaleza pecadora, incluyendo sus pasiones y deseos perversos.

Y, simultáneamente, de que vivimos con un nuevo corazón, que amamos a Dios y a nuestro prójimo como a nosotros mismos.

Esta circuncisión se cumple en el bautismo en agua, tal como lo expresa Colosenses 2:28-29: *"En él también fuiste circuncidado con circuncisión no hecha de mano, al echar de vosotros el cuerpo pecaminoso carnal, en la circuncisión de Cristo; sepultados con él en el bautismo, en el cual fuisteis también resucitados con él, mediante la fe en el poder de Dios que le levantó de los muertos"*.

El nuevo pacto declara que el Señor es nuestro Dios verdadero, y que nosotros los creyentes somos su pueblo.

¿CUÁL ES EL SIGNIFICADO DE SER BAUTIZADO EN AGUA?

Primeramente somos bautizados conjuntamente con el Señor en su muerte de cruz. Dice Romanos 6:3-11: *"O no sabéis que todos los que hemos sido bautizados en Cristo Jesús, hemos sido bautizados en su muerte? Porque somos sepultados juntamente con él en su muerte por el bautismo, a fin de que como Cristo resucitó de los muertos por la gloria del Padre, así también nosotros andemos en vida nueva. Porque si fuimos plantados juntamente con él en la semejanza de su muerte, así también lo seremos en la de su resurrección; sabiendo esto, que nuestro viejo hombre fue crucificado juntamente con él, para que el cuerpo del pecado sea destruido, a fin de que no sirvamos más al pecado. Porque el que ha muerto, ha sido justificado del pecado. Y si morimos con Cristo, creemos que también viviremos con él; sabiendo que Cristo, habiendo resucitado de los muertos, ya no muere; la muerte no se enseñorea más de él. Porque en cuanto murió, al pecado murió una vez por todas; más en cuanto vive, para Dios vive. Así también vosotros consideraos muertos al pecado, pero vivos para Dios en Cristo Jesús, Señor nuestro".*

En la inmersión en las aguas del bautismo somos incluidos espiritualmente en su sepultura. Tal como lo manifiesta Romanos 6:4: *"Porque somos sepultados juntamente con él para muerte por el bautismo, a fin de que como Cristo resucitó de los muertos por la gloria del Padre, así también nosotros andemos en vida nueva"*. Cuando emergemos de las aguas del bautismo somos ligados espiritualmente a su resurrección. Dice Romanos 6:5: *"Porque si fuimos plantados juntamente con él en la semejanza de su muerte, así también lo seremos en su resurrección"*.

El bautismo es verdadero cuando somos bautizados en el nombre del Padre, del Hijo y del Espíritu Santo. Tal como lo ordenó Jesús en Mateo 28:19 cuando dijo: *"Por tanto, id, y haced discípulos a todas las naciones, bautizándolos en el nombre del Padre, y del Hijo, y del Espíritu Santo"*.

¡ADVERTENCIA!

Es importante estar alertas con algunas sectas seudo-cristianas que enseñan otra manera de bautizar en agua, y que es contraria a los mandatos de Dios. Hay una secta denominada "Nueva Luz", o comúnmente conocida como "Solo Jesús", que tomó las enseñanzas tergiversadas de Sabelio en el año 300 d.C., quien negó la doctrina de la Trinidad Divina, y que Juan Scheppe las impuso como norma de su congregación en 1913, lo que dio nacimiento a la organización llamada Iglesia Pentecostal Unida, aunque en la actualidad existen otras independientes que sigue la misma ideología.

Esta errónea interpretación doctrinal enseña que solo Jesús es Dios, y que los nombres de Padre y Espíritu Santo son solo otros nombres del mismo Jesús. Dicen tener una nueva "luz" o revelación sobre las Escrituras. Ellos bautizan a sus seguidores utilizando solo la declaración: "en el nombre de Jesús", sin mencionar el nombre del Padre ni del Espíritu Santo en dicha ceremonia. Si un creyente bautizado en alguna iglesia de otra denominación desea unirse a la congregación, lo obligan a bautizarse nuevamente, pues consideran que fueron erróneamente bautizados en agua al usar los nombres de la Santa Trinidad.

Tampoco son válidos bíblicamente los bautismos por aspersión a los niños, por dos razones: la primera porque son rociados con agua y no sumergidos, invalidando así el significado espiritual del bautismo. Y la otra razón es que un niño recién nacido no tiene conocimiento ni entendimiento de lo que hace.

El ejemplo lo dio Jesús: se bautizó a los treinta años de edad. Lo único que hicieron José y María después de darle al niño el nombre de Jesús, fue ofrecerlo a Dios presentándolo en el templo (Lucas 2:22-23).

LA DECLARACIÓN BÍBLICA

La oración bíblica correcta de quien bautiza a un nuevo creyente, y que debe mencionarse antes de sumergir en las aguas al candidato del bautismo es: "Yo te bautizo en el nombre del Padre, y del Hijo, y del Espíritu Santo, amén", de acuerdo a Mateo 28:19.

1. INTRODUCCIÓN AL BAUTISMO EN EL ESPÍRITU SANTO

Debemos hacer dos distinciones en cuanto a la obra del Espíritu Santo. Una es la operación del Espíritu Santo que mora en el interior del creyente. Por ejemplo: si bebemos un vaso de agua, el agua estará dentro de nuestro cuerpo. Pero si nos metemos en una piscina nuestro cuerpo estará rodeado de agua. Y si nos zambullimos en un río que desemboca en el mar, estaremos conectados con todos los océanos, y entonces estaremos dentro de casi toda el agua del planeta.

En los dos ejemplos hay una relación de nosotros con el agua, pero la diferencia está en el grado de esta relación. En la primera instancia el agua está dentro de nosotros, somos el elemento que contiene el agua. Y en la segunda nosotros estamos dentro del agua, o sea que el agua nos contiene a nosotros.

Cuando el Espíritu Santo toca el corazón de un pecador y lo lleva al conocimiento de Jesucristo y es salvo y redimido, entonces Dios envía al Espíritu Santo para hacer morada en el corazón del recién convertido. Esto le da derecho al creyente a decir con certidumbre: "El Espíritu Santo está dentro de mí", esto es lo que la Biblia define como: *"El Espíritu de Dios mora en vosotros"* (1 Corintios 3:16).

Y así desde nuestro corazón, el Espíritu va reproduciendo en nosotros un fruto espiritual con nueve virtudes santas.

Ahora veamos el segundo ejemplo, el cual se relaciona con el derramamiento externo del Espíritu Santo. El Espíritu Santo nos envuelve y nos conecta con Jesucristo, como cuando nos metemos en un río que nos conecta con los océanos. En esta operación es Cristo quien nos sumerge y bautiza en el Espíritu Santo. Porque Jesús es el bautizador, nosotros somos los candidatos, y el Espíritu Santo es el elemento en que somos bautizados, somos rodeados e investidos de Dios.

Cuando una persona es bautizada en el Espíritu Santo, Él se manifiesta a sí mismo con el poder total del Señor Jesucristo. Primeramente el Espíritu Santo manifiesta el carácter y la naturaleza de Cristo en nosotros; después hace su obra por medio de nosotros, que son las obras de Cristo Jesús. Por eso el Señor dijo: "... *las obras que yo hago, él las hará también; y aún mayores hará, porque yo voy al Padre"* (Juan 14:12).

Este bautismo en el Espíritu Santo nos integra a la Divina Trinidad y pone a nuestro alcance la plenitud del poder de Dios. Por eso Jesús dijo a sus discípulos antes de ascender a los cielos: "... *recibiréis poder, cuando haya venido sobre vosotros el Espíritu Santo"* (Hechos 1:8).

2. EL BAUTISMO EN EL ESPÍRITU SANTO

La primera pregunta sobre el bautismo en el Espíritu Santo que debemos ayudar a formular al aconsejado es aclarar: ¿quién puede recibirlo? La respuesta que da la Biblia es que pueden recibir el bautismo del Espíritu Santo todos los creyentes que recibieron a Cristo como Señor y Salvador de sus vidas, tal como lo registra Hechos 19:2-6: *"Les dijo: ¿Recibisteis el Espíritu Santo cuando creísteis? Y ellos le dijeron: Ni siquiera hemos oído si hay Espíritu Santo. Entonces dijo: ¿En qué, pues, fuisteis bautizados? Ellos dijeron: En el bautismo de Juan. Dijo Pablo: Juan bautizó con bautismo de arrepentimiento, diciendo al pueblo que creyesen en aquel que vendría después de él, esto es, en Jesús el Cristo. Cuando oyeron esto, fueron bautizados en el nombre del Señor Jesús. Y habiéndoles impuesto Pablo las manos, vino sobre ellos el Espíritu Santo; y hablaban en lenguas, y profetizaban".*

También la Biblia explica por qué debemos ser bautizados en el Espíritu Santo. Ante todo es un mandato del Señor para todo creyente que anhela ser un siervo de Dios. La carta de Pablo a los Efesios 5:18b, dice: *"Sed llenos del Espíritu"*. Pero, además de ser un mandamiento, también es un requisito indispensable para recibir el poder espiritual necesario para colaborar en la obra de Dios.

Dice Hechos 1:8: *"Pero recibiréis poder, cuando haya venido sobre vosotros el Espíritu Santo, y me seréis testigos en Jerusalén, en toda Judea, en Samaria, y hasta lo último de la tierra"*.

Debemos aclarar al aconsejado la forma de cómo se recibe el bautismo en el Espíritu Santo. Juan 7:37-38 nos da la respuesta bíblica en las palabras de Jesús: *"Si alguno tiene sed venga a mí y beba. El que cree en mí como dice la escritura, de su interior correrán ríos de agua viva. Esto dijo del Espíritu que habrían de recibir los que creyesen en él"*.

- El primer paso es que el creyente se dé cuenta realmente de su necesidad interior para desear el agua espiritual. Por ello es necesario tener sed espiritual por todas las cosas de Dios. Muchos no lo reciben porque no tienen un real deseo por el Espíritu de Dios. El punto fundamental aquí es verificar si se tiene sed del Espíritu de Dios. Juan 4:10 dice: *"Respondió Jesús y le dijo: Si conocieras el don de Dios, y quién es el que te dice: Dame de beber; tú le pedirías y él te daría agua viva"*.
- El segundo paso es buscar al dador y no al don. Muchos creyentes se entusiasman en recibir el bautismo en el Espíritu Santo, pero buscan mal, porque ponen su sed en el don, en lugar de tener sed de Cristo. En este paso el creyente debe buscar a Dios en alabanza y adoración. Buscar a Jesús como la fuente de todas las bendiciones espirituales; solo por medio de Jesús –que es nuestra fuente de vida– podemos beber del Espíritu que procede del Padre. Por eso Jesús dijo: *"Si alguno tiene sed venga a mí y beba"*. Mateo 6:33 nos insta a ir prioritariamente al Señor: *"Mas buscad primeramente el reino de Dios y su Justicia, y todas estas cosas os serán añadidas"*. Santiago 4: 10 nos

exhorta a humillarnos delante del Señor, para que recibamos su exaltación, (*"...y él os exaltará"*).
Debe pedirse creyendo en el corazón, de que será recibido. Lucas 11:13 dice: *"Pues si vosotros, siendo malos, sabéis dar buenas dádivas a vuestros hijos, ¿cuánto más vuestro Padre Celestial dará el Espíritu Santo a los que se lo pidan?"*

• El último paso es "beber" espiritualmente. Nadie puede beber con la boca cerrada. Debe abrirse la boca en alabanzas para poder recibir, creer que Dios lo llenará. Así lo describe Hechos 11:15-17: *"Y cuando comencé a hablar, cayó el Espíritu Santo sobre ellos también, como sobre nosotros al principio. Entonces me acordé de lo dicho por el Señor, cuando dijo: Juan ciertamente bautizó en agua, mas vosotros seréis bautizados con el Espíritu Santo. Si Dios, pues, les concedió también el mismo don que a nosotros que hemos creído en el Señor Jesucristo, ¿quién era yo que pudiese estorbar a Dios?"*
Cuando se recibe el bautismo del Espíritu Santo, no debe resistirse sino ceder en alabanzas a Dios, para que por el Espíritu pueda comenzarse a hablar en nuevas lenguas. Porque cuando se bebe del sobrenatural Espíritu, fluye del sobrenatural Salvador una expresión sobrenatural; por eso dijo Jesús: *"De su interior fluirán ríos de agua viva"*.
En Hechos 10:44-46 dice de la experiencia de hablar en lenguas: *"Mientras aún hablaba Pedro estas palabras, el Espíritu Santo cayó sobre todos los que oían el discurso. Y los fieles de la circuncisión que habían venido con Pedro se quedaron atónitos de que también sobre los gentiles se derramase el don del Espíritu Santo. Porque los oían que hablaban en lenguas, y que magnificaban a Dios"*.

3. PREGUNTAS Y RESPUESTAS SOBRE MALAS INTERPRETACIONES DEL BAUTISMO DEL ESPÍRITU SANTO

• Algunos creyentes dicen: "El hablar en lenguas cesó con los apóstoles", y argumentan lo dicho con los siguientes versículos: 1 Corintios 13:10: *"Mas cuando venga lo perfecto, entonces lo que es en parte se acabará"*. Y en 1 Corintios 13:8: *"Las lenguas cesaran"*.

Respuesta: Lo perfecto no ha venido todavía, pues el Señor no ha regresado aún. Por lo tanto los dones no solo son válidos, sino que hoy están activos.

• Otros cristianos argumentan: "Que no todos deberían hablar en otras lenguas", basados en el texto de 1 Corintios 12:30 que dice: "*¿Hablan todos lenguas?*"

Respuesta: Esta lengua es espiritual y es dada por el Espíritu de Dios para edificación del cuerpo y no para edificación de sí mismo. Dice 1 Corintios 14:12-13, 28: "*Procurad abundar en ellos para edificación de la iglesia (…) el que habla en lengua extraña, pida en oración poder interpretarla. Y si no hay intérprete, calle en la iglesia...*".

• Hay creyentes que declaran que: "Las lenguas son solo para edificación propia", basados en 1 Corintios 14:2, 4a: "*Porque el que habla en lenguas no habla a los hombres, sino a Dios; pues nadie le entiende, aunque.por el Espíritu habla misterios. El que habla en lengua extraña, a sí mismo se edifica*".

Respuesta: Lo importante es que esta es la lengua espiritual, que está disponible únicamente para aquellos que reciben el bautismo en el Espíritu Santo, y por lo tanto los únicos que serán beneficiados al orar a Dios en lenguas.

4. EL FRUTO DEL ESPÍRITU SANTO

Pablo dice en Efesios capítulo 1: "Yo estoy orando por ustedes, cristianos; que vuestros ojos se abran para que puedan comprender la esperanza de vuestro llamamiento". Los creyentes no hemos sido llamados para estar bajo esclavitud, ni para ser afectados por satánicas opresiones, ni derrotados espiritual ni materialmente, ni tampoco confundidos. Dios nos ha llamado para ser herederos de Él y coherederos de su Hijo Jesucristo.

Lo primero que el Padre requiere de nosotros, los creyentes, es que abramos los ojos del entendimiento, para que conozcamos lo que Dios quiere darnos. Porque los que conocen a Dios son capacitados para ser líderes espirituales de la iglesia del Señor.

Pablo no quiere que solamente conozcamos a Dios, sino que conozcamos toda la gracia que nos es dada por herencia; y para ser dignos herederos de su gracia debemos conocer todo lo que podemos recibir del Señor en esta vida. Por eso dice:

"Quiero que sepan la grandeza de su poder que es extendido a ustedes" (paráfrasis de Efesios 1:19).

Veamos, ¿cuál es la fuente y la medida de este *poder* de Dios? Reside en el poder sobrenatural que resucitó a Jesús de los muertos, lo levantó y lo elevó a las regiones celestiales, y lo puso como Señor sobre autoridades, principados y potestades, que se mueven en los lugares celestiales de todo el universo. Esa es la medida del poder de Dios para usted y para cada uno de nosotros. Esta es la herencia de los hijos de Dios; para que traigamos su reino y autoridad en el nombre del Señor.

En 1 Corintios 12 dice: *"No quiero que ignoréis acerca de los dones espirituales"*. La raíz de la palabra griega dones es *CHARIS*, que significa: favor inmerecido. Esto es: no hemos sido nosotros quienes logramos ganar el favor de Dios, pues la palabra de Dios dice que *"por gracia sois salvos por medio de la fe... no por obras, para que nadie se gloríe"*(Efesios 2:8-9). El bautismo en el Espíritu Santo viene a través de la *GRACIA* y no de las obras.

La misma obra del Espíritu Santo al darnos poder, ratifica que este poder proviene también de la *GRACIA* y no de las *OBRAS*; esto no es en recompensa por ser buenos o por nuestros propios esfuerzos; es la recompensa de Dios para aquellos que Él ama. Él lo amó a usted cuando era pecador y Él lo ama ahora que es un santo en Cristo Jesús. Usted no ha ganado el amor de Dios, solo debe disfrutar del amor de Dios, debe adorar a Dios y ensalzarlo por ese amor derramado gratuitamente en su vida, porque ninguno de nosotros puede ganar ni obtener el amor de Dios por sí mismo. Por ello Pablo dice: *"No quiero hermanos, que ignoréis acerca de los dones espirituales"* (1 de Corintios 12:1).

Pero para que estos dones puedan operar en nuestra vida, primero debe llegar el bautismo del Espíritu Santo a nuestras vidas.

El Espíritu Santo reproduce en nosotros un fruto con nueve virtudes. Para una mejor comprensión podemos ver que hay una relación para identificarlos en tres grupos, si seguimos las virtudes teologales de: *fe, esperanza y amor*. Pablo dice que esto permanece en nosotros. Ciertamente no necesitaremos *fe y esperanza* cuando estemos en el reino de los cielos morando con el Padre en gloria, pero son estas virtudes las que hoy necesitamos para ser semejantes a Cristo, y para participar de su misma naturaleza.

El capítulo 13 de la primera carta a Corintios presenta una descripción perfecta de la naturaleza del Señor Jesucristo; nos muestra que Él es paciente, bondadoso, tierno, amoroso. Tengamos en cuenta que cualquier fruto toma tiempo para madurar, la vida del tronco del árbol se extiende por las ramas y de ellas salen los brotes, de ellos una flor, la flor se abrirá y, finalmente, comenzará a dar fruto.

A veces oramos a Dios y pedimos que nos dé amor para amar más a los perdidos, y Él nos dice: "Hijo, te he dado esperanza". Y nosotros insistimos y le decimos: "Señor, no quiero esperanza, quiero amor". Dios dice que la prueba de nuestra fe obra paciencia, y la paciencia da perseverancia. La palabra griega *HUPOMENO* expresa la perseverancia y significa: "morar bajo presión o bajo condiciones penosas. El que se queda en el lugar y no huye. El que sufre soportando el dolor con valentía y confianza". De la perseverancia nace la esperanza, y la Biblia dice que la esperanza no avergüenza, porque el amor de Dios es derramado en nuestros corazones.

Entonces, para que madure el fruto del Espíritu en nuestras vidas, deberemos pasar por pruebas y tribulaciones, para tener la fuerza de perseverar y tener paciencia en medio de las dificultades. Y mientras somos probados bajo circunstancias adversas, vamos perdiendo conciencia de nosotros mismos, y así comienza a madurar el fruto del amor, que nos da la capacidad de amar a nuestro hermano y a nuestro prójimo a la manera de Dios.

Y cuando esto comienza a manifestarse en un creyente, empezamos a exhalar la fragancia de la presencia de Cristo en nuestras vidas, y las personas detectarán que usted y yo hemos estado con Jesús.

Cuando una persona es bautizada en el Espíritu Santo, el Espíritu se manifiesta a sí mismo con el poder total del Señor Jesucristo. Primeramente permite manifestar el carácter y la naturaleza de Cristo en nosotros, después nos otorga el poder para realizar las obras de Cristo Jesús. Por eso el Señor dijo: *"Las obras que yo hago también haréis, y aún mayores que estas haréis porque yo voy al Padre"*.

El problema es que muchos creyentes quieren tener el poder de Cristo, pero no quieren experimentar las obras de Cristo;

muchos quieren tener la operación de milagros y maravillas, pero no quieren la bondad, la gentileza, la paciencia de Jesucristo en sus vidas. Pero Dios quiere que tengamos la obra completa de Cristo en nuestras vidas.

Pablo dice en 1 de Corintios 1:4: *"Gracias doy a mi Dios siempre por vosotros, por la gracia de Dios que os fue dada en Cristo Jesús, porque en todas las cosas fuisteis enriquecidos en Él, en toda palabra y en toda ciencia (...) de tal manera que nada os falte en ningún don, esperando la manifestación de nuestro Señor Jesucristo"*.

Luego la Escritura les llama la atención porque había contiendas y divisiones dentro de la iglesia; uno decía: *"Yo soy de Apolos"*, otro: *"Yo soy de Cefas"*, otro: *"Yo soy de Pablo"*. Estaban divididos dentro del cuerpo de Cristo. Es por ello que para vivir en unidad necesitamos las dos manifestaciones de Dios: el carácter de Cristo y la plenitud de su poder.

Continuando con el poder de Dios, dice la Biblia que nadie puede decir: "Jesucristo es el Señor", nadie puede manifestar que Él es el Dueño absoluto del universo y de nuestra vida, a menos que resida el poder del Espíritu Santo operando en esa vida. Tomemos como ejemplo el poder de la energía eléctrica que llega a nuestros hogares.

Primeramente llega a una caja de fusibles y de allí se distribuye a toda la casa; disponemos de 110 ó 220 vatios de energía. Y con ese poder hacemos funcionar distintos tipos de artefactos, como una heladera o refrigerador, una enceradora o aspiradora, usar una plancha para la ropa, utilizar una computadora, o encender las lámparas que iluminan el hogar, escuchar la radio o ver televisión... todo esto es posible por medio del poder de la electricidad.

Estas manifestaciones de poder están al alcance de nuestras manos para utilizarlos. Así también, con el derramamiento del Espíritu Santo tenemos varias manifestaciones que están a nuestro alcance. A esto se refiere Pablo en el capítulo 12 de 1 Corintios cuando dice: *"Ahora bien, hay diversidad de dones, pero el Espíritu es el mismo. Hay diversidad de ministerios, pero el Señor es el mismo. Y hay diversidad de operaciones, pero Dios, que hace todas las cosas en todos, es el mismo. Pero a cada uno le es dada la manifestación del Espíritu para provecho"* (1 Corintios 12:4-7).

5. LOS DONES DEL ESPÍRITU SANTO

Dios no nos confiere un determinado don que va a residir permanentemente en nosotros, de manera que si la persona tuviese el don de sanidad podría ir a cualquier hospital para sanar a todos los que están enfermos. No es así como Dios opera, si bien hay una manifestación del don de sanidad para sanar a los enfermos. Esto significa que la manifestación del poder de Dios es para beneficio de la persona que está enferma, y no para la persona por la cual el poder se manifiesta.

Igualmente podemos considerar el don de ciencia en la manifestación del Espíritu; es en realidad una palabra de conocimiento que Dios nos imparte, y es para beneficio de todos y no para la persona por la cual se manifiesta el don. *"Porque a éste es dada por el Espíritu palabra de sabiduría; a otro, palabra de ciencia según el mismo Espíritu; a otro, fe por el mismo Espíritu; y a otro, dones de sanidades por el mismo Espíritu. A otro, el hacer milagros; a otro, diversos géneros de lenguas; y a otro, interpretación de lenguas. Pero todas estas cosas las hace uno y el mismo Espíritu, repartiendo a cada uno en particular como Él quiere"* (1 Corintios 12:8-11).

Algunos tienen el ministerio de sanidad, otros el don de palabra de ciencia, pero es el Espíritu Santo el que distribuye esos dones como a Él le agrada hacerlo; nadie puede forzar al Espíritu Santo a hacer algo que Él no desee hacer. Nosotros pasamos a ser siervos de Dios cuando estamos de acuerdo en hacer lo que el Espíritu Santo quiere hacer a través de nosotros, en la plenitud de la voluntad de Dios. Así como el fruto del Espíritu se divide en tres grupos: fe, esperanza y amor, los dones del Espíritu se agrupan en tres clases, también:

- Primeramente la manifestación de los dones de "*revelación*": palabra de sabiduría, palabra de ciencia y discernimiento de espíritus.
- La segunda manifestación son los dones de "*expresión verbal inspirada*": hablar en lenguas, interpretación de lenguas y profecías.
- El tercer agrupamiento de dones es la manifestación del "*poder sobrenatural*": dones de sanidades y milagros.

Vamos a utilizar el término dones, pero en el original griego del capítulo 12 de 1 Corintios dice en el original griego: *CHARISMA*, y su traducción correcta no es la de un simple don, pues involucra abundante gracia de parte de Dios como Dador.

O sea que cuando recibimos un don espiritual obtenemos el don espiritual y al mismo Espíritu Santo que nos capacita.

Analicemos cada uno de los dones:

PALABRA DE SABIDURÍA

Dios le dio a Salomón sabiduría, sabiduría es la comprensión de los eventos que ocurrirán y el saber cómo actuar o conducirlos. Generalmente llamamos a las meditaciones y análisis que hacemos antes de tomar una decisión, "sentido común". Esto no es la palabra de sabiduría que viene por el don del Espíritu. Dios es el que sabe todas las cosas, sabe todo lo que ocurrió en el pasado, todo lo que sucederá en el futuro y todo lo que sucede actualmente.

Nosotros no sabemos lo que ocurrirá en el futuro, aunque de vez en cuando Dios permite que conozcamos algunos de los eventos que sucederán. ¿Qué es en definitiva el don de sabiduría? Es tener el discernimiento claro para realizar en el presente lo que nos beneficiará en el futuro.

Conocer lo que ocurrirá en el futuro nos permitirá hacer planes en el presente y así lograr el éxito futuro. Recuerde que usted es miembro de la familia de Dios; por lo tanto, ¿qué padre bueno no le va a advertir a sus hijos lo que podría ocurrirles en el futuro? Así también ocurre con nuestro Padre Dios.

Hay algunas cosas que Dios no nos comunicará, pues ocurrirán fuera de nuestro alcance y de nuestro control. Pero las cosas que necesitamos saber, Él nos las comunicará. Recuerde en su vida cristiana alguna experiencia en que el don de Dios le ha revelado hechos del futuro, y estos han ocurrido. Usted debe remover esos dones que están dentro suyo, debe buscar siempre la voluntad divina y no la suya propia.

LAS PALABRAS DE CIENCIA

Se manifiestan cuando Dios revela por medio de una comunicación sobrenatural sucesos del pasado o del futuro, excluyendo los sentidos naturales; es una comunicación directa de Dios. Puede ser una visión o la percepción de una palabra.

Cuando Jesús se encontró con la mujer samaritana y ella le dijo que no tenía marido, el Señor le reveló todos los maridos que tuvo en el pasado y la relación que tenía en el presente, ante lo que la mujer dijo: "*Señor, me parece que tú eres profeta*".

DISCERNIMIENTO DE ESPÍRITUS

Este es un don por el cual Dios nos capacita para ver las realidades espirituales que están detrás u ocultas al mundo visible, tal vez la habilidad de ver ángeles, o tal vez seres espirituales demoníacos. El discernimiento de espíritus puede revelar el carácter oculto de un ser humano.

El profeta Eliseo le reveló al rey de Israel los planes de estrategia de los sirios que intentaban atacar la ciudad. Entonces el rey de Siria mandó tomar prisionero a Eliseo para que no le revelara más los planes que hablaba en secreto.

Eliseo podía discernir los espíritus que se movían contra Israel. Una mañana el profeta con su siervo encontraron al ejército sirio que sitiaba la ciudad, y su criado le dijo asustado: "*¡Ay, Señor mío!, ¿qué haremos?*", y él le contestó: "*¡No temas!, porque más son los que están con nosotros que los que están con ellos*" y, orando a Dios, dijo Eliseo: "*Te ruego, oh Jehová, que abras sus ojos para que vea*". Entonces Dios abrió los ojos del criado, y cuando este miró vio el monte con un gigantesco ejército angelical de caballería, con carros de fuego alrededor de ellos. El siervo pudo ver porque le fue dada visión espiritual.

DON DE PROFECÍAS

Generalmente se asocia la profecía con hechos del futuro y no necesariamente es así. Y tampoco este don es para que una persona dirija la actividad de otra persona a través del don de profecía, como algunas veces pretende hacerse.

La Biblia explica claramente que el don de profecía es para edificación, consolidación y exhortación en la iglesia. Hay instancias en que Dios nos revela una profecía a través de una palabra de sabiduría, también complementada con la palabra de ciencia. La profecía no está limitada a predecir acontecimientos futuros, sino que su mayor énfasis está puesto en hablar inspirado por Dios, diariamente.

En 1 Corintios 14:31 Pablo dice a los cristianos que "*pueden profetizar todos, uno por uno, para que todos aprendan, y todos serán exhortados*". Esto indica que la predicación inspirada y la exhortación también son clasificadas como profecías.

DON DE LENGUAS

La palabra de Dios dice que "el que habla en lenguas no habla a los hombres, sino a Dios, pues nadie le entiende, aunque por el Espíritu habla misterios". "El que habla lenguas extrañas a sí mismo se edifica". Pablo especifica que las lenguas son por señal para los incrédulos (ejemplo, Hechos 2:6-12 y 1 Corintios 14:1-22), y no para los creyentes. Y exhorta a que nadie impida el hablar en lenguas, pero que todo se haga decentemente y en orden (1 Corintios 14:39-40). También el apóstol dice que el que hable en lenguas pida en oración el poder interpretar el mensaje.

INTERPRETACIÓN DE LENGUAS

"*Así que* –dice Pablo en 1 Corintios 14:5–: *quisiera que todos vosotros hablaréis en lenguas, pero más que profetizaréis, porque mayor es el que las interprete para que la iglesia reciba edificación*" (...)"*Así también vosotros, pues que anheláis dones espirituales, procurad abundar en ellos para edificación de la iglesia. Por lo cual, el que habla en lengua extraña, pida en oración poder interpretarla*" (1 Corintios 14:12-13).

El Espíritu Santo es soberano y puede usar cualquier medio para comunicarse con la iglesia, y muchas veces ha llevado mensajes espirituales a las congregaciones o asambleas por medio de las lenguas y su interpretación. Pero la dirección normal de hablar en lenguas es, evidentemente, del hombre hacia Dios, más que cumplir el papel de profecía revelada.

DON DE FE

Fe es un don del Espíritu que edifica y sobreedifica; cuanto más es ejercitado este don, más se edifica el creyente en la fe. El don de fe es la capacitación instantánea que proviene de Dios para habilitar al creyente en la acción de hechos sobrenaturales. La fe está basada en lo que Dios ya ha hecho.

Cuando Jesús les dijo a sus discípulos: *"Tened fe en Dios"*, y les explicó acentuando que si no tuvieren dudas en su corazón –no en la mente– y creyeren que será hecho lo que dicen, lo que digan les será hecho, como decirle a un monte: *"Quítate y échate al mar (...) y se moverá"*.

El don de fe no es pedir a Dios que Él se ocupe del monte; un monte representa un obstáculo o una gran dificultad. Y solo haciendo uso de una fe perfecta puede dirigirse uno al monte para que se mueva. Esta fe es el resultado de un conocimiento pleno de la voluntad de Dios, pues mandamos hacer aquello que Dios ya ha mandado, decidimos lo que Dios también ya ha decidido. El don de fe actúa en el conocimiento perfecto de la voluntad de Dios.

DON DE SANIDADES

La sanidad es parte integrante de la expiación. Isaías 53:5, dice: *"Mas él herido fue por nuestras rebeliones, molido por nuestros pecados; el castigo de nuestra paz fue sobre él; y por su llaga fuimos nosotros curados"*.

Ningún cristiano que cree en la palabra de Dios puede negar la eficacia del sufrimiento de Cristo por nuestros pecados. Entonces debemos creer que la sanidad que Jesús compró en la cruz es también alcanzable y eficaz en el día de hoy. Mediante su muerte expiatoria, nuestro Señor proveyó sanidad para nuestros cuerpos como también sanidad para nuestras almas.

Todos sabemos que la enfermedad se instaló como resultado y consecuencia del pecado en la caída del primer hombre, y es precursora de la muerte. Jesús vino para abolir la maldición (Gálatas 3:13) y restaurar la curación del cuerpo.

Este es uno de los grandes beneficios que Dios extiende a su pueblo; por ello Él es quien ha provisto a la iglesia de los dones de sanidades.

El ministerio de Jesús estuvo dedicado en gran parte a la curación de los enfermos; Jesús sanó para que Dios sea glorificado (Juan 9:3). Curó para deshacer las obras del diablo (Lucas 13:16, Hechos 10:38). Sanó porque tuvo compasión por el que sufre (Marcos 1:41).

En el Nuevo Testamento la sanidad divina acompañó la obra evangelística por medio de los apóstoles (Hechos 3:11, 4:4).

Jesús anunció que las señales y milagros de sanidad acompañarían la predicación del evangelio (Marcos 16:15-18).

Los dones de sanidades pueden manifestarse de dos maneras: sanando al enfermo milagrosamente por medio de la oración de fe, o permitiendo que el enfermo sea asistido por los médicos, y que la sanidad milagrosa se produzca mediante la intervención médica. En muchos casos puede ocurrir que el paciente no sane, debido a circunstancias que no conocemos y que Dios no nos revela; por lo tanto no debemos formular declaraciones que luego no puedan ser respaldadas o confirmadas por la voluntad de Dios.

Contamos con las promesas de Dios en cuanto a la curación, sabemos que la sanidad está incluida en la expiación, pero la plenitud del cumplimiento de la expiación estará en la resurrección de nuestros cuerpos. No debemos llegar al extremo de asegurar que un creyente jamás se enfermará, o que si se enferma está en pecado, o que comete pecado de incredulidad si llama a un médico. Recordemos que Pablo debió dejar atrás a su colaborador Trófimo porque estaba enfermo, y nada dice acerca de pecado; solo dice que enfermó (2 Timoteo 4:20).

Finalmente, podemos asegurar con toda certeza que la fe que hemos obtenido de Dios contará con la respuesta del Señor, pero debemos interpretarla conforme al designio de Él y no con nuestras ansiedades y deseos. Dios es soberano y tiene el derecho de entendérselas con sus hijos de la manera que crea conveniente y beneficiosa para ellos.

DON DE MILAGROS

Este don está relacionado con el mundo físico y de la recreación, como en los milagros en que Dios recrea algún órgano que fue amputado. Dios puede volver a crear una mano haciéndola crecer nuevamente, o llenar la cavidad de una muela con un material sobrenatural, o restaurar un ojo en una cavidad vacía. Estas cosas son milagrosas y ocurren a través de la operación de milagros.

También puede remover un área infectada de un enfermo, o que el poder demoníaco que atormenta una vida salga de ella inmediatamente.

En esas circunstancias Dios utiliza fuerzas naturales para sanar los cuerpos afectados, o acelera el proceso de manera que el milagro ocurra en forma inmediata. A las dos operaciones las llamamos milagros.

En Hechos 19:11 dice que Dios hacía milagros extraordinarios por mano de Pablo, *"de tal manera que aun se llevaban a los enfermos los paños o delantales de sus cuerpos, y las enfermedades se iban de ellos y los espíritus malos salían"*.

Pablo dijo: *"Procurad, pues, los dones mejores"*. Él no nos hubiese aconsejado desear lo que jamás lograríamos alcanzar. Si usted tiene un deseo interior de recibir algo más de Dios, esa es la evidencia de que está capacitado para recibir algo más de Él. Pablo nos insta a que debemos pedirle a Dios por la manifestación del Espíritu, y que lo conceda cuando sea su voluntad para la gloria de su nombre.

Cada don del Espíritu Santo corresponde a un ministerio dentro de la iglesia, y debe armonizarse el don con su correspondiente ministerio. Dice 1 Corintios 12:28: *"Y a unos puso Dios en la iglesia, primeramente apóstoles, luego profetas, lo tercero maestros, luego los que hacen milagros, después los que sanan, los que ayudan, los que administran, los que tienen don de lenguas"*.

La manifestación del Espíritu es dada a cada creyente para beneficio o edificación de la iglesia *"a fin de perfeccionar a los santos para la obra del ministerio, para la edificación del Cuerpo de Cristo hasta que todos lleguemos a la unidad de la fe y del conocimiento del Hijo de Dios, a un varón perfecto, a la medida de la estatura de la plenitud de Cristo"* (Efesios 4:12-13). Entendemos que el don de cada creyente hace su propia y particular contribución a ese fin.

6. LA UNCIÓN DEL ESPIRITU SANTO

Dice el profeta Isaías: *"Acontecerá en aquel tiempo que su carga será quitada de tu hombro, y su yugo de tu cerviz, y el yugo se pudrirá a causa de la unción"* (Isaías 10:27). Dios habla de romper el yugo de la esclavitud del pecado; Él sabe que lo que se necesita para levantar la pesada carga de nuestros pecados es la unción del Espíritu Santo.

Así como Dios quitó la carga del yugo de la esclavitud de Israel, también remueve el yugo de nuestras vidas. Satanás ha puesto el pesado yugo de la esclavitud espiritual sobre todos los hombres y mujeres que nacen en este mundo. Pero Jesús dijo que este yugo ha sido quitado, para que Él nos ponga otro: "*Mi yugo es fácil, y ligera mi carga*" (Mateo 11:30).

El yugo opresor fue roto por el Espíritu Santo, y esto no sucede en forma temporaria, porque Él coloca otro yugo, el yugo de su unción, y así bajo este yugo podamos seguir llevando su carga y su guía por la nueva vida.

En 1 Juan 2:27 dice del Espíritu Santo: "*...la unción que vosotros recibisteis de él permanece en vosotros, y no tenéis necesidad de que nadie os enseñe; así como la unción misma os enseña todas las cosas, y es verdadera, y no es mentira, según ella nos ha enseñado, permaneced en él*".

No es necesario ser un cristiano adulto para poder discernir quién tiene la unción del Espíritu y quién no la tiene; es que la unción no es un producto humano, porque es una función del Espíritu Santo. Para que pueda entenderse esta función, debemos preguntamos: ¿cuál es el propósito de Dios en la unción? Es para que cada vida cristiana tenga la capacidad de expresar el poder de Dios, dejando de lado toda manifestación humana.

Para que la unción del Espíritu Santo se haga evidente, debemos comenzar con un entendimiento pleno de quién es el Espíritu Santo, cómo Él opera y cómo podemos entrar en su íntima comunión. Para desarrollar nuestra comunión con Él debemos cultivarla y nutrirla diariamente. Para ello es necesario invertir tiempo en escudriñar y volver a escudriñar la Biblia continuamente.

Y así, leyendo y reflexionando las Escrituras recibimos todo lo que el Espíritu Santo quiere darnos, impregnando nuestra mente, sensibilizando nuestra alma y ungiendo nuestro espíritu.

La unción del Espíritu Santo solo viene a nosotros cuando tenemos un diario encuentro personal, con profundidad, en forma privada e íntima con Él; desde allí desarrollaremos una perdurable amistad y comunión, que solo en forma individual logrará establecerse.

La unción se relaciona con el conocimiento revelado, lo que nos hace identificar la voz del Espíritu Santo, para que nunca tomemos alguna acción hasta que el Espíritu Santo nos indique la dirección y nos asegure que su presencia irá con nosotros.

El Espíritu Santo descendió del cielo para manifestar la obra de la Deidad, y hoy está a nuestro lado; Él es una persona activa, nunca cesa de obrar. Todo lo que sucede en la Tierra es obra del

Espíritu Santo, Él es el representante del Padre y del Hijo. Él se interesa en cada una de nuestras vidas, no solo en la actualidad, sino en nuestro futuro. Él nos guía, nos protege y nos advierte lo que está por venir. Dice 1 Tesalonicenses 1:5: *"Pues nuestro Evangelio no llegó a vosotros en palabras solamente, sino también en poder, en el Espíritu Santo".*

Jesús habló de la unción cuando dijo: *"El que cree en mí como dice la Escritura, de su interior correrán ríos de agua viva".*

El agua viva no es el Espíritu Santo, es la unción del Espíritu que es derramada sobre quien tiene sed de Dios y se acerca a Él para beber de su fuente bendita, *"pues esto dijo del Espíritu que habían de recibir los que creyeren en él"* (Juan 7:39).

Dios tiene un plan específico para cada cristiano y el Espíritu Santo de Dios y su unción están incluidos en el plan: *"Y el que nos confirma con vosotros en Cristo y el que nos ungió, es Dios, el cual también nos ha sellado, y nos ha dado las arras del Espíritu en nuestros corazones"* (2 Corintios 1:21-22).

Si le hacemos lugar en nuestros corazones, el Espíritu Santo entra para derramar la plenitud de su santa unción.

La importancia de la unción en los cristianos es que cada uno tenga la *"unción del santo"*; es la gracia y comunicación especial del Espíritu Santo, que impulsa al alma hacia la virtud y la perfección cristiana. El resultado es el compromiso y la entrega al Señor, esto es rendir la vida a Dios para realizar su obra; así, esta unción santifica al creyente, lo separa totalmente para Dios.

La unción depende de la consagración del creyente. No se trata de consagrarnos solo una vez, sino que hemos de hacerlo frecuentemente. En base a la sangre, muerte, resurrección y ascensión del Señor Jesucristo, esto fue lo que hizo que el Espíritu Santo haya descendido; pero si el conducto por el cual recibimos los *"ríos de agua viva"* está obstruido, debemos con urgencia quitar la obstrucción para que fluya la unción del Espíritu Santo.

El problema de muchos creyentes es que viven en desobediencia a los mandatos del Señor, y así no pueden consagrar todas las áreas completas de sus vidas a Dios, sino que comparten algunas de ellas con el mundo, y entonces no pueden ser llenos del Espíritu Santo.

La consagración es el medio para tener la unción junto a la llenura del Espíritu Santo. Si deseamos ser llenos, hemos de consagrarnos. Cuanto más a fondo sea nuestra consagración, más llenos seremos de Él. Sabemos que la sangre derramada por el Señor Jesús es la fuente que hace que fluya *"el agua viva"* por el conducto y llegue a nuestras vidas; esto es, recibimos la unción diaria del Espíritu Santo. Aunque debemos recordar que su flujo no es causado por nuestra consagración, sino que depende de la muerte sustituta del Señor Jesús. Pero la unción sí depende de nuestra total consagración.

Todo creyente que consagra su vida al Señor debe tener la siguiente actitud: el oído debe estar bien afinado para escuchar la voz de Dios, las manos separadas y ofrecidas para hacer la obra de Dios, y los pies dispuestos a andar únicamente por los caminos del Señor. Las tres partes deben estar limpias por medio de la sangre de nuestro Señor Jesucristo; esto es con nuestros pecados lavados, y así purificados somos entonces llenados por el Espíritu Santo, y la unción nos dará el poder de vivir y servir a Dios haciendo su perfecta voluntad.

Si alguien está en pecado, o se ha debilitado en la fe, sufre de continuos altibajos emocionales, o cae con frecuencia en depresión y angustia, no cabe duda que vive sin el poder del Espíritu Santo.

En ese estado no solo obstruye el fluir de la unción, sino que a su vez impide que su consagración sea total; aunque el Espíritu Santo está en su vida, el conducto está obstruido. No se trata aquí de orar y ayunar solamente, sino de confesar todo pecado, toda desobediencia, toda falta de perdón, toda amargura, todo resentimiento, etc. Hay que arrepentirse de corazón y volverse al Señor.

La consagración abarca la plenitud del conocimiento de Dios, y la obediencia es el único camino que nos conduce a la santidad. El único medio para ser llenos de Espíritu Santo y tener su santa unción, es la consagración diaria al Señor. Tenemos por delante el mandato del Señor que nos dice: *"Sed santos, porque yo soy santo"* (1 Pedro 1:16).

ACTITUDES DE CORRECTA AUTOESTIMA

- Permite verse como Dios lo ve, entiende que somos hijos del Señor. Juan 1:12 dice: "*Mas a todos los que le recibieron, a los que creen en su nombre, les dio potestad de ser hechos hijos de Dios*".
- Tiene amor y ama al prójimo como a sí mismo.
- Una buena autoestima no compite, no se compara, no envidia ni se justifica por todo lo que hace.
- Cree firmemente en los consejos bíblicos, esta dispuesto a defenderlos aún cuando encuentre oposición, y se siente lo suficientemente seguro como para modificar sus valores y principios si nuevas experiencias de crecimiento espiritual le indican que estaba equivocado.
- No emplea demasiado tiempo preocupándose por lo que haya sucedido en el pasado, ni por lo que pueda ocurrir en el futuro.
- Tiene fe en que Dios le ayudará a resolver sus propios problemas, sin dejarse acobardar por los fracasos y dificultades que experimente.
- Se considera igual a otras personas, aunque reconoce diferencias en talentos específicos, sea prestigio profesional o posición económica.
- Se muestra como una persona útil y valiosa para Dios y para otros.
- No se deja manipular por los demás, aunque está dispuesta a colaborar si le parece apropiado y conveniente.
- Reconoce y acepta en sí mismo una variedad de sentimientos e inclinaciones, tanto positivas como negativas, y está dispuesto a revelarlas a otra persona si le parece que vale la pena.

- Es sensible a las necesidades de los otros, respeta las normas de convivencia generalmente aceptadas. Reconoce sinceramente que no tiene derecho a mejorar o divertirse a costa de los demás. Libro "Manual..." por M. Bertollini.

Capítulo 7

SANIDAD DIVINA

1. SANIDAD DIVINA

La sanidad divina es una de las áreas ministeriales menos entendidas, y muchas veces mal interpretada. La pregunta que lleva a muchos creyentes a la incredulidad y la duda es: "¿Por qué algunos son sanados y otros no?" Muchos siervos de Dios responden diciendo: "Yo realmente no lo sé". Sin embargo, la Escrituras otorgan la evidencia de que el precio de nuestra sanidad fue pagado por Cristo en el Calvario, y lo que debemos hacer es usar la fe no solo para creerlo, sino para orar creyendo que Dios ya sanó al enfermo por el cual podamos orar.

Así lo dice 1 Pedro 2:24: *"Quien llevó él mismo nuestros pecados en su cuerpo sobre el madero, para que nosotros, estando muertos a los pecados, vivamos a la justicia; y por cuya herida fuisteis sanados"*.

Mateo 8:16 dice que *"le llevaron a él muchos endemoniados y con la palabra echó fuera a los demonios y sanó a todos los enfermos"* (énfasis mío).

En realidad Jesús obró sanidad sobre las tres áreas del ser humano: espiritual, emocional y física.

SANIDAD ESPIRITUAL

Nuestra sanidad espiritual viene a través de una vida entregada al Señor Jesucristo. Dice Romanos 6:23: "*Porque la paga del pecado es muerte, mas la dádiva de Dios es vida eterna en Cristo Jesús Señor nuestro*". Y 1 Juan 1:9 declara que "*Si confesamos nuestros pecados, él es fiel y justo para perdonar nuestros pecados, y limpiarnos de toda maldad*". Pablo escribió a los Romanos 10:10: "*Porque con el corazón se cree para justicia, pero con la boca se confiesa para salvación*". Esta sanidad obra en el momento mismo de nuestra conversión a Cristo y continúa durante toda nuestra existencia. Así como lo expresa la carta a los Hebreos 9:14: "*¿Cuanto más la sangre de Cristo, el cual mediante el Espíritu eterno se ofreció a sí mismo sin mancha ante Dios, limpiará vuestras conciencias de obras muertas para que sirváis al Dios vivo?*" El Señor nos salva y su sangre sana nuestras conciencias, de manera que las purifica y limpia de toda maldad.

Esta sanidad permite que podamos abandonar el comportamiento pecaminoso de nuestra vieja naturaleza, para rendirnos al Señor y comenzar a vivir con su nueva naturaleza, pues el perdón de Dios sana nuestro espíritu humano y queda habilitado para ser habitación del Espíritu Santo. Permite así la presencia de Cristo como nuestro perfecto sanador.

SANIDAD EMOCIONAL

Nuestra sanidad emocional, viene a través de la sanidad de nuestra alma. El alma humana es la habitación del "yo" humano, mental y racional, de la voluntad, de las emociones y de los sentimientos.

El alma puede resultar herida a través de lo que nosotros mismos hacemos a causa del pecado, o de las maldades que otros nos hagan provocando heridas y resentimientos, y aún alguien puede nacer con una herencia de maldición en el alma. David en el Salmo 41:4 clamó a Dios por su alma enferma diciendo: "*Yo dije: Ten misericordia de mí, sana mi alma, porque contra ti he pecado*".

David había cometido adulterio con Betsabé, y para esconder el pecado, orquestó el asesinato de su esposo. Cuando confesó su pecado y se arrepintió delante de Dios, su alma fue sanada.

Nuestra mente pecadora, al recibir el perdón judicial de Dios, es sanada, pues en la salvación obtenemos la capacidad de alcanzar la mente de Cristo (1 Corintios 2:16). Nuestra mente lavada y purificada por su sangre, debería ser santa y sin mancha, no deberíamos guardar ningún resentimiento ni amargura en nuestra alma. Muchas personas se convierten al Señor Jesucristo y traen de su pasado heridas guardadas en su alma que, como resultado de retenerlas, se transforman en verdaderas ataduras espirituales, y son un gran impedimento para vivir en la libertad espiritual y emocional con que Cristo nos libertó.

La sanidad del alma es una realidad bíblica, y como consejeros podemos ayudar a muchos a ser liberados porque *"Jesucristo es el mismo ayer, hoy y por los siglos"* (Hebreos 13:8), lo que significa que Jesús sanó nuestro pasado, sana nuestro presente y también sanará nuestro futuro.

SANIDAD FÍSICA

La Palabra de Dios declara que la enfermedad física es una maldición, porque es el resultado de la herencia de la desobediencia de nuestros primeros padres. Éxodo 15:26 dice: *"Si oyeres atentamente la voz del Señor tu Dios, e hicieres lo recto delante de sus ojos, y dieres oídos a sus mandamientos, ninguna enfermedad de las que envié a los egipcios te enviaré a ti; porque yo soy el Señor tu sanador"*.

En la redención Jesucristo nos liberó de la maldición de la ley del pecado y de la muerte, y proveyó sanidad para nuestros cuerpos, tal como lo declara el profeta Isaías (53:3-5): *"Despreciado y desechado entre los hombres, varón de dolores, experimentado en quebranto; y como que escondimos de él el rostro, fue menospreciado, y no lo estimamos. Ciertamente llevó él nuestras enfermedades, y sufrió nuestros dolores; y nosotros le tuvimos por azotado, por herido de Dios y abatido. Mas él herido fue por nuestras rebeliones, molido por nuestros pecados; el castigo de nuestra paz fue sobre él, y por su llaga fuimos nosotros curados"*.

Por lo tanto si algún creyente enferma debería llamar a sus pastores o líderes del ministerio de la iglesia, para que oren por él. Pues la Escritura dice que la oración por sanidad será respondida por Dios, y el enfermo sanará, porque Jesús llevó nuestras enfermedades en su muerte de la cruz (ver Santiago 5:14).

2. MINISTERIO DE SANIDAD

Jesús ha enviado a todos sus seguidores sin excepción a continuar su obra en la Tierra, y como parte de esa obra Dios nos envía a ministrar sanidad a los enfermos y debilitados. Mateo 10:1 dice: "*Entonces llamando a sus doce discípulos, les dio autoridad sobre los espíritus inmundos, para que los echasen fuera, y para sanar toda enfermedad y toda dolencia*" (énfasis mío).

La comisión de poner las manos sobre los enfermos para que Dios obre sanidad en sus cuerpos, fue dada a todos los creyentes, según Marcos 16:15-18. Pero se requiere que el creyente esté en sujeción y comunión a la iglesia local, y viva en sanidad y santidad espiritual, porque así como puede impartirse bendición y maldición con la misma boca, también puede impartirse bendición o maldición con la imposición de manos, dependiendo del estado espiritual de quien hace la ministración.

Aunque la sanidad es un don del Espíritu Santo, no todos los creyentes tienen ese don. En 1 Corintios 12:9, 30 dice: "*A otro, fe por el mismo Espíritu; y a otro, dones de sanidades por el mismo Espíritu (...)¿Tienen todos dones de sanidad? ¿Hablan todas lenguas? ¿Interpretan todos?*" Reconocemos, sin embargo, que la fuente de todos los dones proviene de Dios, y Él los otorga a quien cree conveniente. Aún cuando todos los hijos e hijas de Dios somos aptos para recibir los dones espirituales, no todos poseen y ejercitan los dones de sanidad u otros dones en medio de la congregación, pues Dios nos da sus dones en aquellas áreas donde las necesidades se hacen manifiestas en relación al ministerio con otras personas.

Recordemos también que Dios nunca otorga dones para el encumbramiento de personas, sino para cubrir las necesidades de los que padecen.

3. METODOS DE SANIDAD

La sanidad está disponible para todos a través de la oración de fe. Porque ella trae como resultado que " *la oración de fe salvará al enfermo, y el Señor lo levantará; y si hubiere cometido pecados, le serán perdonados*" (Santiago 5:15). Veamos algunos de los métodos que Dios utiliza para dar sanidad:

• Dios puede sanar a través de una prescripción divina. Cuando el rey Ezequías enfermó de muerte, le rogó a Dios que lo sanara. Entonces Dios llamó al profeta Isaías para que fuese a ministrar sanidad al rey por medio de una prescripción. *"Y dijo Isaías: Tomad masa de higos. Y tomándola, la pusieron sobre la llaga, y sanó"* (2 Reyes 20:7).
• En 1 Timoteo 5:23 el apóstol Pablo le prescribió a Timoteo que tomara vino para sanar su estómago enfermo.
• Dios sana a través de los médicos. En Lucas 5:31 dice: *"Respondiendo Jesús, les dijo: Los que están sanos no tienen necesidad de médico, sino los enfermos"*. Dios usa la medicina y los médicos en su ministerio de sanidad; sin embargo, debemos siempre buscar primero al Señor cuando estamos afligidos para determinar si Él va a enviarnos sanidad de tipo sobrenatural o a través de médicos. Debemos estar siempre seguros que toda sanidad viene de la mano de Dios.
• Dios puede sanar en forma instantánea a través de su palabra. También puede hacerlo a la distancia sin que el enfermo esté presente. Dice Mateo 8:8: *"Respondió el centurión y dijo: Señor, no soy digno de que entres bajo mi techo; solamente di la palabra, y mi criado sanará"*.
• Dios puede sanar en forma progresiva. Veamos un ejemplo en el pasaje de Marcos 8:22-25: *"Vino luego a Betsaida; y le trajeron un ciego, y le rogaron que le tocase. Entonces, tomando la mano del ciego, le sacó fuera de la aldea, y escupiendo en sus ojos, le puso las manos encima, y le preguntó si veía algo. Él mirando, dijo: Veo los hombres como árboles, pero los veo que andan. Luego le puso otra vez las manos sobre los ojos, y le hizo que mirase, y fue restablecido, y vio de lejos y claramente a todos"*.
• Dios sana en respuesta a la oración de los pastores, ancianos y ministros de la iglesia. Así lo dice este pasaje de Santiago 5:14-15: *"¿Está alguno enfermo entre vosotros? Llame a los ancianos de la iglesia, y oren por él, ungiéndole con aceite en el nombre del Señor. Y la oración de fe salvará al enfermo, y el Señor lo levantará; y si hubiere cometido pecados, le serán perdonados"*.
No hay duda de que la carta de Santiago enseña que existe la posibilidad de que una enfermedad pueda producirse a

causa del pecado. Santiago aconseja que los cristianos que sean alcanzados por alguna enfermedad, llamen a los ancianos de la iglesia. Esto habla claramente sobre el rol de los pastores y líderes de la iglesia en la responsabilidad de ministrar a los enfermos a causa del pecado. Aún aquellos que parezcan estar enfermos por una deficiencia cerebral, o se los considere "mentalmente enfermos", no debe evadirse ni abandonar el problema. Es conveniente enviarlo a una consulta neurológica, hasta comprobar que la enfermedad auténticamente es orgánica y no espiritual. Santiago indicó a los ancianos que debían orar por los enfermos y ungirlos con aceite en el nombre del Señor. Explica la Escritura que la oración de fe le dará salud al enfermo, y que si ha cometido pecados, estos le serán perdonados. Santiago, además, exhorta a los enfermos a que confiesen sus pecados para ser sanados. El condicional "*si hubiere*" admite la posibilidad de que alguien no pecador puede también adquirir una enfermedad.

Podemos deducir que Santiago estaría dando a entender la existencia de dos fuentes de enfermedad: una orgánica y la otra inorgánica o psicosomática. Pero si se halla pecado como origen del problema, este debe ser confesado. Cuando Santiago se refiere a la confesión del pecado causante de enfermedad, quiere significar primero confesión a Dios. Pero habla también de confesarse las faltas "los unos a los otros". Aunque principalmente se instruye a la persona enferma a revelar y a confesar sus pecados a los ancianos de la iglesia.

4. LA UNCIÓN DE ACEITE

En los tiempos del Nuevo Testamento el aceite de oliva era usado como medicina. Por ejemplo, en Marcos 6:13 y en Lucas 10:34 vemos que el buen samaritano que socorrió al judío herido por los ladrones, le aplicó aceite sobre sus heridas. En Isaías 1:6 dice: "*Desde la planta del pie hasta la cabeza no hay en él cosa sana, sino herida, hinchazón y podrida llaga; no están curadas, ni vendadas, ni suavizadas con aceite*". Esta descripción es una metáfora que compara la situación de una persona herida, que no se le aplicó aceite medicinal, con la condición espiritual lamentable en que se hallaba el pueblo de Dios.

En la carta de Santiago 5:14 dice la palabra de Dios: "*¿Está alguno enfermo entre vosotros? Llame a los ancianos de la iglesia, y oren por él, ungiéndole con aceite en el nombre del Señor*". La traducción de la palabra "ungiéndole" fue hecha del griego *ALEIPHO*, que es un término general usado para la aplicación de la unción con aceite o algún ungüento medicinal a los enfermos.

También incluye la aplicación de aceite refrescante después de lavarse, y de la aplicación de ungüento al cuerpo de los muertos. Sin embargo, el griego lo distingue de la unción espiritual, la que es traducida del verbo *CHRIO*, que se refiere a unciones sagradas, Recordemos que Cristo, fue traducido del griego *CHRISTOS*, que significa "El Ungido". Por ejemplo, 1 Corintios 1:21 dice: "*nos confirma con vosotros en Cristo, y el que nos ungió es Dios*". Aquí la palabra "*ungió*" fue traducida del griego *CHRIO*. Esto nos ayuda a entender que la unción de aceite aconsejada por Santiago tendrá su aplicación correcta cuando se hace sobre los enfermos, y cuya dolencia no tenga una raíz pecaminosa. Recordemos que esta unción debe ser acompañada con oración, y en el caso de que hubiere pecado la oración debe incluir la confesión del pecado.

Es claro y evidente que la Biblia no adjudica como la consecuencia de un pecado no confesado, a todas las enfermedades por igual, ni como proveniente de pautas pecaminosas en la vida del creyente. Lo que la Biblia sí enseña es que el origen de las enfermedades deriva del pecado que se originó en el Edén por la desobediencia de Adán y Eva, y en ese sentido general, podemos decir que toda enfermedad es el resultado del pecado, pero solo en ese sentido.

Ningún creyente jamás debe enjuiciar a otro creyente diciendo que "Tal persona está enferma a causa de algún pecado". Como consejeros debemos verificar las causas de una enfermedad, y en el caso de que haya pecado debemos buscar la raíz del problema para ayudarle al aconsejado que pueda cambiar su conducta. Como ocurrió en Juan 5:14, cuando Jesús le dijo al imposibilitado que estaba junto al estanque de Betesda: "*Mira, has sido sanado; no peques más, para que no te venga alguna cosa peor*". También encontramos en 1 Corintios 11 que algunos creyentes habían participado de la Santa Cena del Señor pero conservaron pecados ocultos sin confesar, y como no se habían puesto a cuenta con Dios por sus pecados antes de comer del pan y tomar de la copa, estaban enfermos y debilitados, y aún algunos habían muerto. Podemos ver a través de estas Escrituras que Dios usa la enfermedad para disciplinar a algunos creyentes, como vara de corrección. Por eso la palabra de Dios dice en Santiago 5:16: *"Orad unos por otros para que seáis sanados"*.

5. OBSTÁCULOS PARA LA SANIDAD

- La amargura, el resentimiento, la falta de perdón, etc., incluyendo actividades de ocultismo. Son pecados que pueden causar diversos tipos de enfermedad y que, además de la confesión, podrían requerir liberación espiritual de alguna opresión demoníaca, para lograr la sanidad. En 1 Corintios 11:28-30 dice: *"Por tanto, pruébese cada uno a sí mismo, y coma así del pan, y beba de la copa. Porque el que come y bebe indignamente, sin discernir el cuerpo del Señor, juicio come y bebe para sí. Por lo cual hay muchos enfermos y debilitados entre vosotros, y muchos duermen"*.
- La duda, la incredulidad y la falta de fe son otros de los factores que producen obstáculos para que el enfermo reciba la sanidad divina. Tal como lo expresa Santiago 1:6-7: *"Pero pida con fe, no dudando nada; porque el que duda es semejante a la onda del mar, que es arrastrada por el viento y echada de una parte a otra. No piense, pues, quien tal haga, que recibirá cosa alguna del Señor"*.
- También la Biblia enseña que hay casos de enfermedad que son un propósito de Dios. Como en el caso del hombre ciego sanado de Juan 9:1-3. Aunque en estos casos se requiere del consejero el don de discernimiento de espíritus. Dice la Escritura: *"Al pasar Jesús, vio a un hombre ciego de nacimiento. Y le preguntaron sus discípulos, diciendo: Rabí, ¿quién pecó, éste o sus padres, para que haya nacido ciego? Respondió Jesús: No es que pecó éste, ni sus, padres, sino para que las obras de Dios se manifiesten en él"*. Otro caso lo encontramos en Lázaro al ser resucitado de los muertos. Dice Juan 11:4: *"Oyéndolo Jesús, dijo: Esta enfermedad no es para muerte, sino para la gloria de Dios, para que el Hijo de Dios sea glorificado por ella"*. En el caso de Lázaro, Jesús contó a las personas que

esa enfermedad no era para muerte sino para que Dios sea glorificado por la resurrección.

• Dios creó el universo y todo lo que hay en él; por lo tanto, nada es imposible para Él. Dios es soberano y todo está bajo su control. Él nunca comete errores ni nada pasa inadvertido para Dios. Su tiempo es perfecto. Él desea ser glorificado en todas las cosas y ha prometido que nada podrá separarnos de su amor. (ver Romanos 8:35-39). Pablo llegó a comprender el gozo de Dios en sus propias debilidades, como lo expresó en 2 Corintios 12:7-10. "*Y para que la grandeza de las revelaciones no me exaltase desmedidamente, me fue dado un aguijón en mi carne, un mensajero de Satanás que me abofetee, para que no me enaltezca sobremanera; respecto a lo cual tres veces he rogado al Señor, que lo quite de mí. Y me ha dicho: bástate mi gracia; porque mi poder se perfecciona en la debilidad. Por tanto; de buena gana me gloriaré más bien en mis debilidades, para que repose sobre mí el poder de Cristo. Por lo cual, por amor a Cristo me gozo en las debilidades, en afrentas, en necesidades, en persecuciones, en angustias; porque cuando soy débil, entonces soy fuerte*".

No hay duda acerca de la voluntad y capacidad ilimitada de Dios para sanarnos. Sin embargo, las enfermedades y las aflicciones pueden estar en nosotros, como hemos visto, para revelarnos áreas de pecado en nuestras vidas, y que una vez reconocidas y tratadas, permitirán que Dios complete la sanidad.

Nuestra sanidad puede también ser demorada o quizás guiada a una sanidad perfecta, porque su propósito es que podamos cumplir con el plan de su llamamiento. Dios también busca que podamos alcanzar a otras personas a través de nuestra fe, permite que otros encuentren a Cristo como su Salvador para ser liberados de las ataduras del pecado.

Es importante para nosotros como consejeros, que al ministrar a enfermos creamos firmemente en la sanidad divina. Tampoco debemos encasillar a Dios en lo que concierne a nuestra propia sanidad, sino creer y alabarlo en todas las circunstancias y situaciones que nos encontremos, como Pablo lo declaró después de pedirle al Señor que lo sanara de su aguijón. Aceptó su divina gracia y siguió adelante hacia la meta de su supremo llamamiento. Dios es el Soberano sobre nuestra salud y sobre nuestra enfermedad, como lo dice Deuteronomio 32:39: *"Ved ahora que yo, yo soy, y no hay dioses conmigo; yo hago morir, y yo hago vivir; yo hiero, y yo sano; y no hay quien pueda librar de mi mano"*.

• Otro obstáculo puede provenir de nuestra propia ansiedad cuando enfermamos, y prioritariamente recurrimos a la ayuda médica, antes de orar y consultar con Dios. Ante todo debemos reconocer que es la voluntad de Dios que seamos sanos, por lo tanto es nuestra responsabilidad determinar a través de la oración qué método Él va a usar para sanarnos, si obrará sobrenaturalmente o por medio de médicos, o por la combinación de ambos para seguir su perfecta guía sin ningún tipo de presunciones. Ya sea que Dios use los servicios de un médico o no, debemos recordar que toda sanidad está en las manos de Él. Dice en 2 Crónicas 16:12-13: *"En el año treinta y nueve de su reinado, Asa enfermó gravemente de los pies, y en su enfermedad no buscó a Jehová, sino a los médicos. Y durmió Asa con sus padres, y murió en el año cuarenta y uno de su reinado"*.

• La falta de conocimiento de la voluntad de Dios respecto a la enfermedad, o por no estar de acuerdo a la palabra de Dios, o dejarla de aplicar en nuestros tiempos, es otro obstáculo para ser sanado. Tal como lo dice: Oseas 4:6a: *"Mi pueblo fue destruido, porque le faltó conocimiento"*. También dice Hechos 28:26-27: *"Ve a este pueblo, y diles: De oído oiréis, y no entenderéis; y viendo veréis, y no percibiréis; porque el corazón de este pueblo se ha engrosado, y con los oídos oyeron pesadamente, y sus ojos han cerrado, para que no vean con los ojos, y oigan con los oídos, y entiendan de corazón, y se conviertan, y yo los sane"*.

• Algunos creyentes cuando padecen alguna enfermedad crónica, se aprovechan a través de su mal. En algunos casos tratan de generar pena en otros que se compadecen, y se conforman con la aceptación, el recibir atenciones, en medio del proceso de la enfermedad; aquí se produce una resistencia oculta en el paciente, que ya ni siquiera ambiciona ser sanado. Ese puede ser el motivo de que no reciben sanidad, pues no obran de acuerdo con lo que la Palabra de Dios dice sobre la sanidad divina.

- Puede haber una falla en seguir los principios de Dios. Dice Gálatas 6:7-8: "*No os engañéis; Dios no puede ser burlado: pues todo lo que el hombre sembrare, eso también segará. Porque el que siembra para su carne, de la carne segará corrupción; mas el que siembra para el Espíritu, del Espíritu segará vida eterna*". Las leyes naturales de Dios son tan perfectas como sus leyes espirituales. Si no nos alimentamos adecuadamente y no ejercitamos apropiadamente nuestro cuerpo, si no nos abrigamos durante el tiempo invernal o, dicho de otro modo, si no lo cuidamos, sembraremos irresponsabilidad y segaremos maldición. Dios espera nuestra obediencia a sus leyes naturales con el fin de que vivamos llenos con salud.
- Finalmente debemos aconsejar a los enfermos a confiar en que Dios es nuestro verdadero sanador. Es conveniente aconsejar al enfermo a afirmarse en las promesas de Dios. Impulsarlos a ser persistente en oración, a mantener siempre una actitud positiva, a centrar la confianza solo en Dios. Tal como Pablo nos exhorta en 1 Tesalonicenses 5:17-18: "*Orad sin cesar. Dad gracias en todo, porque esta es la voluntad de Dios para con vosotros en Cristo Jesús*".

Dios no solo es Todopoderoso, sino que para Él no hay nada imposible. El Señor puede tomar una aflicción que el enemigo desea usar para derrotarnos, y convertirla para gloria de sí mismo. Tenemos una palabra que nos alienta constantemente en 1 Juan 4:4 que dice: "*Hijitos, vosotros sois de Dios, y los habéis vencido; porque mayor es el que esta en vosotros, que el que está en el mundo*". Debemos ayudar a los enfermos a creer que Dios hará lo imposible, sin mirar las circunstancias, aunque se demore la sanidad o no. Lo prioritario es que mantengan firme su fe en que el Señor es y será siempre nuestro sanador.

6. SANIDAD INTERIOR

Una vez que el creyente está reconciliado con Dios por medio de la salvación de su alma, que es limpiada por la sangre del sacrificio del Señor Jesucristo, está en posición de poder recibir el consuelo y la sanidad de Dios para todas las heridas y aflicciones del "yo" interior. El Salmo 147:3 dice que el Señor sana a los quebrantados de corazón y pone vendas sobre las heridas.

David clamó a Dios en el Salmo 109:22 diciendo: *"Porque yo estoy afligido y necesitado, y mi corazón está herido dentro de mí"*. En esta oración todos podemos identificarnos con el salmista que clama a Dios, cuando reconocemos que hay una herida en el corazón. Casi todos en algún momento de la vida podemos haber experimentado rechazos y ofensas que otros nos han hecho, con intención o sin ella, y que como resultado se haya resentido el corazón.

A veces una experiencia dolorosa se hace muy difícil de sobrellevar, y a medida que pasan los años se va escondiendo en lo profundo del alma, de tal forma que la memoria queda bloqueada sobre el daño recibido, porque se hace tan difícil de enfrentar, que se la suprime, y aunque ya no hay conciencia de que la herida existe, ella permanece escondida y produce daños exteriores, pues el subconsciente sigue trabajando.

Quizás la persona lo exterioriza y ante alguna dificultad se pone siempre a la defensiva; o es temerosa de todo; o es tan sensible a lo que le digan o a lo que ocurra a su alrededor, que se encierra en sí misma; o se irrita descontroladamente; o se enferma con mucha frecuencia.

Leemos en Proverbios 15:4 que una lengua apacible es un árbol de vida, y que la perversidad de la lengua quebrantará el espíritu. ¿Cuántas veces hemos expresado palabras con ira, que causan dolor profundo al otro? O viceversa. La lengua apacible de quienes ministran sanidad debe hablar con palabras de verdad, de reconciliación y de consuelo para aquellos que hayan sido heridos profundamente.

Dice Proverbios 18:14: *"El ánimo del hombre soportará su enfermedad; mas ¿quien soportará el ánimo angustiado?"* Las tensiones y las heridas interiores pueden entristecer tan profundamente el corazón de una persona, que su espíritu se apagará (Ver Proverbios 15:13), y entonces le hará falta aquella chispa y la motivación que hacen a la vida digna de vivirse.

Inclusive antes de nacer, desde el mismo vientre de su madre, una criatura puede experimentar falta de amor y de aceptación, específicamente si es un niño no deseado por los padres. O en el caso de que sus padres hayan intentado abortarlo. Muchos problemas de conducta, de insomnio, de perturbación mental, de ansiedad, de falta de paz, de inseguridad en los adultos, pueden provenir de problemas de la infancia.

Por ejemplo, una mujer puede ser frígida con su esposo y hasta rechazarlo sexualmente, por haber sufrido heridas profundas por medio de su padre o de otro hombre, y guardar en secreto ese resentimiento sin haberlo tratado nunca. De la misma forma, un hombre puede sentir hostilidad hacia su esposa porque cuando era niño la propia madre, u otra mujer abusó de él.

Si este fuera el caso, quien ministra la sanidad interior debe interceder en oración para que el creyente que busca el consejo pueda recibir del Señor Jesucristo toda la aceptación, el consuelo y el amor necesario para sanar definitivamente las heridas, y que a su vez logre perdonar a sus agresores.

SANIDAD INTERIOR Y LIBERACIÓN ESPIRITUAL

Muchas veces las heridas guardadas en el alma del creyente son pecados para Dios y acarrean maldición. Especialmente aquellas personas que hacen un hábito de la ira, de la amargura, del resentimiento o del odio hacia los demás. Estos pecados no confesados abren las puertas para que los demonios obren destructivamente sobre la vida del creyente. En esa instancia el consejero deberá ministrar liberación al oprimido espiritualmente. Si bien vamos a tratar el tema de la liberación espiritual en otro capítulo, no podemos excluirlo de la ministración de sanidad interior.

Los espíritus malignos siempre buscan tomar control sobre el área de la persona en pecado. Por ejemplo: si una persona manifiesta ira como un hábito de su conducta, debido a que fue maltratado en su niñez, y el consejero logra traer su herida al presente para que confiese su pecado y perdone a su agresor; y luego de la restauración y el perdón, el creyente continúa manifestando una conducta iracunda, el consejero deberá indagar y discernir si hay influencia demoníaca.

Es muy posible que el creyente iracundo haya hecho esfuerzos para controlar su ira, pero seguramente todavía siga creyendo que nadie puede cambiarlo, debido a que está bajo la influencia de un espíritu de ira, que aprovechó el "permiso" para controlar esa área, y desde allí trata de hacerle creer que nunca cambiará, y que la ira cada día será mayor.

El paso que sigue es desalojar al demonio de esa área, expulsándolo tal como Jesús echó el demonio que atormentaba al religioso judío dentro de la sinagoga. Dice Lucas 4:35-36: *"Y Jesús le reprendió, diciendo: Cállate y sal de él. Entonces el demonio, derribándole en medio de ellos, salió de él y no le hizo daño alguno"*.

Como hemos dicho, si bien el creyente confesó su pecado y se arrepintió pero, sin embargo, no pudo lograr su libertad espiritual. El consejero debe proceder a echar el demonio de ira en el nombre de Jesucristo, hasta comprobar que el espíritu inmundo haya salido, y recién entonces el creyente habrá recibido sanidad interior. En síntesis: el pecado de ira, y todo pecado, debe confesarse para recibir el perdón de Dios y así poder restaurar la comunión con Él.

Pero cuando hay opresión o influencia demoníaca, sea por medio de un espíritu de ira, o cualquier tipo de espíritu inmundo, tiene que ser expulsado para que el pecador obtenga la completa liberación espiritual.

La liberación espiritual debe ministrarse después que el pecador se haya arrepentido o que haya renunciado a la actividad pecaminosa, y nunca antes.

Porque los pecados no pueden ser expulsados, sino que deben ser confesados delante de Dios, para recibir su divino perdón, ni tampoco puede expulsarse un demonio por medio de la confesión del pecado. La única forma en que los espíritus inmundos serán desalojados, es echarlos en el nombre de Jesús.

7. RESTAURAR LA AUTOESTIMA

Todos en nuestro interior tenemos sentimientos y emociones, que según nuestra personalidad pueden manifestarse de diferentes maneras. Muchas veces estas manifestaciones también dependen de otros factores, según el lugar físico donde vivimos, las influencias sentimentales y emocionales que recibimos; estos pueden afectar positiva o negativamente en la formación de nuestra personalidad, que se manifestará en la autoestima.

Es una etapa en la cual como personas vamos edificando nuestra personalidad. Dice Romanos 12:3: *"Digo, pues, por la gracia que me es dada, a cada cual que esté entre vosotros, que no tenga un más alto concepto de sí que el que debe tener, sino que piense de sí con cordura, conforme a la medida de fe que Dios repartió a cada uno".*

La autoestima es el sentimiento que evalúa el conjunto de rasgos corporales, mentales y espirituales que configuran nuestra personalidad. La personalidad no es algo definitivo en una persona, puede cambiarse y puede mejorarse. Es a partir de los 5 ó 6 años cuando empezamos a formarnos un concepto de cómo nos ven los mayores –padres, maestros, compañeros, amigos, etc.– con las experiencias que vamos adquiriendo durante el trato con los que nos rodean.

La autoestima es responsable de muchos fracasos y éxitos, ya que una autoestima adecuada, vinculada a un concepto positivo de sí mismo, potenciará la capacidad de la persona para desarrollar sus habilidades, y aumentará el nivel de seguridad personal. Mientras que una autoestima alta lleva a la persona a la altivez y el despotismo, y una baja autoestima enfocará a la persona hacía las imposibilidades y el fracaso. Cuando el individuo no se siente contento consigo mismo o se rechaza parcial o totalmente, se dañan considerablemente las estructuras psicológicas, lo que lo lleva a levantar barreras defensivas y adoptar un comportamiento ajeno a su propia personalidad. La baja autoestima suele manifestarse en ansiedad, depresión, trastornos en la nutrición, problemas sexuales, dificultades de relación y muchos otros síntomas negativos.

Básicamente hay dos tipos de problemas de autoestima: 1) Los que dependen de situaciones o circunstancias. Y 2) los que se afirman en el carácter. La baja autoestima manifestada en ciertas situaciones tiende a mostrarse solo en aspectos concretos; por ejemplo: una persona puede sentirse segura de sí misma como padre, como amigo o como marido, pero sentirse fracasado laboralmente. La baja autoestima manifestada en el carácter tiene habitualmente su raíz en experiencias tempranas de abuso, abandono o rechazo.

QUÉ DICE DIOS DE LA AUTOESTIMA

Dice en Isaías 5:21 que no debemos ser sabios en nuestros propio criterio: "*Ay de los sabios en sus propios ojos, y de los que son prudentes delante de sí mismos*".

Dios busca que tengamos un adecuado amor de nosotros mismos, pues sin la autoestima correcta no podremos amarnos, y mucho menos, amar a nuestros semejantes. Marcos 12:30-31 dice: "*Y amarás al Señor tu Dios con todo tu corazón, y con toda tu alma, y con toda tu mente, y con todas tus fuerzas. Este es el principal mandamiento. Y el segundo es semejante: Amarás a tu prójimo como a ti mismo. No hay otro mandamiento mayor que éstos*".

Dios quiere que tengamos una honesta autoestima: "*Digo, pues, por la gracia que me es dada, a cada cual que está entre vosotros, que no tenga más alto concepto de sí que el que debe tener, sino que piense de sí con cordura, conforme a la medida de fe que Dios repartió a cada uno*" (Romanos 12:3).

¿CUÁNDO LA AUTOESTIMA ES NEGATIVA?

a) Cuando es con altanería y arrogancia. "*No multipliques palabras de grandeza y altanería*" (1 Samuel 2:3).

b) Cuando se refuta con agresión altiva. "*No soy yo menos que vosotros*" (Job 12:3).

c) Cuando se degrada la evaluación humana. "*¿Cuanto menos el hombre, que es un gusano y el hijo del hombre también es gusano?*" (Job 25:6).

d) Cuando se jacta de sus propios valores. "*No se alabe el sabio en su sabiduría, ni en su valentía se alabe el valiente, ni el rico se alabe en sus riquezas*" (Jeremías 9:23).

e) Cuando se falsea la actitud religiosa. "*Cuando, pues, des limosna, no hagas tocar trompeta delante de ti, como hacen los hipócritas en las sinagogas y en las calles, para ser alabados por los hombres*" (Mateo 6:1-4).

f) Cuando se llama la atención para mostrar piedad. "*Cuando ayunéis, no seáis austeros, como los hipócritas; porque ellos demudan sus rostros para mostrar a los hombres que ayunan*" (Mateo 6:16-18).

g) Cuando se compete sobre quién es el mejor. "*Habían disputado entre sí, quién había de ser el mayor*" (Marcos 9:33-37).

h) Cuando por egoísmo se niega el amor al prójimo (Marcos 12:31).

i) Cuando hay lealtad emocional y altiva. "*Si me fuere necesario morir contigo, no te negaré*" (Marcos 14:31).

j) Cuando se justifica a sí mismo para recibir aprobación ante los ojos de hombres. *"Vosotros sois los que os justificáis a vosotros mismos delante de los hombres; mas Dios conoce vuestros corazones"* (Lucas 16:15).

k) Cuando se distorsiona neciamente de sí mismo. *"Herodes, vestido de ropas reales se sentó en el tribunal y les arengó. Y el pueblo aclamaba diciendo: ¡Voz de de Dios y no de hombre! Al momento un ángel de Dios le hirió, por cuanto no dio la gloria a Dios"* (Hechos 12:21-23).

l) Cuando se autoelogia: *"Pero ellos, midiéndose a sí mismos por sí mismos, y comparándose consigo mismos, no son juiciosos"* (2 Corintios 10:12).

Un creyente puede tener sentimientos ocultos: de dolor, enojos, culpas, ansiedades, tristezas, que no han sido resueltos, los cuales frente a algunas situaciones les hacen reaccionar en forma incoherente, sin que la persona sea consciente de ello. Esto impide que logre ser una persona equilibrada y, como resultado de esta falencia, no aceptará con facilidad sus propias fallas ni tolerará las fallas de las demás personas.

ACTITUDES QUE INDICAN BAJA AUTOESTIMA

- Personalidad depresiva, con decaimiento del ánimo y de la voluntad.
- Actitudes iracundas, cambios de ánimo con ira intempestiva contra algo o alguien.
- Resentimiento, manifiesta antipatía o aversión hacía algo o alguien.
- Personalidad triste, con grados de aflicción y pérdida de entusiasmo.
- Actitudes de timidez, que lo llevan a una vida opaca y disminuida.
- Personalidad vergonzosa, con turbación del ánimo causada por cualquier falta cometida.
- Personalidad ansiosa: vive en un constante estado de inquietud de ánimo.
- Autocrítica excesiva, con expresiones de insatisfacción consigo mismo.
- No tolera la crítica, se siente exageradamente atacado, herido, echa la culpa de los fracasos a los demás o a la situación.

• No se atreve a decir no, pues busca complacer a los demás en todo, por temor a que lo rechacen.
• Exageradamente perfeccionista, se esfuerza en hacer en forma "perfecta" todo lo que intenta.
• Personalidad negativa: todo lo ve negro, su vida, su futuro, su servicio a Dios
• Continuamente se compara con los demás.

ACTITUDES DE CORRECTA AUTOESTIMA

• Permite verse como Dios lo ve, entiende que somos hijos del Señor. Juan 1:12 dice: "*Mas a todos los que le recibieron, a los que creen en su nombre, les dio potestad de ser hechos hijos de Dios*".
• Tiene amor y ama al prójimo como a sí mismo.
• Una buena autoestima no compite, no se compara, no envidia ni se justifica por todo lo que hace.
• Cree firmemente en los consejos bíblicos, esta dispuesto a defenderlos aún cuando encuentre oposición, y se siente lo suficientemente seguro como para modificar sus valores y principios si nuevas experiencias de crecimiento espiritual le indican que estaba equivocado.
• No emplea demasiado tiempo preocupándose por lo que haya sucedido en el pasado, ni por lo que pueda ocurrir en el futuro.
• Tiene fe en que Dios le ayudará a resolver sus propios problemas, sin dejarse acobardar por los fracasos y dificultades que experimente.
• Se considera igual a otras personas, aunque reconoce diferencias en talentos específicos, sea prestigio profesional o posición económica.
• Se muestra como una persona útil y valiosa para Dios y para otros.
• No se deja manipular por los demás, aunque está dispuesta a colaborar si le parece apropiado y conveniente.
• Reconoce y acepta en sí mismo una variedad de sentimientos e inclinaciones, tanto positivas como negativas, y está dispuesto a revelarlas a otra persona si le parece que vale la pena.

• Es sensible a las necesidades de los otros, respeta las normas de convivencia generalmente aceptadas, reconoce sinceramente que no tiene derecho a mejorar o divertirse a costa de los demás.

CÓMO SUPERAR LA BAJA AUTOESTIMA

• Ante todo, renovar la mente, donde tiene su asiento la baja autoestima: "*No os conforméis a este siglo, sino transformaos por medio de la renovación de vuestro entendimiento, para que comprobéis cuál sea la buena voluntad de Dios, agradable y perfecta*" (Romanos 12:2).
• Tiene un adecuado amor de sí mismo: "*Amarás a tu prójimo como a ti mismo*" (Marcos 12:31).
• Se mira como hijo de Dios: "*Mas todos los que le recibieron, a los que creen en su nombre, les dio potestad de ser hechos hijos de Dios*" (Juan 1:12).
• Trata a los demás con respeto y no como lo trataron los que lo agredieron.
• Tiene una buena comunicación con Dios y con los que lo rodean.
• Experimenta un verdadero nuevo nacimiento.
• Teniendo un genuino arrepentimiento: "*Porque fuiste contristados para arrepentimiento; porque habéis sido contristados según Dios (...) porque la tristeza que es según Dios produce arrepentimiento para salvación*" (2 Corintios 7:9-10).
• Es un buen ejemplo a seguir: "*Sed imitadores de mí, así como yo de Cristo*" (1 Corintios 11:1).
• Se ve como Dios lo ve: "*Y serán para mí especial tesoro*" (Malaquías 3:17).
• No juzga a nadie ni a nada: "*En lo que juzgas a otros, te condenas a ti mismo*" (Romanos 2:1).

CÓMO MINISTRAR A UNA PERSONA CON BAJA AUTOESTIMA

La Biblia nos dice que Dios nos amó, y que para Él somos "*real sacerdocio, nación santa, pueblo adquirido por Dios para toda buena obra*" (1 Pedro 2:9).

El primer paso es pedirle al aconsejado que haga un listado de personas o situaciones que lo ofendieron, afectaron, rechazaron, maltrataron o menospreciaron; luego, que comience a perdonar una por una a las personas que lo ofendieron con palabras, con actitudes, o a las que lo agredieron físicamente.

- Que pida perdón a cada persona que influyó a causa de su baja autoestima.
- Haga que se mire como Dios le ve: "Como un verdadero hijo o hija suya". Trate de que vea a Dios como su Padre amoroso, que anhela lo mejor para su querido hijo o hija.
- Hágale hacer esta oración: "Espíritu, te echo de mi vida, fuera de mí, no te acepto más; ahora me declaro un hijo o hija de Dios, soy un hijo o hija del Rey de reyes y Señor de señores. Gracias, Señor, porque has revalorizado mi vida, y puedo amarme a mí mismo y amar también a mi prójimo con el mismo amor. Gracias, Jesús, porque has salvado y revalorizado mi vida, y gracias, Jesús, porque tú permitiste ser humillado, golpeado, azotado y puesto en vergüenza, para que yo no tuviera que pasar por lo mismo. Te hiciste indigno para que yo viva en dignidad. ¡Gracias, Jesús, porque en la cruz te llevaste mi baja autoestima, gracias, Señor, amén!"
- Pregúntele: ¿Cómo lo ven en su casa? ¿Cuál es el concepto de su padre o madre, de sus hermano o hermana, de su esposa, esposo, o de sus hijos? Dígale que debe dar una respuesta con total honestidad. Que no tema, porque Dios quiere sanarlo y liberarlo de todo mal.
- Pregúntele: ¿Cómo lo ven en su iglesia? ¿Cuál considera que es el concepto que sus pastores, sus líderes y hermanos tienen de él, o el de sus consiervos, o de sus discípulos?
- Pregúntele: ¿Cómo lo ven sus compañeros de trabajo? ¿Cómo lo ven sus compañeros de estudio?

Podemos considerar que tiene una buena autoestima la persona que se quiere a sí misma, porque se valora de acuerdo a la posición en que Dios lo ha colocado. Es quien se considera bien a sí mismo con respecto al entorno social, cultural y laboral con el que se relaciona diariamente. Por tanto, podríamos relacionar más la autoestima con el afecto a nosotros mismos, y el autoconcepto con la propia opinión de uno mismo, y la autoimagen con la visión que uno tenga de sí mismo en el entorno social y cultural donde le ha tocado vivir.

- Si el aconsejado todavía considera que su estima no está en los valores donde Dios lo ha posicionado, debe orar pidiendo al Espíritu Santo que le ayude a elevar su autoestima y su autoimagen.
- Para ello debe renunciar, si no lo ha hecho, a toda baja autoestima y baja autoimagen.
- La baja autoestima es como una herida abierta en el alma, que sangra y trae dolor al oprimido; por lo tanto, debe pedirle también a Dios que sane totalmente la herida de su alma.

8. MALAS Y BUENAS LIGADURAS DEL ALMA

Toda participación voluntaria de la persona con el ocultismo produce una ligadura de los espíritus malignos con el alma humana. Esta ligadura se establece directamente con el brujo, hechicero, médium, espiritista o adivino con el cual se hizo la consulta o del que haya sido el intermediario.

Cuando una persona participa en algún pacto ocultista da su acuerdo voluntario para buscar y recibir un conocimiento o un favor sobrenatural que Dios no permite, y que lo deja al Señor de lado. Dios jamás compartirá ninguna relación con alguien que busca otros dioses.

Respecto a las ligaduras que pueden producirse entre personas, no todas son malas, también hay ligaduras buenas. Por ejemplo, cuando alguien le da su amistad a otro y la relación es recíproca, se produce una ligadura de amistad beneficiosa entre las almas de cada uno; es el caso de David y Jonatán (1 Samuel 18:1-3), que los unió en un lazo de amistad muy buena y una sana ligadura del alma. Fueron dos amigos que se pusieron de acuerdo e hicieron un pacto de afecto, y un pacto de ayudarse mutuamente en todo problema y circunstancia.

Otro ejemplo de buena ligadura del alma es la unión matrimonial entre un hombre y una mujer. Dice Génesis 2:24: *"Por tanto, dejará el hombre a su padre y a su madre, y se unirá a su mujer, y serán una sola carne"*. Pero debemos estar alertas porque estos lazos del alma establecidos por Dios, el diablo los toma como un blanco para corromperlos, y lo hace a través de los espíritus de celos, de competencia entre dos amigos, o a través de la infidelidad conyugal, por medio del adulterio.

También trata de duplicar estos lazos del alma por medio de la falsificación de las relaciones conyugales, a través de la homosexualidad y el lesbianismo, y lo ha logrado en algunos países que han legalizado la unión de homosexuales en matrimonio (Ver 1 Corintios 6:15-16). No hay una ligadura del alma más fuerte que la que se establece en la entrega sexual. No solo se liga una persona con otra, sino que puede efectuarse en una relación sexual impura, una transferencia de espíritus malignos.

Por ejemplo, si uno de los cónyuges tiene relaciones extraconyugales, o si el marido visita una ramera o un "taxi boy", puede haber un demonio que posee a alguno de ellos, y cuando el cónyuge va a su casa y tiene relaciones sexuales con el esposo o esposa, puede transferir ese espíritu demoníaco al otro, así como puede trasmitirse una enfermedad venérea o el mismo SIDA.

Cuando una relación inmoral se hace en forma intensa donde involucra la mente y las emociones con otra persona o con varias personas, como puede ser una orgía, se produce la mala ligadura del alma. Algunas personas buscan liberación, porque son afectados de fuertes opresiones, como pesadillas, insomnio, pensamientos sorpresivos de inmundicia, iracundia, etc. Si la causa es un pecado oculto y el pecador lo confiesa con arrepentimiento, puede recibir liberación después de la oración.

Pero si la opresión continúa, es posible que tenga alguna ligadura del alma que no se ha cortado, y hasta tanto no sea rota esa ligadura espiritual la persona seguirá atada y oprimida.

En el caso de algún divorcio y nuevas nupcias admitidas por la Biblia, la antigua ligadura del alma con el cónyuge divorciado tiene que ser cancelada por medio de una oración de renuncia. También el espíritu de esa ligadura tiene que reprenderse y echarse fuera, para que no tenga estorbo al nuevo pacto con la nueva pareja.

Las prácticas médicas con especialistas de medicinas alternativas –me refiero a los que usan métodos orientales, como la acupuntura, o la acupresión– puede establecer una mala ligadura del alma. Otras prácticas como la homeopatía, las flores de Bach, la iridiología, que tiene origen en revelaciones trasmitidas por espíritus sobrenaturales, pueden provocar malas ligaduras del alma. Estas malas ligaduras dijimos que se establecen con las personas entre sí, y entre la persona y los espíritus demoníacos. Como fue el caso de

Judas, que ligó su alma con Satanás, o el joven rico que ligó su alma a las posesiones.

También se forman ligaduras malas del alma en las personas que se involucran con una secta o logia secreta. Todas ellas requieren el compromiso de pactos, como la Masonería, los Mormones, los Testigos de Jehová, el Camino, Los Niños de Dios, etc.

El Salmo 124:7-8 dice: "*Nuestra alma escapó cual ave del lazo de los cazadores; se rompió el lazo, y escapamos nosotros. Nuestro socorro está en el nombre del Señor, que hizo el cielo y la tierra*". ¿Quienes son aquí los cazadores? Son el diablo y sus demonios que han puesto a algunos creyentes en ataduras, por medio de malas ligaduras del alma.

Este es un modelo de oración para que el aconsejado que se haya sometido a alguna atadura espiritual con otra persona o con el ocultismo, pueda renunciar a esa ligadura de su alma:

> "En el nombre de Jesucristo, renuncio a todo lo que tenga relación con mi vieja vida. Renuncio a toda ligadura del alma con personas, con espíritus demoníacos, con quien tuve relación en el pasado y que hoy estorban mi crecimiento espiritual y mi comunión con Cristo. Rechazo estas malas ligaduras del alma y las rompo en el nombre de Jesús, Él es mi Vencedor, mi Santificador, la perfecta ligadura que me sostiene unido al cuerpo de Cristo, y me da liberación para vivir en libertad. Declaro ahora la ruptura de toda mala ligadura de mi alma. Renuncio a cada una de ellas, en el nombre de Jesús".

Pídale al aconsejado que ponga atención, para que mencione cada ligadura –puede hacerlo en voz alta o mentalmente– mencionando por ejemplo: los nombres de las personas con quienes haya tenido sexo ilícito, con la persona que lo llevó al ocultismo, o el nombre del brujo, del médium o adivino, o con el que fue intermediario para que usted ligara su alma. También diga el nombre de las sectas o logias en que haya participado, nombre a cada uno. Y que luego diga: "RENUNCIO Y ROMPO TODA MALA LIGADURA DEL ALMA CON.................". (Que diga los nombres, o la identificación de los mismos si no los recuerda, por ejemplo: "la curandera de Tepoztlán", "la prostituta de SOHO", etc.).

Luego de esta oración de renuncia y ruptura, pídale que repita lo siguiente con usted:

> "Y ahora Satanás: declaro que soy libre de tus ataduras y las de tus demonios. Ahora, en el nombre de Jesús cancelo toda consecuencia de esas ligaduras, y ordeno salir de mí toda obra espiritual de las tinieblas". Diga ahora: "Señor Jesús, vuelvo a ti mi vida completa, espíritu, alma y cuerpo, y te pido Espíritu Santo que ocupes la totalidad de mi alma, cada una de las áreas que estaban influenciadas por los demonios que salieron. Ayúdame a fortalecer mis buenas ligaduras con mi cónyuge, con mis hijos, con mis hermanos, con mis padres, con mis amigos y con todas las hermanas y hermanos del cuerpo de Cristo. Amén".

Después de la oración es necesario ayudar al aconsejado a establecer la buena ligadura que debe desarrollar como creyente, que es su ligadura con Dios. En Colosenses 2:2 dice: "*Para que sean consolados los corazones*, **unidos en amor**, *hasta alcanzar todos las riquezas del pleno entendimiento, a fin de conocer el misterio de Dios padre, y de Cristo*", (énfasis mío). Aquí la Escritura habla de cristianos que tienen ligadas sus almas en amor. También en Colosenses 2:19 dice: "*En virtud de quien todo el cuerpo,* **nutriéndose** y **uniéndose** *por las coyunturas y ligamentos, crece con el crecimiento que da Dios*", (énfasis mío). Este unirse tiene el sentido de ligarse en asociación, el unirse con lazos firmes, músculo con músculo, hueso con hueso. Ligaduras muy estrechas, como esposa con esposo, padres con hijos e hijos con padres, amigos con amigos, ligaduras que se fortalecen en medio del amarse el uno al otro.

Capítulo 8

LIBERACIÓN DE LA ESCLAVITUD ESPIRITUAL

1. TRATEMOS LA AFLICCIÓN DE ESPÍRITU

Es conveniente no tener dudas acerca de que un creyente puede caer o no en algún estado de aflicción. La respuesta que nos da la Biblia es que sí puede. Lo importante es saber bajo qué circunstancias puede ser afligido. Podemos decir que principalmente ocurre cuando el creyente sufre una pérdida, puede ser por la muerte de un ser querido, por la separación o divorcio de su cónyuge, por fuertes pérdidas financieras o bancarrotas, por el anuncio de una enfermedad terminal. Todos estos factores pueden provocar angustia y sufrimiento en el alma.

Dice Juan 11:33: *"Jesús entonces, al verla llorando, y a los judíos que la acompañaban, también llorando, se estremeció en espíritu y se conmovió"*. De igual manera los cristianos nos entristecemos como una expresión de pena agobiante frente a una causa grave o extrema, o a la pérdida de un ser querido.

Sin embargo, la aflicción puede transformarse en pecado cuando el creyente angustiado renuncia a la esperanza prometida por Dios, y se deja llevar a un estado de desesperación, que es el camino de los inconversos. Romano 5:4-5 dice: "*Sabiendo que la tribulación produce paciencia; y la paciencia, prueba; y la prueba, esperanza; y la esperanza no avergüenza; porque el amor de Dios ha sido derramado en nuestros corazones por el Espíritu Santo que nos fue dado*".

Cuando aconsejamos a un creyente angustiado debemos primeramente alentarlo a no perder la esperanza, sino a que confíe en Dios en medio de la tristeza y el dolor. Porque solo del Señor Jesucristo podrá obtener el gozo prometido para contrarrestar su aflicción. Jesús nos dice en Juan 15:11: "*Estas cosas os he hablado, para que mi gozo esté en vosotros, y vuestro gozo sea cumplido*".

Esta promesa de bendición es para cada hijo e hija de Dios que le toque pasar por una prueba de aflicción o dolor.

CÓMO MINISTRAR LA AFLICCIÓN

Cuando un creyente ha sido sorprendido por un repentino golpe de adversidad, el simple hecho de que como consejeros y junto a la presencia del Señor, acompañemos al afligido, llevará un efecto tranquilizador, porque en el primer momento el consuelo y nuestra presencia es la mayor necesidad. Dice 2 Corintios 1:4: "*El cual nos consuela en todas nuestras tribulaciones, para que podamos también nosotros consolar a los que están en cualquier tribulación*".

Cuando asistimos al velatorio o sepelio de algún creyente que ha perdido un ser querido, nuestra sola presencia, casi sin palabras, lleva el consuelo de Dios a la persona afligida.

Debemos tomar en cuenta que cualquier estado de aflicción, desorganiza a la persona, especialmente cuando se producen cambios físicos irreversibles. En esta situación el consejero debe tener la sensibilidad de descubrir si hay pecados ocultos en el afligido, como: temor, amargura, ira, falta de perdón, resentimiento, culpa, falta de aceptación, para poder llevar al afligido al arrepentimiento.

El consejero debe observar el estado emocional y escuchar lo que el afligido dice. En el caso de que diga: "no podré resistir", o "no tengo fuerzas para seguir viviendo", la consejería no debe ser ni apresurada ni compulsiva, para ayudarlo a que no tome ninguna decisión emocional equivocada.

Usualmente lleva un año para ajustarse a la pérdida de un ser querido o una experiencia traumática similar. Recordemos que solo Dios conoce nuestra resistencia y el tiempo perfecto para recuperarnos. Dice Eclesiastés 3:1-7: *"Todo tiene su tiempo, todo lo que se quiere debajo del cielo tiene su hora, (...) tiempo de llorar, tiempo de reír, (...) tiempo de buscar, tiempo de perder (...)"*.

El afligido debilitado en la fe tiende a abandonarse en todas las áreas de su vida; como consejeros debemos estimularlo a que la reorganice, y ayudarlo a encontrar un nuevo incentivo y dirección de acuerdo a los principios bíblicos, para que recupere la fe. Así logrará recibir el gozo del Señor que lo fortalecerá. Dice Jeremías 29:11: *"Yo sé que los pensamientos que tengo acerca de vosotros, dice el Señor, (...) pensamientos de paz y no de mal, para daros el fin que esperáis"*.

2. EL RECHAZO

Una de las principales causas de los problemas humanos es la falta de aceptación. Porque una necesidad básica de todos es que seamos amados, ya sea por nuestro cónyuge, padres, hijos, amigos, maestros, jefes y compañeros de trabajo, hermanos en la fe y, sobre todo, por Dios.

La persona que ha sufrido rechazo, quizás desde su niñez o en su adolescencia, o por una experiencia de abandono sentimental, confiesa generalmente diciendo "que nadie se preocupa por él", "que todos lo evitan", "que nadie lo ama". Consecuentemente, este estado de desolación produce rebeldía, al punto de que el afligido rechaza todo tipo de autoridad, incluso a Dios mismo. Las fuentes de rechazo en las relaciones humanas pueden generarse en la propia familia, en el matrimonio y, como hemos mencionado en las relaciones laborales, con amigos y en la iglesia.

El área donde se produce la herida del rechazo es en la personalidad, y afecta el carácter y las emociones, puede ser a través de reconocer que tiene escasos talentos, por considerarse poco inteligente, por vivir en una pobre condición social, porque tiene dificultad para relacionarse socialmente o falta de convicciones; y aún, como hemos mencionado, una criatura puede experimentar rechazo en el seno de su madre. Puede ocurrir debido a que ella no quiso estar embarazada nuevamente, o porque el padre no quería tener otro hijo.

Un niño que entra al mundo en tales condiciones podrá tener años de sufrimiento, su personalidad ya está afectada y responderá con rebeldía y rechazo a toda autoridad, pues fue dañado por quienes lo engendraron. No podrá ser liberado de esta rebeldía hasta que pueda ser sanado interiormente.

CÓMO MINISTRAR A LOS CREYENTES QUE SUFREN RECHAZO

Ante todo debemos ministrar el consejo de Dios específicamente en su palabra, decirle al afectado que hay una buena noticia para él, y es que Jesús llevó su rechazo para siempre en la cruz del Calvario: *"Despreciado y desechado entre los hombres, varón de dolores, experimentado en quebranto; y como que escondimos de él su rostro, fue menospreciado y no lo estimamos. Ciertamente él llevó nuestras enfermedades, y sufrió nuestros dolores, (...) el castigo de nuestra paz fue sobre él, y por su llaga fuimos nosotros curados"* (Isaías 53:4-5).

Es indispensable indagar la fuente de rechazo que perturba al aconsejado, para determinar los pasos a seguir y para lograr sanar las heridas interiores. Hay que conducirlo a la convicción de que Dios lo ama con un amor tan profundo que nunca lo abandonará, así como lo expresa Hebreos 13:5: *"Porque él dijo: no te dejaré, ni te desampararé"*. También debe ser llevado a perdonar a la persona que lo rechazó, y a perdonarse a sí mismo por sentirse rechazado.

Si las emociones negativas de rechazo fueron intensas, puede haber permitido que un espíritu inmundo de rechazo haya producido una atadura espiritual, lo que generó una mayor rebeldía al instarlo a tomar venganza. En este caso el demonio deberá ser expulsado en el nombre del Señor, después que la persona haya reconocido su pecado y confesado su falta.

Dice Romanos 12:19: *"No os venguéis vosotros mismos, amados míos, sino dejad lugar a la ira de Dios; porque escrito está: Mía es la venganza, yo pagaré, dice el Señor"*.

Finalmente, es importante dirigir al aconsejado a alabar a Dios y afirmarlo en la fe, y a la convicción de que Cristo venció todas las heridas psíquicas y emocionales que lo han afectado.

3. LA DIFERENCIA ENTRE CULPA Y CONDENACIÓN

El sentimiento de culpa puede venir de parte del Espíritu de Dios, en forma de convicción por pecados cometidos por el creyente y retenidos sin confesar. Pero la condenación es obra de Satanás, para aumentar el resultado de un fracaso real o imaginario. Cada vez que como creyentes violamos alguna ley de Dios, el Espíritu Santo enciende la luz roja de peligro en nuestras conciencias para que abandonemos el pecado, reconozcamos la falta cometida, con arrepentimiento y confesión.

Dice Proverbios 28:13a: "*El que encubre sus pecados, no prosperará*". Cuando el pecado es confesado con arrepentimiento, Dios promete limpiarnos de las trasgresiones, hace que recuperemos la paz y la buena conciencia. Dice 1 Juan 1:9: "*Si confesares nuestros pecados, él es fiel y justo para perdonar nuestros pecados, y limpiarnos de toda maldad*". Nuestra obediencia a la palabra de Dios permite que recibamos compasión y misericordia. Tal como lo declara Proverbios 28:13b: "*Mas el que confiesa y se aparta alcanzará misericordia*".

Satanás es un acusador (ver Apocalipsis 12:10), él es quien condena a los creyentes por las actitudes o acciones pecaminosas, pone ideas y sugerencias de que los fracasos de las personas son su propia culpa, o que es culpable por el fracaso de otro, o de las circunstancias que lo acosan.

Satanás emplea pensamientos, o a veces usa voces a la conciencia diciendo:

- "*Eres el culpable de la discordia con tu cónyuge.*"
- "*Eres el culpable de la muerte de tu cónyuge o ser amado.*"
- "*Eres culpable de las malas relaciones con tus hijos.*"
- "*Eres culpable de tus problemas financieros.*"
- "*Eres culpable de tu enfermedad.*"
- "*Eres culpable del accidente.*"
- "*Eres culpable por tus malas decisiones.*"

Como consejeros debemos hacer ver al aconsejado que está bajo una falsa acusación, y de que hay un solo acusador, y que es Satanás, porque él busca destruir a todos los creyentes. Dice 1 Pedro 5:8: "*Velad; porque vuestro adversario el diablo, como león rugiente, anda alrededor buscando a quien devorar*". El peligro de un creyente que se ha rendido ante las tácticas de Satanás, es que la seducción satánica hará que viva lleno de temor y culpa, y el creyente que no atina a nada, termina más atado espiritualmente porque cree la mentira del diablo.

Cuando un creyente se cree culpable por la falla de otros, debemos aclararle que la Biblia dice que no somos responsables del pecado de otras personas (ver Ezequiel 18:20). Tenemos que recordar al aconsejado que como hijos e hijas de Dios tenemos autoridad y poder delegado por Dios para combatir cualquier tentativa del diablo. Dice Santiago 4:7: *"Someteos, pues, a Dios; resistid al diablo, y huirá de vosotros"*.

En todos los casos siempre Dios nos conduce a la victoria. El rey Saúl cayó en el pecado de celos, resentimiento y orgullo contra David, pero no confesó su falta al Señor. En cambio, aceptó la condenación del diablo cuando lo acusó del fracaso de perder la corona de rey. La condenación lo llevó a asumir la culpabilidad de la muerte de sus hijos en la batalla contra los filisteos, y finalmente se suicidó.

4. LOS PROBLEMAS EMOCIONALES

Aproximadamente tres de cada cuatro enfermedades físicas no son de origen orgánico, sino que tienen raíces en problemas emocionales, mentales y espirituales. Es importante aclarar que las emociones humanas no son pecaminosas en sí mismas, sino aquellas emociones que tienen cargas negativas y pecaminosas. Por ejemplo:

- Las emociones por las incertidumbres acerca del futuro son normales en toda persona, pero tener miedo o temor al futuro es pecado.
- Las emociones que generan enojo en nuestro diario vivir no son pecaminosas, pero si el enojo se transforma en ira sí los son.
- Las emociones que manifiestan responsabilidad por algún error del pasado son normales, pero si mantienen culpabilidad son pecaminosas.

Precisamente el temor, la ira y la culpa, solos o en combinación son gestadores de la depresión. Un alto porcentaje de los que sufren depresión nacen de raíces emocionales provenientes del temor, de la ira y de la culpa. Estas emociones negativas y pecaminosas, si no se resuelven a tiempo, pueden engendrar reacciones psicosomáticas tales como cefaleas, dolores de espalda, sinusitis, úlceras, tic nervioso, artrosis... entre otras.

Existen cuatro fuentes principales que generan las emociones negativas:

- Problemas provenientes de la infancia. Puede ser por fallas de los padres o tutores que no le ayudaron a componer una autoimagen positiva.
- Recuerdos dolorosos. Por ejemplo en el período escolar por burlas o maltrato de compañeros. Afectan las relaciones sociales en el presente.
- Problemas por pecados ocultos o por decisiones equivocadas que marcaron su vida.
- Problemas por circunstancias de fracasos no controlados. Tales como un despido del trabajo, maltrato, casos de injusticia sin resolver.

PASOS PARA SANAR LAS EMOCIONES NEGATIVAS

Hay que guiar a la persona afectada a que enfrente el problema en sí mismo, eliminando el entorno del problema, evitando desviar la responsabilidad. La principal ayuda al aconsejado es que reconozca que no lucha solo, sino que el Espíritu Santo está de su lado, para traer la victoria a su debilidad. Romanos 8:26 dice: *"Y de igual manera el Espíritu nos ayuda en nuestra debilidad; pues qué hemos de pedir como conviene, no lo sabemos, pero el Espíritu mismo intercede por nosotros..."*.

Hay que animarlo a que entregue su problema a Dios. 1 Pedro 5:7 dice: *"Echando vuestra ansiedad sobre él, porque él tiene cuidado de vosotros"*. La ayuda para ser sanado de las emociones negativas vendrá de Dios.

CÓMO TRATAR CON EL DESÁNIMO

El desánimo es una de las armas más efectivas de Satanás. Cuando en un creyente decae su ánimo o siente su corazón abatido, y cae en desesperanza y comienza a abandonarse, es que ha bajado el escudo de la fe y ha caído prisionero del desánimo. Cuando Satanás logra desanimar a un creyente, este será presa fácil de sus mentiras, y el temor, la amargura y la autocompasión comenzarán a dominar su vida.

CÓMO SUPERAR EL DESÁNIMO

El primer paso es hacer confesar al aconsejado, con arrepentimiento, dado que el desánimo es un pecado de falta de confianza en Dios.

Luego es importante animarlo a que levante nuevamente el escudo de la fe de su armadura espiritual, para bloquear y apagar todos los dardos de mentira que el diablo puso en su mente.

Para que recupere el ánimo perdido, es importante ayudar a la persona a encontrar las mentiras de Satanás, para desecharlas de su alma y de su mente. Dice 2 Corintios 10:5: "*Derribando argumentos y toda altivez que se levanta contra el conocimiento de Dios, y llevando cautivo todo pensamiento a la obediencia a Cristo*".

Permanentemente Dios habla a nuestras vidas, como también lo hace el diablo. Para desechar las mentiras de Satanás necesitamos llenarnos de la verdad de Dios, afirmar que solo le creeremos a Dios y nunca más al diablo.

Veamos cada una de las respuestas de Dios a las mentiras del diablo, que serán de gran utilidad para ministrar a los desanimados a recuperar la esperanza viva de nuestro Señor y Salvador:

La voz del Acusador dice:	**La voz de Dios dice:**
"Dios te ha abandonado"	-"*No te dejaré, ni te desampararé*" (Hebreos 13:5)
"Nada bueno te sucederá"	-"*A los que aman a Dios, todas las cosas le ayudan a bien*" (Romanos 8:28)
"Los que te rodean te hieren"	-"*No tenemos lucha contra sangre y carne, sino contra huestes espirituales de maldad*" (Efesios 6:12)
"Dios te está castigando"	-"*Porque el Señor al que ama, disciplina*" (Hebreos 12:6)
"No tienes ningún poder"	-"*Mi poder se perfecciona en la debilidad*" (2 Corintios 12:9).

CÓMO TRATAR LA DEPRESIÓN

El desánimo, si no se trata, lleva a la depresión. La depresión es evitable, por más que un creyente esté desanimado. Sin embargo, cuando esto ocurre es porque el creyente falló en poner su total confianza en Dios y no se esforzó en ejercer el dominio propio, ni se mantuvo en la fe para mantener viva la esperanza de sanidad. Como resultado el creyente es oprimido por un profundo sentimiento de culpa, de indignidad y de desesperanza, y sumergido en la depresión. Es puesto en un camino de irresponsabilidad, sigue los sentimientos negativos. Y así llega a perder toda esperanza de salir de sus problemas.

Seguir los sentimientos negativos siempre lleva a respuestas engañosas y de total desesperanza.

Veamos Génesis 4:4-7: "*Y Abel trajo también de los primogénitos de sus ovejas (...) Y miró Dios con agrado a Abel y a su ofrenda; pero no miró con agrado a Caín y la ofrenda suya. Y se ensañó Caín en gran manera, y decayó su semblante. Entonces el Señor dijo a Caín: ¿Por qué te has ensañado, y por qué ha decaído tu semblante? Si bien hicieres, ¿no serás enaltecido? Y si no hicieres bien, el pecado está a la puerta; con todo esto, a ti será su deseo, y tú te enseñorearás de él*". Caín no hizo caso a la advertencia de Dios y cayó en un mayor pecado: alimentó su agravio, dentro de su amor propio, se compadeció de sí mismo y la ira finalmente lo deprimió. Dice el texto que "*decayó su semblante*". Allí Caín perdió el dominio propio y, en cambio, fue dominado por su amor propio.

Como creyentes hemos sido provistos de la fortaleza de Dios y del poder del Espíritu Santo para desarrollar "mansedumbre y templanza" en nuestro carácter. El pecado inicial de la ira, al no ser confesado, comienza por hacer resbalar al iracundo en un descendente camino hacia la depresión, por seguir los sentimientos negativos, y ante los esfuerzos de tratar de encubrirlo, el mal crece.

Tal como sucedió con Caín, que permitió que el problema se multiplicara de tal forma, que terminó en un homicidio contra su propio hermano.

Solo hay una forma de detener la caída descendente del pecado hacia la perdición, y es reconocer la falta y arrepentirse de corazón, para detener e invertir la caída y subir hacia la victoria de Cristo. Para poder vencer cualquier sentimiento negativo, es necesario renunciar al amor propio, porque los sentimientos negativos se aferran al orgullo del "yo" humano.

Cuando el rey David confesó su pecado de adulterio y homicidio, pudo detener la caída que lo llevaba a la inevitable depresión. La reacción que tuvo frente a la conciencia de pecado lo llevó a decir: *"Pequé contra Jehová"* (2 Samuel 12:13).

EL SUICIDIO

Una depresión aguda lleva al deprimido al deseo de quitarse la vida, causado por un estado de desesperanza total. En la mayoría de los casos el problema principal es el pecado de seguir sus propios sentimientos negativos. Cuando como consejeros tratamos a un creyente depresivo y no decrece su depresión, debemos alentar al aconsejado a que haga una consulta neurológica, para determinar si es un desequilibrio químico o un problema orgánico.

Los potenciales suicidas que han sido creyentes, son personas desesperanzadas que llevan un largo proceso de padecimiento, que les hizo pensar que Dios ha perdido el control de su situación. Entonces empiezan a concebir el pensamiento de que lo mejor que pueden hacer es suicidarse. En ese estado han permitido que el área de sus sentimientos y emociones estén controladas por espíritus demoníacos de suicidio, y creen firmemente la mentira del diablo que le dice que llegó el momento de tomar el asunto en sus propias manos, porque Dios los ha abandonando y ya no hay propósito para que siga viviendo. Tenemos en la Biblia un ejemplo en la vida del profeta Elías, que tuvo el deseo de morir como resultado de rendirse a los sentimientos de temor y soledad, los cuales son pecados para Dios. Dice 1 Reyes 19:4: *"Y él se fue por el desierto un día de camino, y vino y se sentó debajo de un enebro; y deseando morirse, dijo: Basta ya, oh Señor, quítame la vida, pues no soy yo mejor que mis padres"*.

Para tratar a un suicida potencial hay que analizar los indicios de cambios en su comportamiento, tales como: si ha hecho con urgencia su testamento, si ha aumentado su seguro de vida, si ha hecho planes de su funeral o ha cedido posesiones, si ha renunciado a cargos de responsabilidad, etc.

También es importante escuchar con atención lo que dice, como por ejemplo: "Ya basta", "Estoy vencido", "He vivido lo suficiente",

"Odio mi vida", "Odio este mundo y todas las cosas", "Soy un fracasado", "Ya no vale la pena vivir esta vida", etc. Si alguien expresa algunos de los anteriores ejemplos y vive en un estado depresivo, hay que confrontarlo acerca de sus intenciones. Esto ayudará a determinar la urgencia de ministrar a esa persona.

No solo se deberá ministrar esperanza y confianza en el Señor, sino llevarlo a tener convicción de pecado para que confiese con arrepentimiento. Pues es muy factible que haya que expulsar al espíritu de suicidio que oprime al potencial suicida.

5. RESPUESTAS A LOS ADICTOS

EL ALCOHOLISMO

La Biblia prohíbe ingerir cualquier tipo de bebida alcohólica a los sacerdotes, y también a los reyes y príncipes del pueblo de Dios (Levítico 10:8-10, Proverbios 31:4-5). La primera razón era para que los sacerdotes en sus funciones tengan absoluta claridad, sin embotamiento en sus mentes para discernir entre lo santo y lo impuro, y para enseñarlo con su ejemplo.

La otra razón era para que todo líder gobernante practique y ministre la justicia de Dios, para lo cual debían estar en sus cabales, además de gobernar el pueblo haciendo el bien, y marcando las diferencias con el mal. Algunos siervos de Dios prefieren creer que esto estaba establecido para el Antiguo Testamento, y de acuerdo a ello toman bebidas embriagantes. Sin embargo, el Nuevo testamento en Apocalipsis 1:6 enseña lo contrario.

Cuando el apóstol Juan envía los saludos a los pastores de las iglesias, dice que Jesucristo *"nos hizo reyes y sacerdotes para Dios"*. Por lo tanto, esta prohibición de beber líquidos embriagantes sigue vigente en la actualidad para cada siervo del Señor que se considere rey y sacerdote de Dios.

El alcohólico y también el drogadicto están bajo el control de un estimulante mental, que afecta todas sus funciones mentales, emocionales y corporales. La persona alcoholizada o drogada abre las puertas a espíritus inmundos que levantarán fortalezas de adicción en su alma. Generalmente el alcohólico es alguien que perdió su propósito en la vida, y también su dominio propio. Como sucede con los problemas predominantes de la vida, tienen su origen en el pecado. Gálatas 5:19-21 manifiesta una extensa lista de las obras de la carne que son contrarias y se oponen al Espíritu de Dios, incluyendo: *"borracheras, orgías, y cosas semejantes a estas"*.

El fin de los alcohólicos incluye no solo su ruina personal, sino su ruina económica, que los convertirá en pordioseros, tal como lo advierte Proverbios 23:20-21: *"No estéis con los bebedores de vino, ni con los comedores de carne; porque el comilón y el bebedor empobrecerán, y el sueño hará vestir vestidos rotos"*.

LA DROGADICCIÓN

La palabra de Dios no guarda silencio sobre ningún problema social, mucho menos sobre aquello que pueda dañar o matar la vida humana. La Biblia habla de los adictos a las drogas, y los llama "hechiceros" u "obradores de artes mágicas". La palabra "hechizo" y "artes mágicas" fueron traducidas del original griego de la palabra PHARMAKEIA, que proviene de PHARMAKON, y que significa droga.

Está comprobado que los hechiceros y adivinos usan drogas para acceder a un estado alterado de sus conciencias, donde en realidad quedan a merced de los espíritus de brujería, hechicería y adivinación, quienes les imparten el conocimiento y el poder sobrenatural para hacer sus sortilegios o encantos.

La mayoría de las personas que experimentan con drogas buscan una evasión de la realidad existencial, y la droga hace que lo logren al alterar sus estados conscientes. Y es allí, en ese estado de total descontrol, donde los demonios les hacen vivir experiencias encantadoras y delirantes que los llevan a la esclavizante adicción.

CÓMO MINISTRAR AL ALCOHÓLICO Y AL DROGADICTO

Tanto las bebidas alcohólicas como las drogas producen adicción. Es imposible ayudar a un adicto si este no busca o desea recibir ayuda. Debe haber una toma de conciencia del que está atrapado y que reconoce que no puede salir por sí solo, y vislumbra que lo que está en juego es su propia vida en la Tierra y, por consiguiente, la de su alma en la eternidad.

En esa condición puede asegurarse al adicto que Dios puede y quiere sanarlo, y liberarlo de su estado de esclavitud.

El primer paso es lograr que el adicto reconozca su pecado sin confesar, para que se arrepienta ante Dios de todo corazón.

Luego hay que llevarlo a que admita su adicción. Este paso no es fácil, porque el arrepentido todavía lucha con su orgullo, y dice: "Yo controlo lo que bebo, porque tengo cultura alcohólica", o "Yo me drogo controladamente". O "Tengo control sobre las dosis que consumo". Esto es una absoluta mentira que debe ser desenmascarada.

Debemos advertir al adicto que no será curado en tres o cuatro semanas, y que será un largo proceso, donde debe haber límites rigurosos de contención. Que incluirá el abandono del núcleo de sus amistades con las que compartía la adicción, y de todos sus contactos con los proveedores de la adicción.

Si el aconsejado vive cerca de la comunidad o vecindario donde se alcoholiza o droga, será imprescindible no solo alejarse de el, sino también el mudarse a otro lugar. Cambiar el trayecto que lo acerque a los lugares comunes de la adicción. Buscar estar acompañado en todo momento, especialmente en los tiempos libres, por personas que conozcan su problema.

Así como hemos aprendido el proceso de quitar el pecado y poner la santidad, aquí se requiere el reemplazar las malas amistades por nuevas amistades de cristianos comprometidos. Buscar el compañerismo cristiano es uno de los principales factores que le ayudarán a terminar con las tentaciones para volver a la adicción.

Debemos ayudar al aconsejado a que aumente su fe en que Dios nunca lo abandonará, y llevarlo a la convicción de que su cuerpo ha sido transformado en templo del Espíritu Santo de Dios y, por lo tanto, será restaurado a esa condición.

Debemos afirmarlo en la lucha contra todo tipo de temor, temores al pasado, temores a volver a caer, temores hacia la sociedad, temor a ser rechazado. Advertirle que el único que acusa es el diablo, y que él es un enemigo vencido. Y que Dios guarda su mente con perfecta paz.

ADICCIÓN O ESCLAVITUD SEXUAL

La lujuria, una vez que es "despertada" en una persona, desata una voracidad tal que jamás puede satisfacerse, pues no tiene un punto culminante de satisfacción. Porque cada perversión sexual pedirá una nueva experiencia de perversión. El pecado sexual es así: nunca puede satisfacerse, siempre promete más si se participa más.

Así obra Satanás para esclavizar las almas, siempre seduce para que tomemos algo más, hasta el punto en que el alma agobiada por el peso del pecado quiera salir por sí misma, pero allí se dará cuenta que está esclavizada, y que necesitará ser ayudada para ser liberada de la esclavitud.

Dice 1 Corintios 6:16, 18: "*¿O no sabéis que el que se une con una ramera, es un cuerpo con ella? Porque dice, los dos serán una sola carne (...) Huid de la fornicación. Cualquier otro pecado que el hombre cometa, está fuera del cuerpo; mas el que fornica contra su cuerpo peca*". Estos lazos del alma son increíblemente poderosos; por eso el pecador vuelve una y otra vez, se convierte en un pecador reincidente.

Romanos 6:9 dice que si reiteramos el uso de nuestro cuerpo para pecar, nos llevará de una perversión a otra más profunda, y así sucesivamente, quedaremos esclavizados del pecado hacia la destrucción.

Puede ser erotismo, pornografía, masoquismo o prostitución. Aquí debemos reconocer que el terreno cedido al pecado no va a ser recuperado hasta que hagamos algo determinante al respecto.

Muchos en este punto tratan de resistir la tentación de muchas maneras, inclusive con ayuno y oración, pero siempre fracasan. ¿Por qué? Porque la Biblia nunca dice que el creyente debe esforzarse en resistir la tentación: la Biblia dice que el camino hacia la victoria es resistir al tentador, o sea, al mismo diablo, a Satanás. Y la palabra de Dios promete que entonces el tentador "*huirá de vosotros*".

Jesús nos enseñó en qué forma debemos resistir al diablo, con el ejemplo de cuando Él mismo fue tentado en el desierto: Jesús resistió con las Escrituras y en el poder del Espíritu Santo, y el diablo después de tres intentos tuvo que huir de Él (ver Mateo 4:1-11).

Hoy los creyentes no tenemos que resistir a Satanás en nuestras propias fuerzas, debemos hacerlo con el poder de la palabra de Dios y en la fuerza del Espíritu Santo. Debemos ayudar al aconsejado que cayó en la esclavitud sexual, a encontrar porciones específicas de la Biblia para que pueda memorizarlas o llevarlas consigo en un trozo de papel, para usarlas en el momento de la tentación.

CÓMO LIBERAR A UN CAUTIVO DE LA ADICCIÓN SEXUAL

Hay que ayudar al aconsejado que recuerde cuándo fue la primera vez que le abrió las puertas al pecado sexual, pues por esa puerta entraron los demonios que hoy lo esclavizan. Es el primer paso para poder cerrar esa puerta que fue abierta para siempre.

Debe confesar el pecado y todo lo que necesite ser confesado, con arrepentimiento, y que pida a Dios la restauración de esa área y su comunión con Él en esa área.

Como consejeros debemos orar para echar el espíritu de impureza sexual del aconsejado.

El pecador debe pedir a Dios la recuperación del área cedida al diablo por su caída moral.

Es importante orar con el aconsejado, para que someta bajo el control de Dios todos sus deseos sexuales.

Es muy importante advertir al creyente recuperado que debe prepararse para los embates del enemigo, que tratará de tentarlo nuevamente para que vuelva a la esclavitud sexual. Deberá estar preparado para resistirlo con la palabra de Dios, y pensando profundamente en las consecuencias del pecado y no en el placer temporal.

6. LA HOMOSEXUALIDAD

La homosexualidad y el lesbianismo son actos de promiscuidad e inversión sexual entre personas del mismo sexo, o de codicia o atracción sexual por otro de igual sexo. Ningún ser humano nace con el sexo invertido, ni tampoco hay evidencias de que sea hereditario. En realidad, los homosexuales se hacen, pero no nacen.

Algunos estudios de comportamiento y de psicología humanista han conectado la homosexualidad con ciertos comportamientos paternos, tales como una madre posesiva, un padre cruel y desinteresado en sus hijos. Padres que anhelaban tener una hija, al punto de ponerle nombre femenino sin conocer de antemano el sexo, pero que finalmente nació un varón. O cuando al niño varón que tiene tendencia a juegos femeninos, llamarlo "mariquita" o "marica", en lugar de ayudarlo a corregir esa tendencia.

Otra causa se considera por experiencias sexuales insatisfechas practicada en sus comienzos, o enseñanzas pervertidas acerca del sexo. Otro motivo es que puede ocurrir por divorcios compulsivos. Podríamos seguir con una larga lista de ejemplos y suposiciones, pero estos y otros problemas analizados, no son ciento por ciento comprobables, ni genética, ni clínica ni psicológicamente. Tampoco circunstancialmente, como las reales causas generadoras de la homosexualidad. Como tampoco ha sido probado como un desequilibrio químico en las glándulas hormonales.

Lo que sí es comprobable es que es el resultado de un desequilibrio espiritual. Dice nuestro Dios y Creador en la Biblia, Levítico 18:22: *"No te echarás con varón como con mujer; es abominación"*. La razón de esta sentencia es porque en el plan original Dios creó al hombre y la mujer para que sean *"una sola carne"* (Génesis 2:24), y se unan así de por vida, en el santo estado del matrimonio.

Tampoco la homosexualidad es una enfermedad orgánica, ni psicológica. El gran problema de sindicarla como enfermedad, y dado que desde el punto de vista científico o genético creen que es un "mal incurable", esto hace que el homosexual que busca sinceramente ser sanado o liberado, pueda creer que no hay ninguna esperanza. En cambio, llamar a la homosexualidad tal como la denomina la Escritura: pecado, esto sí ofrece esperanza para quien desea abandonarla, porque los pecados pueden ser perdonados por Dios, y la persona perdonada puede restaurar su vida a la normalidad de una vida sexual, de acuerdo al patrón de su nacimiento. Todos los homosexuales pueden y, además, deben volver al uso normal de sus sexos naturales. Los deseos homosexuales, su fuerza impulsora, no son permanentes.

CÓMO MINISTRAR A LOS HOMOSEXUALES

Debemos ante todo hacer entender al aconsejado que todo comportamiento afeminado, el deseo homosexual y el acto mismo son pecado para Dios, y debe ser confesado como tal. Así como sucede con otras formas de comportamiento pecaminoso, existe siempre una primera causa que lleva a la persona a la homosexualidad. Una vez que se reconoce esa causa, hay que eliminar esa distorsión de conducta pecaminosa, hay que poner los patrones bíblicos correctos.

En el caso que sea difícil encontrar el origen del problema, hay que procurar que la persona reflexione sobre sus acciones, pensamientos y rutinas anteriores, hasta el motivo inicial que lo introdujo en la homosexualidad.

Como consejeros no debemos atribuir su origen exclusivamente a una influencia demoníaca. El pecado de homosexualidad abre las puertas de la opresión y hasta de la posesión demoníaca; pero esto podrá suceder en forma posterior cuando el pecado se hace un hábito. Hay espíritus femeninos que oprimen a hombres, y viceversa, e incentivan sus deseos pervertidos.

Después de que el aconsejado confesó genuinamente su pecado, y en el caso de que se verifique actividad demoníaca, debemos echar el o los espíritus de homosexualidad, antes de continuar con la consejería.

El aconsejado debe comprender que en la instancia de querer salir de la esclavitud, será necesario que pida la poderosa ayuda del Espíritu Santo para romper el patrón de conducta pervertida, y poder reemplazarlo por el nuevo patrón de la santidad de vida.

Debemos alentarlo a que en la vida cotidiana abandone en forma radical todas sus amistades homosexuales, y que deje de concurrir a los lugares que frecuentaba. Que se anulen todos los eslabones que lo asociaban a la homosexualidad, para que así pueda cultivar los patrones de pensamientos bíblicos, ayudado por estudios de la Biblia, participación en grupos de discipulado, memorización de textos bíblicos, oración y ayuno, comunión con gente santa, etc.

Principalmente para evitar que la mente reviva conductas inmorales placenteras del pasado.

Básicamente, debemos ayudar al aconsejado a que ordene su vida y se discipline, para que pueda andar en el Espíritu y tener la fortaleza espiritual suficiente para no obedecer más los deseos impuros de la carne.

7. ABUSOS CONTRA EL PRÓJIMO

ABORTO

Desde el punto de vista del consejero, puede enfrentarse a dos problemas:

- La mujer creyente que pide consejo para abortar, porque su embarazo es ilegítimo o por no haberlo deseado.

- La creyente que pide consejo porque ya ha abortado, y tiene remordimiento y un fuerte sentimiento de culpa.

La Biblia dice que: *"Herencia del Señor son los hijos, cosa de estima el fruto de su vientre"* (Salmo 127:3). Es pecado quitar la vida de un hijo sin nacer, pues esto es solo una prerrogativa de Dios. Además, la Biblia nos ordena por medio de un mandato del Señor: *"No matarás"* (Deuteronomio 5:7).

- En el caso de que la aconsejada quiera abortar porque es un hijo ilegítimo, o porque no quiere tenerlo, o porque ha sido violada y no desea ese hijo, debemos llevarla a que se arrepienta de haber deseado el aborto. Podemos leerle el Salmo 127:3 y recordarle Deuteronomio 5:7. Y que debe tener la absoluta seguridad de que Dios se hará cargo, y que para los hijos de Dios no hay situaciones perdidas. Hay que alentarla a tener el hijo, y que Dios la rescatará de la situación con dignidad. Debemos orar con la persona para que Dios le dé el valor para enfrentar todo lo que haya por delante.
- Veamos ahora el caso de una aconsejada que ya realizó el aborto y está desconsoladamente arrepentida. Ante todo debemos ministrarle el perdón de Dios sobre su arrepentimiento, podemos usar el pasaje donde Pablo dio consentimiento a la muerte de Esteban, y que luego de su arrepentimiento, no solo Dios lo perdonó, sino que lo hizo apóstol de los gentiles. El remordimiento por el aborto trae un gran sentimiento de culpa. Por lo tanto, hay que ministrar para que la aconsejada se perdone a sí misma. Y que, además, al haber sido perdonada por Dios, ya no será juzgada por su trasgresión; por lo tanto, no deberá aceptar más ninguna acusación, y si esta viniere debe saber que es del diablo y no de Dios. Por ello podrá rechazarla como una mentira, en el nombre de Jesús.

EL ABUSO DE NIÑOS

El número de casos reportados de abusos de niños es cada año más alarmante. Se acepta, generalmente, que los que abusan de los niños sufren de baja autoestima, odio a sí mismos, temor, rechazo y baja tolerancia por frustración. Ellos están con gente común y corriente, atrapados en una vida de completa tensión, más allá de su control o de los límites de tolerancia.

Desgraciadamente ambos: el abusador, y el niño maltratado, entran en un círculo vicioso del que quedan atrapados. Los síntomas producidos por los abusadores recorren patrones que generalmente no son detectados fácilmente, porque son permitidos en complicidad con los niños.

El Dr. James Dobson reporta en su libro *El amor debe ser firme*, que el sesenta por ciento de todos los padres abusivos fueron víctimas de abusos cuando eran ninos.

El abuso de niños es causado por una rotura en la unidad familiar y en el carácter individual de los padres de las víctimas. Los ofendidos se encuentran en todos los grupos sociales, económicos, religiosos y étnicos.

Podríamos decir que el abuso a niños cae dentro de cuatro categorías:

- Abuso físico, por medio de golpes, quemaduras, fracturas, etc.
- Abuso emocional, que incluye maltrato psicológico u obsceno.
- Abuso sexual, heterosexual y homosexual.
- Abandono por negligencia, desatención y descuido espiritual y material.

Abuso físico: Los casos de abuso físico están tan difundidos que los profesionales que atienden la salud, en cada caso, están obligados a reportarlos a las autoridades. Este tipo de abuso puede producir daño en cualquier parte del cuerpo, depende de la severidad del caso.

Abuso emocional: Puede aparecer en niños que son emocional y físicamente diferentes de otros niños, o que están increíblemente temerosos de sus padres. Las víctimas de este tipo de abusos pueden llorar en los momentos más inapropiados, o volverse excesivamente miedosos, agresivos, destructivos, depresivos, pasivos o solitarios. El niño puede tener problemas intratables de aprendizaje o puede ser habitualmente holgazán. Otros signos pueden ser una renuencia a volver a la casa, fatiga constante, pérdida de apetito, negativa a comer o también obesidad.

Abuso sexual: Es difícil de identificar. Estas víctimas de explotación sexual, molestia e incesto, normalmente se sienten desamparados y culpables para revelar su problema. Se estima que uno de cada cuatro o cinco niñas, y uno de cada nueve o diez niños, son molestados sexualmente antes de llegar a los dieciocho años.

En casi el noventa y ocho por ciento de los casos conocidos, el niño es sometido al abuso en el hogar por padrastros o madrastras, parientes cercanos, amigos de la familia o vecinos. En el setenta y siete por ciento de los casos se trata de los mismos padres.

Los abusadores sexuales provienen de todas las capas socio económicas, y tanto como el setenta y cinco por ciento de ellos fueron víctimas sexuales cuando eran niños.

Aparte de sus inclinaciones sexuales, la mayoría de los abusadores llevan una vida respetable y son a menudo considerados como pilares dentro de su comunidad.

Los niños que han sido maltratados sexualmente, con frecuencia guardan esto en secreto. Están temerosos de que nadie les crea, o amenazados de que aquellos a quienes aman sean perjudicados o aún asesinados.

Todo comportamiento sexual se aprende. Los niños observan y luego lo experimentan. Un comportamiento inusual y repentino de parte de un niño, debe ser motivo de investigación rápida. La causa puede ser un atropello sexual.

Algunos abusadores amenazan a los niños a que les complazcan. Otros mañosamente los persuaden para que acepten la culpabilidad.

La Biblia prohíbe tales prácticas en Levítico 18:6: *"Ningún varón se llegue a parienta próxima alguna para descubrir su desnudez"*.

Abandono: La negligencia y el abandono de los padres puede detectarse en los niños por un inadecuado tratamiento de heridas, frecuentes enfermedades, inapropiada vestimenta, falta de aseo, constantes expresiones de hambre y falta de vigilancia paterna.

Abuso de niños: El abuso de niños es algo aberrante que debe ser rechazado. Esto es emocional, psicológica, mental y espiritualmente destructivo.

El espíritu de un niño es herido a través del abuso. Los niños maltratados requieren consejo y ministración, con el fin de que reciban una sanidad de espíritu y de alma.

Jesús usó a los niños como un ejemplo de cómo podríamos vivir la vida cristiana. "*En aquel tiempo los discípulos vinieron a Jesús, diciendo: ¿Quién es el mayor en el reino de los cielos? Y llamando Jesús a un niño, lo puso en medio de ellos, y dijo: De cierto os digo, que si no os volvéis y os hacéis como niños, no entraréis en el reino de los cielos. Así que, cualquiera que se humille como este niño, ése es el mayor en el reino de los cielos. Y cualquiera que reciba en mi nombre a un niño como este, a mí me recibe*" (Mateo 18:1-5).

Además, hemos sido advertidos en cuanto a la seriedad de nuestra responsabilidad concerniente al cuidado de nuestros hijos. "*Y cualquiera que haga tropezar a alguno de estos pequeños que creen en mí, mejor le fuera que se le colgase al cuello una piedra de molino de asno, y que se le hundiese en lo profundo del mar*" (Mateo 18:6).

Los casos conocidos de abusos de niños, como creyentes, debemos reportarlos a las autoridades locales y a las Agencias de Servicio Social para la atención y seguimiento necesarios.

CÓMO MINISTRAR AL ABUSADOR

El creyente que se declara abusador, debe reconocer el abuso de niños como un pecado y estar decidido a confesarlo y a arrepentirse.

Para una completa sanidad de la culpabilidad de la persona, es necesario pedir el perdón de Dios y, si es posible, también el de la víctima. En Colosenses 3:12-13 dice: "*Vestíos, pues, como escogidos de Dios, santos y amados, de entrañable misericordia, de benignidad, de humildad, de mansedumbre, de paciencia; soportándoos unos a otros, y perdonándoos unos a otros si alguno tuviere queja contra otro. De la manera que Cristo os perdonó, así también hacedlo vosotros*". Debe impulsarse al abusador a que busque que Dios renueve su mente, y que sea lleno con el Espíritu Santo.

Si hay un comportamiento demoníaco hay que echar fuera el demonio de perversión sexual.

Si el abusador no quiere someterse o no responde a una disciplina correctora de terapia espiritual, hay que impulsarlo a que reciba ayuda profesional idónea, puede ser psicológica o psiquiátrica, o aún neurológica en el caso que tenga una afección orgánica, para que sea sanado.

CÓMO MINISTRAR A LA VÍCTIMA DEL ABUSO

Debemos reconocer que la víctima ha sido deshonrada y por lo tanto sufrirá rechazo, culpa, baja autoestima, pobre imagen de sí misma, ira, amargura, resentimiento, temor y falta de perdón. La víctima necesita comprensión, oración, apoyo de su familia y amigos, consejo bíblico y la seguridad de que esta experiencia de su vida puede ser superada y transformada por medio de Cristo.

Aunque es normal tener amargura y resentimiento, la víctima debe reconocer que su actitud es pecaminosa, y que a través de un proceso de confesión y arrepentimiento, puede ser libre. Podemos usar el texto de 1 Juan 1:9. "*Si confesamos nuestros pecados, él es fiel y justo para perdonar nuestros pecados, y limpiarnos de toda maldad*".

Es fundamental que la víctima perdone al culpable. Tal como lo anuncia Mateo 6:14-15: "*Porque si perdonáis a los hombres sus ofensas, os perdonará también a vosotros vuestro Padre celestial*".

Debemos lograr que la víctima exprese su amor a Dios, y también al culpable, para que pueda amarse a sí mismo. Mateo 22:37-39 dice: "*Jesús le dijo: Amarás al Señor tu Dios con todo tu corazón, y con toda tu alma, y con toda tu mente. Este es el primero y grande mandamiento. Y el segundo es semejante: Amarás a tu prójimo como a ti mismo*".

Es conveniente en estos casos, si la víctima está muy resentida y llena de odio, guiarla a un pastor experimentado en esta área, o a un profesional idóneo, para que sea aconsejada y ministrada.

ABUSO DE ESPOSAS

No todo abuso es físico, algunos de los más dañinos son emocionales. Millones de mujeres sufren cada día la angustia del abuso físico y emocional. En un alto porcentaje de todos los matrimonios, la fuerza física es usada al menos una vez.

¿Por qué un hombre golpearía a la mujer a la que ha prometido solemnemente amarla y cuidarla? ¿Por qué un hombre que se declara cristiano se rendiría a semejante comportamiento violento?

Si un niño crece en un hogar donde su padre maltrata a su mamá u otro miembro de la familia, él tendrá la tendencia de abusar de otros cuando crezca. Éxodo 34:6-7 dice: "*Jehová, Jehová, misericordioso y piadoso; tardo para la ira, y grande en misericordia y verdad; que guarda misericordia a millares, que perdona la iniquidad, la rebelión y el pecado, y que de ningún modo tendrá por inocente al malvado; que visita la iniquidad de los padres sobre los hijos y sobre los hijos de los hijos, hasta la tercera y cuarta generación".*

Los esposos abusivos son hombres que sufren y todavía no han aprendido a tratar con las tensiones de la vida. Pueden derivarse de problemas físicos, del exceso de alcohol o abuso de drogas, pero nunca serán una excusa para justificar la ira descontrolada de un hombre. En vez de admitir que existe un problema, un hombre abusivo convencerá a su esposa que ella es culpable por sus explosiones de ira. Por esto siente que tiene derecho de castigarla.

Él continuará su abuso tanto como se le permita acusar a su esposa. Muchas veces un esposo que abusa, sufre de inseguridades y es extremadamente dependiente de su esposa.

Un esposo abusivo debe aceptar la responsabilidad de sus propias acciones y volverse a Dios para pedirle fortaleza diaria para lograr vencer su naturaleza abusiva. Desdichadamente, este ciclo de violencia nunca terminará, a menos que una o ambas partes decidan hacer algo y perseveren en su decisión.

Cuando se ministra a una pareja en estas condiciones, generalmente se recomienda una separación de algunos meses, mientras ambas partes reciben consejería personal intensiva, seguida de muchos meses de consejería matrimonial.

CÓMO MINISTRAR AL QUE ABUSA DE SU ESPOSA

Si no existe otra solución y el marido no cesa en su abuso, se sugiere una separación de 4 a 6 meses, con el fin de una posterior reconciliación.

Necesitará someterse a una intensiva consejería bíblica antes y durante el tiempo de separación.

Debe dejar su comportamiento violento y proponerse a cambiar su patrón de comportamiento.

Debe confesar y arrepentirse de su pecado de ira, y pedir perdón al Señor, a su esposa y a sus hijos.

Debe dejar de ser el dueño de su propia vida y el de su esposa, y hacer de Jesús el Señor de su vida para siempre.

CÓMO MINISTRAR A LA ESPOSA ABUSADA

La esposa debería llegar a entender por qué ella llegó a involucrarse en el ciclo del abuso, y estar dispuesta a perdonar a su esposo y a tratar con cualquier palabra o acción que haya contribuido de parte suya.

La familia, o los amigos íntimos, deberían animar a la pareja a reconciliarse. La consejería debería involucrar a ambas partes. El abusador necesita estar dispuesto a cambiar antes que algún consejo sea efectivo, y que cualquier tentativa sea hecha en pro de la reconciliación del matrimonio.

Cuando la violencia del marido no tiene freno, la esposa debería formular los cargos, haciendo una denuncia a la policía o al juez de turno. Esto ha sido muy efectivo muchas veces para frenar al esposo y luego someterlo a la consejería bíblica. Aún así, pocas mujeres se han animado.

A menudo la esposa depende de los ingresos del esposo, y si él es encarcelado, el dinero cesará. Si ella se separa de su marido sin presentar cargos, abre la puerta para nuevos abusos de él mismo y de otros.

Algunas ciudades o municipios tienen agencias para la protección de la mujer que es maltratada. Una llamada rápida a la policía puede ser útil. La esposa necesita estar en contacto con gente que pueda ayudarla. Si ella hace cargos, el consejero debe estar dispuesto a ayudarla a través de todo el proceso judicial.

La esposa sometida a abuso debería:

- Buscar un consejo bíblico y sabio tocante a su relación matrimonial.
- Estar dispuesta a aceptar la falta de perdón, amargura y resentimiento, en lo que respecta a su esposo, para poder ser liberada de la atadura espiritual.

Si tiene niños, ellos también deberían buscar consejo bíblico para tratar de corregir el daño producido por vivir en un hogar afectado por la violencia.

La familia debe involucrarse y unirse a una iglesia, llena del amor de Dios, como parte del proceso de sanidad.

Como consejeros debemos estar de acuerdo en que una relación abusiva puede ser sanada, pero solo a través de un profundo compromiso por parte del esposo y de la esposa, y una sincera confianza en Jesucristo, el único con soberana autoridad para romper cualquier ciclo de pecado.

CONSEJO PARA LOS NOVIOS

Para ayudar a una novia que tiene dudas, y para que pueda evitar contraer matrimonio con un hombre abusivo o golpeador, formulamos las siguientes preguntas:

- ¿Trata él de limitarle o controlarle sus relaciones con otras personas?
- ¿Es él intensamente celoso?
- ¿Tiene él dificultad para controlar su temperamento?
- ¿Tiene explosiones de ira?
- ¿Hay alguna historia de violencia en la familia de su pretendiente?
- ¿La trata a usted siempre con respeto?
- ¿Fue la niñez una experiencia feliz para él?
- ¿Tiene él una relación sana y espontánea con sus padres o familiares cercanos?
- ¿Comparten metas similares, especialmente si se relacionan con el compromiso cristiano?
- ¿Consume él alcohol u otras drogas?
- ¿Tiene él tendencias homosexuales?

Si existen algunos signos de abuso o manifestaciones violentas durante el noviazgo, debe recurrir a la ayuda pastoral y no contraer nupcias hasta que estas inquietudes sean tratadas y sanadas a través de la consejería bíblica.

No solo hay hombres golpeadores, sino también mujeres golpeadoras.

Capítulo 9

LIBERACIÓN ESPIRITUAL Y OCULTISMO

1. DISCERNIMIENTO DE ESPÍRITUS

Como consejeros debemos conocer las características de las manifestaciones del Espíritu Santo y diferenciarlas de las manifestaciones de los espíritus malignos y de esa parte de la naturaleza del hombre que es nuestro propio espíritu humano.

Las Escrituras buscan que podamos discernir entre la verdad de Dios y el engaño del diablo. Somos templos del Espíritu Santo; por lo tanto, estamos ahora preparados para combatir las fuerzas del infierno que ya no pueden prevalecer contra nosotros, aunque el enemigo no cesa de atacarnos para debilitar y socavar nuestra fe en Cristo, que es ahora poderosa fortaleza del Señor en nuestras vidas.

A medida que nos hacemos más conscientes de este conflicto entre las fuerzas de oscuridad y de la luz, especialmente después de haber sido bautizados en el Espíritu Santo y comprometidos en la obra del Señor, es sumamente necesario tener la capacidad de discernir ¿quién es cada una de las "voces" que llegan a nuestra mente? Esto significa identificar la fuente de cada pensamiento y sugerencia que se presentan. Porque pueden provenir del Espíritu Santo –que es la voz de Dios– o bien del diablo o uno de sus demonios que trata de imitar la voz de Dios. O tal vez, nuestro propio espíritu, que se comunica a través de los deseos del alma y de la carne.

Todas estas "voces" hablan a nuestras mentes, y hasta que no aprendamos a discernir el carácter distintivo de cada una de ellas, puede haber confusión acerca de quién es el que escuchamos en realidad. Para ello debemos dejar de lado nuestras apreciaciones humanas, sobre la suposición de las "voces" que podemos escuchar. Porque el diablo es un gran engañador e imitador de la "voz" de Dios; no nos olvidemos que a menudo se presenta como ángel de luz para tratar de engañar a los creyentes.

Si logra mantenernos engañados, estaremos tan ocupados en el engaño que no podremos descubrir sus mentiras. Y también –dice la Biblia– que nuestro espíritu o corazón humano es engañoso (ver Jeremías 17:9). Por lo tanto, puede traer ideas embaucadoras a nuestra mente como si fueran de Dios.

Muchas veces creemos que tenemos discernimiento espiritual, cuando en realidad lo que tenemos es una presunción. La presunción o suposición se basa en lo que hemos aprendido sobre una persona o situación, ya sea por nuestro propio conocimiento, por el conocimiento que nos llega a través de la experiencia de otros, y también por el engañador que nos susurra presunciones mentirosas. Lamentablemente, hay muchos cristianos que hablan según el "don de la suposición" o "de la presunción" y se causan muchos problemas a sí mismo o a otros creyentes de la iglesia del Señor.

Muchos dicen "Dios me habló…", "Dios me dijo...", "El Espíritu Santo me revela esto o aquello" o "El Señor me lo reveló...". Pero lo que sale de esas bocas muchas veces no proviene de Dios.

Para prevenirnos de estos espíritus de engaño el Señor nos dio el discernimiento de espíritus. Por ello no solamente debemos analizar los pensamientos e impulsos que llegan a nuestras mentes, sino las palabras que podemos recibir de algún supuesto profeta que pretende profetizar como si fuese una profecía recibida de parte de Dios. Dice Jeremías 23:25-26: *"Yo he oído lo que aquellos profetas dijeron, profetizando mentira en mi nombre, diciendo: Soñé, soñé. ¿Hasta cuándo estará esto en el corazón de los profetas que profetizan mentira, y que profetizan el engaño de su corazón?"*

Por esto dice Pablo que toda profecía debe juzgarse: *"Asimismo, los profetas hablen dos o tres, y los demás juzguen"* (1 Corintios 14:29).

Como consejeros debemos discernir el espíritu de quien nos consulta, o qué tipo de espíritu pueda estar oprimiendo a aquel que nos toca aconsejar o ministrar.

Necesitamos aprender acerca de las artimañas del diablo, específicamente lo que nos dicen las Escrituras, a fin de estar alerta contra sus asechanzas y trampas. No nos olvidemos que él está dispuesto a hacer cualquier cosa para reconquistar el alma de quien se ha convertido a la fe del Señor Jesucristo. La ignorancia sobre el enemigo de Dios y de nuestras almas, es la razón de que muchos cristianos estén afligidos y sufriendo diversos problemas. Dice el Señor en Oseas 4:6:*"Mi pueblo fue destruido, porque le faltó conocimiento"*.

Demos una mirada a las Escrituras y examinemos con atención lo que dice acerca de las capacidades espirituales de los demonios:

- Los demonios tienen conocimiento sobrenatural y tienen el poder de hablar a través de la persona en la cual habitan: *"Pero había en la sinagoga de ellos un hombre con espíritu inmundo, que dio voces, diciendo: ¡Ah! ¿Qué tienes con nosotros, Jesús nazareno? ¿Has venido para destruirnos? Sé quién eres, el Santo de Dios"* (Marcos 1:23-24).
- Los demonios pueden expresar sus deseos: *"Y los demonios le rogaron diciendo: Si nos echas fuera, permítenos ir a aquel hato de cerdos"* (Mateo 8:31).
- Los demonios tienen sentimientos de temor y de miedo: *"Y le rogaban que no los mandase ir al abismo"* (Lucas 8:31).
- Los demonios tienen necesidad de descansar: *"Cuando el espíritu inmundo sale del hombre, anda por lugares secos, buscando reposo, y no lo halla"* (Mateo 12:43).
- Los demonios tienen voluntad propia y pueden tomar decisiones. *"Entonces dice: Volveré a mi casa de donde salí; y cuando llega, la halla desocupada, barrida y adornada. Entonces va, y toma consigo otros siete espíritus, peores que él, y entrados, moran allí; y el postrer estado de aquel hombre viene a ser peor que el primero. Así también acontecerá a esta mala generación"* (Mateo 12:44-45).

• Los demonios pueden ser feroces y violentos: "*Cuando llegó a la otra orilla, a la tierra de los gadarenos, vinieron a su encuentro dos endemoniados que salían de los sepulcros, feroces en gran manera, tanto que nadie podía pasar por aquel camino*" (Mateo 8:28).

• Los demonios tienen fuerza sobrenatural: "*Pero algunos de los judíos, exorcistas ambulantes, intentaron invocar el nombre del Señor Jesús sobre los que tenían espíritus malos, diciendo: Os conjuro por Jesús, el que predica Pablo. Había siete hijos de un tal Esceva, judío, jefe de los sacerdotes, que hacían esto. Pero respondiendo el espíritu malo, dijo: A Jesús conozco, y sé quién es Pablo; pero vosotros, ¿quiénes sois? Y el hombre en quien estaba el espíritu malo, saltando sobre ellos y dominándolos, pudo más que ellos, de tal manera que huyeron de aquella casa desnudos y heridos*" (Hechos 19:13-16).

En una oportunidad mientras estábamos orando y ministrando por liberación espiritual en la iglesia, una mujer alta y robusta, de origen alemán, comenzó a proferir amenazas e insultos. Inmediatamente un diácono de la iglesia intentó calmarla, y con una fuerza increíble ella lo arrojó a varios metros. Fueron otros dos diáconos y a uno le aplicó una trompada que lo hizo tambalear; entre tres hombres no podían controlarla. Entonces declaramos que poníamos la sangre de Jesús entre la mujer y nosotros, y al momento se calmó. Seguidamente reprendimos al demonio y lo echamos fuera de ella, y finalmente ella cayó, para luego levantarse libre de ese espíritu que la controlaba.

• Los demonios pueden tomar posesión, tanto de animales, como de seres humanos. "*Y los demonios, salidos del nombre, entraron en los cerdos; y el hato se precipitó por un despeñadero al lago, y se ahogó*" (Lucas 8:33).

• Los demonios tienen poder de descubrir y revelar lo oculto, y de predecir el futuro: "*Aconteció que mientras íbamos a la oración, nos salió al encuentro una muchacha que tenía espíritu de adivinación, la cual daba gran ganancia a sus amos, adivinando*" (Hechos 16:16). Durante una sesión de liberación el consejero debe ser cuidadoso cuando los demonios dan algún informe, pues con mucha frecuencia mienten, porque no son de Dios. No es conveniente ni hablar ni contestar a los demonios; ellos buscan distraer y desconcentrar a quienes los confrontan; en lugar de esto debe dependerse del Espíritu Santo, que da el discernimiento verdadero y todo el conocimiento y la sabiduría que se necesiten.

- Los demonios pueden falsificar algunas de las obras sobrenaturales de Dios. *"Los magos de Egipto pudieron convertir sus cayados en serpientes como el Señor lo hizo con el cayado de Aarón; pero el cayado de Aarón devoró las serpientes de los magos"* (Éxodo 7:9-12).

Uno puede preguntarse ¿cómo puede el diablo sanar o hacer alguna cosa buena, y por qué la hace? Satanás es un ángel caído que todavía conserva el poder que tuvo cuando pertenecía al cuerpo angelical de Dios, solo que ahora usa el poder para engañar y hacer que la gente se aparte de Dios, para lograr que le sirvan en esclavitud a través de brujos, curanderos, chamanes y demás intermediarios, pero su finalidad siempre es la misma: la destrucción de la humanidad.

Su objetivo con los creyentes es confundirlos espiritualmente para hacerlos siervos inútiles.

No es fácil reconocer el trabajo del enemigo en la iglesia. En las cartas de Pablo tenemos claras advertencias para no ser engañados o seducidos por las sutiles estratagemas del diablo. En la carta a los Gálatas nos exhorta a vivir según el Espíritu de Dios y a crucificar la carne con sus apetitos y deseos pecaminosos, pues es allí donde el enemigo refuerza sus ataques para sostener los hábitos pecaminosos.

Hay una lista detallada de las obras de la carne para que los consejeros y ministros puedan reconocer dónde están las fallas del pecador: *"Y manifiestas son las obras de la carne, que son: adulterio, fornicación, inmundicia, lascivia, idolatría, hechicerías, enemistades, pleitos, celos, iras, contiendas, disensiones, herejías, envidias, homicidios, borracheras, orgías y cosas semejantes a estas; acerca de las cuales os amonesto, como ya os lo he dicho antes, que los que practican tales cosas no heredarán el reino de Dios"* (Gálatas 5:19-21).

Cuando un creyente da lugar dentro de su corazón a motivos, actitudes y acciones pecaminosas que son contrarias al Espíritu de Dios, necesita ante todo confesar el pecado con arrepentimiento, pero también según el tiempo que convivió y alimentó el pecado, o si el pecado se ha convertido en un hábito, es muy posible que necesite liberación espiritual, para desligarse de los espíritus que ha permitido que lo opriman y que con seguridad llevan el mismo nombre de su pecado.

Hay demonios de perversión sexual, de homosexualidad, de codicia, de asesinatos, de violencia, de fraude, de celos, etc.

El consejero deberá usar el discernimiento espiritual, específicamente cuando se encuentra frente a un aconsejado que está bajo la influencia de un espíritu de falsa doctrina: para ello dice la Palabra: *"Y todo espíritu que no confiesa que Jesucristo ha venido en carne, no es de Dios; y este es el espíritu del anticristo, el cual vosotros habéis oído que viene, y que ahora ya está en el mundo"* (1 Juan 4:3).

Jesús instruyó a sus seguidores a orar y a ministrar en su nombre, tal como dicen las Escrituras, para entrar a batallar en la guerra espiritual. Si lo hacemos en nuestras fuerzas, seremos derrotados. Por ello debemos usar la autoridad del nombre de Jesús en el ministerio de la liberación, y debemos enseñar a los aconsejados a hacer lo mismo. Dijo Jesús: *"En mi nombre echarán fuera demonios; hablarán nuevas lenguas; tomarán en las manos serpientes, y si bebieren cosa mortífera, no les hará daño; sobre los enfermos pondrán sus manos, y sanarán"* (Marcos 16:17-18).

2. EVIDENCIAS BÍBLICAS PARA DISCERNIR ENTRE EL ESPÍRITU DE DIOS Y LOS ESPÍRITUS DE ERROR EN UNA PERSONA

Las Escrituras nos advierten a no creer a toda persona que declare por sí misma que es creyente, especialmente si la conocemos como creyente; lo que debemos comprobar es si el espíritu que anida en tal persona es verdaderamente de Dios o no.

Veamos algunos textos reveladores que nos ayudarán a buscar el discernimiento espiritual:

- Dice 1 Juan 4:1-3: *"Amados, no creáis a todo espíritu, sino probad los espíritus si son de Dios; porque muchos falsos profetas han salido por el mundo. En esto conoced el Espíritu de Dios: Todo espíritu que confiesa que Jesucristo ha venido en carne, es de Dios; y todo espíritu que no confiesa que Jesucristo ha venido en carne, no es de Dios; y este es el espíritu del anticristo, el cual vosotros habéis oído que viene, y que ahora ya está en el mundo".* Y en Colosenses 2:8 dice: *"Mirad que nadie os engañe por medio de filosofías y huecas sutilezas, según las tradiciones de los hombres, conforme a los rudimentos del mundo, y no según Cristo".*

• El primer paso es comprobar si el espíritu del aconsejado que dice ser creyente, puede confesar a Jesús como el Mesías o Ungido de Dios, o el Cristo de Dios, y creer que Jesús es Dios viviendo en carne humana, tal como lo expresa 1 Timoteo 2:4-6: *"Porque hay un solo Dios, y un solo mediador entre Dios y los hombres, Jesucristo hombre, el cual se dio a sí mismo en rescate por todos, de lo cual se dio testimonio a su debido tiempo".*

• Sabemos que cualquiera que manifiesta ser de Dios, todo lo que diga deberá estar de acuerdo y en total coincidencia con su Palabra. Dice 1 Juan 4:6: *"Nosotros somos de Dios; el que conoce a Dios, nos oye; el que no es de Dios, no nos oye. En esto conocemos el espíritu de verdad y el espíritu de error".*

• Debemos verificar si confiesan que Jesús es el unigénito Hijo de Dios, o solo dicen que es "uno de los hijos de Dios". Juan 3:18 dice: *"El que en él cree, no es condenado; pero el que no cree, ya ha sido condenado, porque no ha creído en el nombre del unigénito Hijo de Dios".*

• Es importante determinar si el amor de Dios está presente en ellos, como lo dice 1 Juan 4:7-8: *"Amados, amémonos unos a otros; porque el amor es de Dios. Todo aquel que ama, es nacido de Dios, y conoce a Dios. El que no ama, no ha conocido a Dios; porque Dios es amor".*

• Quien manifiesta ser un hijo de Dios debe aceptar la sangre de Jesús como expiación, como lo dice 1 Juan 1:7: *"Pero si andamos en luz, como él está en luz, tenemos comunión unos con otros, y la sangre de Jesucristo su Hijo nos limpia de todo pecado".*

• Debe haber una inequívoca confesión de Jesús como su único y suficiente Salvador. Dice 1 Juan 4:14: *"Y nosotros hemos visto y testificamos que el Padre ha enviado al Hijo, el Salvador del mundo".*

• Sobre todas las cosas siempre tendremos la verdad y la realidad por medio del Espíritu Santo, si estamos en perfecta comunión con el Señor. Como lo dice Juan 16:13: *"Pero cuando venga el Espíritu de verdad, él os guiará a toda la verdad; porque no hablará por su propia cuenta, sino que hablará todo lo que oyere, y os hará saber las cosas que habrán de venir"*. También en 1 Corintios 2:10 encontramos la seguridad de estar y permanecer en la verdad de Dios: *"Pero Dios nos las reveló a nosotros por el Espíritu; porque el Espíritu todo lo escudriña, aun lo profundo de Dios"*.

Cuando aprendemos a discernir y a obedecer la voz del Espíritu, no tendremos necesidad de esforzarnos en discernir, ni atender a otra clase de espíritus.

3. OCULTISMO

Involucra lo secreto y escondido por Dios para el conocimiento humano. Abarca todas las operaciones que dependen de los poderes espirituales que trascienden los sentidos humanos, relacionado con el mundo sobrenatural gobernado por Satanás y su ejército de espíritus malignos y demonios.

Las prácticas ocultistas pueden agruparse en tres categorías principales: adivinación, magia y espiritismo.

ADIVINACIÓN

Dice Levítico 20:6: *"Y la persona que atendiere a encantadores y adivinos, para prostituirse detrás de ellos, yo pondré mi rostro contra tal persona, y la cortaré de entre su pueblo"*. La adivinación es el arte de predecir eventos futuros y descubrir secretos del carácter y la personalidad de una persona. Muchos confunden adivinación con clarividencia. La diferencia está en que el clarividente tiene visiones espontáneas sin ninguna preparación; en cambio el adivino hace uso de ciertos augurios, cartas, cristales, péndulo, lectura de manos, etc.

El adivino, por medio de un pacto con espíritus malignos, tiene la habilidad sobrenatural de predecir el futuro, por medio de la comunicación con demonios. Logra a través de sus acertijos que el candidato transfiera su confianza espiritual del Dios Creador a su criatura.

La adivinación se realiza por medio de:

- **La astrología:** El astrólogo predice eventos futuros de una persona, gobierno o país, por medio de cálculos según la afectación de estrellas y planetas del zodíaco, de acuerdo a la posición geográfica y horaria, sobre el que hace la consulta. La astrología no es algo que debe menospreciarse como si fuese un engaño o charlatanería, pues tiene un poder sobrenatural esclavizante a quien lo practica. De hecho, la Biblia condena su práctica. Leemos en Isaías 47:13-14: "*Te has fatigado en tus muchos consejos. Comparezcan ahora y te defiendan los contempladores de los cielos, los que observan las estrellas, los que cuentan los meses, para pronosticar lo que vendrá sobre ti (...) no salvarán sus vidas del poder de la llama*". Y 2 Reyes 23:5 dice: "*Quitó a los sacerdotes idólatras que habían puesto los reyes de Judá (...) Y asimismo a los que quemaban incienso a Baal, al sol y a la luna, y a los signos del zodíaco, y a todo el ejército de los cielos*".
- **Cartomancia:** Es la predicción del futuro por medio de las barajas, según el significado de cada una de ellas que le salga en suerte al candidato en la adivinación. El tarot es una de las prácticas que más se ha generalizado en occidente; usa barajas con simbología ocultista del antiguo Egipto.
- **Quiromancia:** Es la adivinación del futuro de una persona por medio de la lectura e interpretación de las líneas de la palma de sus manos.
- **Péndulo:** Se utiliza para adivinar algo oculto en la persona o en la circunstancia que se consulta.
- **Psicometría:** El adivino revela a través de ropa de la vestimenta, u objetos íntimos usados por una persona que está en otro lugar, las acciones ocultas o las características particulares de tal individuo.
- **Mirromancia:** La predicción del futuro por medio de cristales, bolas de cristal, espejos, cristales de roca, etc.
- **Numerología:** Adivinación por medio de valores numéricos del nombre y fechas de una persona, para predecir el futuro o descubrir las características de alguien.

Estos son solo una parte de muchas otras prácticas de adivinación.

MAGIA

Deuteronomio 18:10-14 dice: *"No sea hallado en ti (…) quien practique la adivinación(...) ni mago (...) Porque es abominación para el Señor, quien hace estas cosas"*. Magia es la habilidad del mago para obtener resultados sobrenaturales, por medio de la ayuda de espíritus demoníacos. Los que practican la magia pueden lograr dominar o ejercer control sobre personas, animales y objetos, a través del uso de rituales, encantamientos y ceremonias místicas.

La magia incluye varias formas de ejecución:

- **Hipnosis:** No se refiere a la hipnosis usada por médicos; sin embargo, hay ocultistas que utilizan la hipnosis para sanar enfermedades. En ese momento el enfermo cede su mente para que espíritus demoníacos operen la sanidad de la afección, pero simultáneamente traen otro mal al enfermo que más tarde descubrirá, y así quedará atrapado en una rueda de esclavitud hasta la muerte. También está la hipnosis que utilizan hechiceros para causar daño a alguien; tratan de lograr el control de la voluntad del hipnotizado con un fin predeterminado que la persona desconoce.
- **Control mental:** Es la transferencia de los pensamientos de una persona a otra sin el uso del lenguaje o de algún sonido. Los demonios toma oposición de la mente del que lo practica, y desde allí operan por transferencia de espíritus.
- **Magia blanca:** Son magos que actúan bajo la pretensión de usar sus poderes sobrenaturales para hacer el bien. Muchas personas acuden inocentemente a un curandero para que las sane de un determinado "daño". En realidad son espíritus demoníacos disfrazados de ángeles de luz, tal como dice 2 Corintios 11:15: *"Así que, no es extraño si también sus ministros se disfrazan de ministros de justicia"*.
- **Magia negra, roja, etc.:** Los que practican la magia negra logran producir daños espirituales y físicos sobre personas, pero en realidad es la obra directa de espíritus inmundos que operan en alianza con el brujo.

La Biblia enseña que la magia no es un acto de ilusionismo o prestidigitación. Cuando Moisés y Aarón fueron ante el faraón para solicitar la liberación de los israelitas, hecho que el faraón les negó, Dios comenzó a desatar una serie de plagas sobrenaturales para que el faraón cediera a la petición. Y sucedió que los magos de Egipto reprodujeron los actos milagrosos de Dios; usaban el poder demoníaco que se les había conferido. La vara de Aarón se convirtió en culebra, y los magos con sus encantamientos hicieron lo mismo. Luego Moisés golpeó su vara en el río y se convirtió en sangre, pero la Escritura declara que *"los hechiceros de Egipto hicieron lo mismo con sus encantamientos"* (Éxodo 17:22).

Cuando los hechiceros quisieron echar la plaga de piojos con sus encantamientos, no pudieron lograrlo. Entonces los magos le dijeron al faraón: *"Dedo de Dios es éste"* (Éxodo 8:19).

Los magos del faraón ejercían poderes sobrenaturales, pero ese poder estaba limitado por Dios y, por supuesto, siempre es inferior al de Él.

No debemos decir ingenuamente que la magia es una ilusión, ni mucho menos un engaño, porque verdaderamente funciona, y es también poderosa sobre las personas. Pero los creyentes tenemos una diferencia con el común de la gente, y es que *"más poderoso es el que está en nosotros, que el que está en el mundo"*.

ESPIRITISMO

Es una actividad espiritual basada en la convicción de que ciertas personas poseen "mediumnidad", para transformarse en canales de comunicación con los muertos, y así adquirir revelaciones del más allá. La Biblia condena toda práctica de espiritismo por estar este ligado al paganismo y a la actividad demoníaca.

Dice Deuteronomio 18:10-12: *"No sea hallado en ti (...) quien consulte a los muertos. Porque es abominación para con el Señor cualquiera que hace estas cosas..."*. En realidad no son los espíritus de los muertos quienes se comunican con los vivos en las sesiones de espiritismo, sino los espíritus demoníacos, que logran ejercer así poderes sobrenaturales sobre quienes participan. Su misión es apartar a los seres humanos de la dependencia de Dios y esclavizarlos en la idolatría.

Veamos algunas de las prácticas que realizan los espiritistas para recibir "revelaciones" del mundo de ultratumba:

- **Telequinesia:** Mover a distancia un objeto con la mente a través de la ayuda de demonios.

- **Levitaciones:** Objetos o personas son levantadas en el aire por fuerzas demoníacas.
- **Trance:** El médium deja su mente bajo el control de un espíritu que habla desde ultratumba simulando ser un muerto.
- **Materializaciones:** El médium genera, por medio de los demonios, imágenes que aparecen o desaparecen repentinamente, sustancias brumosas que salen del cuerpo del médium, sonidos de objetos que no están en la sala donde se hace la sesión.
- **Cultos espiritistas:** Reuniones donde se invocan a los "espíritus superiores" y los demonios se manifiestan a través de los concurrentes a los cultos.

LA FALSA RELIGIOSIDAD DEL ESPIRITISMO

Durante el reinado de Saúl Dios lo guiaba en el ejercicio del gobierno por medio del profeta Samuel. Después de la muerte de Samuel Israel fue asediada por el ejército filisteo y el rey Saúl tuvo temor. El rey había desobedecido a Dios y la rebeldía dominaba su corazón, entonces intentó consultar con Dios sobre las directivas a tomar ante la amenaza de los enemigos, pero no obtuvo ninguna contestación, ni en sueños ni por los profetas.

En su desesperación decidió buscar una respuesta por medio de una adivina, pese a que él mismo había dado la orden de echar de Israel a todos los adivinos y encantadores. Los criados le informaron a Saúl que en Endor, a unos diez kilómetros de donde estaba, habían encontrado una. Llegó allí, disfrazado, pues trataba de ocultar su identidad, y le pidió a la adivina que le diera un vaticinio del futuro e hiciera venir de los muertos al espíritu del profeta Samuel. Pero antes de que la mujer hiciera algo, fue conmovida y lanzó un grito de horror.

Dice la Biblia que la adivina de pronto *"clamó en alta voz"*, porque vio a Samuel, a quien obviamente no esperaba ver. Lo que ocurrió fue que Dios decidió intervenir en esa sesión de espiritismo para darle a Saúl su último mensaje a través del profeta que decía: *"Como tú no obedeciste a la voz del Señor tu Dios (...) mañana estaréis conmigo, tú y tus hijos; y Dios entregará también al ejército de Israel en mano de los Filisteos"* (1 Samuel 28:18-19). Si analizamos en detalle este pasaje, podemos descubrir que no hay ninguna base para afirmar algún tipo de doctrina, actividad espiritista o de invocación de espíritus de personas muertas, sino que muestra la absoluta soberanía y supremacía de Dios que interviene cómo y cuándo Él quiere hacerlo.

La adivina que decía practicar la comunicación con los muertos, jamás había tenido la experiencia de ver a un muerto en cuerpo presente, como ambos vieron aparecer al profeta Samuel.

Ese fue el motivo por la que quedó aterrorizada, y Saúl fue paralizado de miedo, no solo al ver al profeta que había solicitado que fuera traído a su presencia desde ultratumba, sino cuando escuchó que el Dios vivo lo rechazó.

Desde la antigüedad las culturas panteístas practicaron la comunicación con los que creían eran espíritus de ultratumba. Los espiritistas creen que logran comunicarse con las almas de los muertos. El ser humano siempre fue atraído por el consuelo de poder comunicarse con sus seres fallecidos más queridos. Pero además es el engaño del diablo para esclavizar las almas por medio de los médium que permiten que los demonios simulen ser las almas de personas fallecidas. La Biblia condena toda práctica de espiritismo.

Desde los tiempos de Moisés Dios advertía a su pueblo: *"No aprenderás a hacer según las abominaciones de aquellas naciones (...) ni quien practique adivinación (...) ni quien consulta a los muertos"* (Deuteronomio 18:9, 11). En La Biblia al Día dice: "ni ningún tipo de espiritismo". En el espiritismo Satanás busca personas para emplearlas como instrumentos o "médiums" para engañar y seducir a todo curioso buscador del conocimiento sobre la vida después de la muerte.

Los espiritistas subestiman a los cristianos, pues dicen que solo tienen fe en la vida después de la muerte, pero que ellos son los que tienen la verdadera evidencia. Creen que realmente hacen contacto con las almas de las personas que murieron, y que son poseedores de los secretos ocultos de una "tercera revelación" que está más allá de Cristo, y que la reciben por medio de la Inteligencia Infinita, a quien adoran como el Divino o Supremo Poder.

La gran falsificación de Satanás en el espiritismo es la duplicación falsa de dones sobrenaturales como el don de profecía, hablar e interpretar lenguas, dones de sanidades, palabra de ciencia, etc.

Adoptaron los nombres de los patriarcas del cristianismo y tratan de reproducir los dones espirituales, aunque es fácil descubrir las raíces del ocultismo insertadas en la distorsión de sus prácticas.

Si bien en la actualidad están agrupados en la Asamblea General Internacional de Espiritistas, existen muchos grupos distintos con gran variedad de creencias; es más, se adaptan a las distintas culturas y prácticas religiosas. Por eso en occidente podemos encontrar algunas corrientes que se consideran espiritistas "cristianos", y utilizan imágenes con la figura que ellos dicen es de Jesús.

4. LA HECHICERÍA

En contraste con la doctrina bíblica de la gracia, esta práctica ocultista invoca espíritus de las tinieblas, y a través de procesos y fórmulas secretas de la magia ceremonial contactan los demonios para conseguir su ayuda en alguna empresa humana. En la hechicería todo funciona según fórmulas esotéricas establecidas desde la antigüedad. Con el conocimiento de las leyes espirituales del ocultismo, el brujo, shamán, hechicero, gurú o curandero, se transforma en el mediador entre el consultante y los espíritus invocados. En cada operación el hechicero realiza un "pacto espiritual" en el cual el brujo vende poder a cambio de la cesión del alma o de alguna área del candidato. Es por esto que la Biblia prohíbe su práctica. No solo prohíbe hacer pactos con demonios, sino también la negación a realizar ningún contacto con el mundo de los espíritus.

Siempre esta práctica llevará a la persona o a algún familiar cercano a una desgracia. Si la persona acude al hechicero en busca de sanidad y es sanado, el mal no desaparecerá sino que será transferido a otra área del mismo cuerpo o a algún familiar. Lo mismo si se trata de buscar solución a problemas o liberación espiritual de algún mal. En realidad los espíritus malignos nunca desean hacer el bien a nadie, siempre buscan engañar para esclavizar a las personas.

El Nuevo Testamento nos advierte que habrá un avivamiento de la hechicería en los últimos tiempos, aunque vendrá disfrazada con otros ropajes. Y que muchos rehusarán arrepentirse de ella según vemos en Apocalipsis 9:21: *"Y no se arrepintieron de sus homicidios, ni de sus hechicerías, ni de su fornicación, ni de sus hurtos"*.

En Apocalipsis 18:23 *"hechicerías"* fue traducido del griego *MAGEIA*, y en Apocalipsis 9:21, *"sus hechicerías"* del griego *PHAR-*

MAKEIA, que significa *droga* y de la que deriva la palabra farmacia o droguería. Algunos hechiceros utilizan drogas, o se colocan en trance como los yoghis para entrar en estados de alteración mental, para permitir el control de los demonios, quienes actúan con poderes mágicos y sobrenaturales. Estos hechiceros dotados de poderes psíquicos logran la duplicación de milagros, como dice Mateo 24:24, que producen *"grandes señales y prodigios, para así engañar, de ser posible, aún a los escogidos"*.

Cualquier milagro sobrenatural realizado por religiosos que no han confesado a Jesucristo como el único y suficiente salvador de sus vidas, es un engaño de Satanás, y no tiene que ver con ningún poder legítimo dado al ser humano por Dios. Para una mayor profundidad sobre el tema le recomiendo mi otro libro *Ocultismo, guerra espiritual y liberación*, por Mario Bertolini.

EL "KARMA", LA REENCARNACIÓN Y EL YOGA

Dice Hebreos 9:27: *"Y de la manera que está establecido para los hombres que mueran una sola vez, y después de esto el juicio, así también Cristo fue ofrecido una sola vez para llevar los pecados de muchos; y aparecerá por segunda vez, sin relación con el pecado, para salvar a los que le esperan"*.

La reencarnación está basada en la creencia oriental de la "ley del karma", que sostiene que una persona pueda reencarnarse en distintas vidas, para que –según enseñan– la persona pueda pagar o "quemar" sus culpas de las malas acciones que haya hecho en la vida anterior, siguiendo la ley de causa y efecto. Dicen que el "karma" no puede solucionar el problema del mal sino perpetuarlo; por ejemplo: si una persona cometió un crimen, deberá encarnarse en la próxima vida como víctima, para lo cual otro deberá cometer el crimen, y deberá pagar su culpa, y esto hará que exista una rueda interminable de criminales y víctimas, que nunca tendrá fin.

Pese a lo absurdo, desesperanzado e inmoral de dicha ley, miles de personas han sido atrapados en esta falsa creencia. Sin embargo, hay una salida que propone esta creencia: es a través de la práctica del yoga, que promete a quienes lo ejercitan que serán liberados de esta trágica cadena de reencarnaciones. Por medio de ejercicios psicofísicos, cánticos devocionales y sagrados ofrecidos a sus dioses, y por medio de palabras sagradas llamadas "mantras", creen que logran descubrir en su interior o alma, su verdadero "yo" inferior que lo unirá al yo superior. La palabra yoga deriva del sánscrito "yug" que significa "unión mística", y dicen que esa unión mística no solo los libera, sino que a su vez les hace descubrir que ellos mismos son dios. Esta es una clara manifestación de que es una de las religiones del anticristo.

El yoga tiene los elementos básicos de la antigua hechicería, donde el hechicero cree alcanzar el control del curso de su vida e influir sobre otros, conectado con el espíritu superior, que no es otro que Satanás, el diablo.

5. EL HUMANISMO

Dice 1 Juan 2:15-16: *"No améis al mundo, ni las cosa que están en el mundo. Si alguno ama al mundo, el amor del Padre no está en él. Porque todo lo que hay en el mundo, los deseos de la carne, los deseos de los ojos, la vanagloria de la vida, no proviene del Padre, sino del mundo"*. Y 1 Corintios 3:20-21 dice: *"El Señor conoce el pensamiento de los sabios. Así que ninguno se gloríe en los hombres"*.

Todos los seres humanos nacemos en este mundo separados de Dios, por lo tanto a medida que crecemos y nos desarrollamos, nos creemos protagonistas y autores de nuestra propia historia, nunca pensamos por nosotros mismos que podemos ser un instrumento en las manos de Dios. Como humanos nacemos apegados a la Tierra y a los valores terrenales, interesados en el desarrollo del conocimiento, buscamos sabiduría en el razonamiento, y a través de él tratamos de lograr el dominio de la naturaleza, unido al desarrollo de la ciencia.

Sus atributos predominantes son el de alcanzar la fama para recibir gloria, esto es: amor al éxito y las ansias por el poder y las riquezas, lo que lleva al amor al dinero; fomentamos sin lugar a dudas el egoísmo y el egocentrismo. El humanismo es una filosofía que focaliza toda su atención en el ser humano como individuo. Es la exaltación del individuo como centro de la creación, y esta es la característica más sobresaliente, dado que le hace creer a la persona que es el centro de su vida, como el Sol del sistema solar, que todo gira a su alrededor.

El humanismo desvía a la persona de Dios y lo sumerge en las raíces de esta filosofía, lo aleja del cielo y lo afirma a lo terrenal. Lo impulsa a profundizar el estudio de la conducta humana, como si fuese el propio centro de la existencia. Por eso exalta la belleza estética y la fuerza potencial del cuerpo físico, desarrolla y estimula el gozo de los sentidos, dando todo el señorío y majestad a la razón, elevándola al rango de una diosa.

En realidad el humanismo proclama y enseña la independencia de las enseñanzas del Evangelio de Jesucristo, porque este se opone a amar la vida del mundo y enseña a vivir bajo su propia razón, porque el Evangelio pretende sujetar a la sociedad humana bajo el señorío de Jesucristo. El humanismo enseña que cada ser humano en su "yo" interior, en su ego, contienen la esencia divina, y por medio de su propia exaltación logrará el fin para el cual ha nacido.

El humanismo nunca ha decrecido en su influencia sobre el ser humano, y es una fuerza poderosa que domina la humanidad, y es una de las religiones ocultas del anticristo.

El humanismo revivió entre los siglos XV y XVI. Es un detalle importante destacar que en el mismo siglo salía de la primera imprenta, en Alemania, la edición de la Biblia. Pareciera que el enemigo levantó la barrera del humanismo en los intelectuales para distraerlos de la lectura de las Sagradas Escrituras. Precisamente fueron los intelectuales paganos, en Italia, quienes revivieron la literatura griega y romana anterior al primer siglo, y comenzaron a honrar su filosofía. Entonces entronizaron los escritos de Platón como si fuera un dios, y así el espíritu humanista de Platón penetró en el pensamiento europeo occidental.

Es importante destacar que esta corriente humanista influyó en los sacerdotes del culto Católico Romano, y muchos de ellos se volcaron al humanismo y tergiversaron la doctrina cristiana con tradiciones humanistas, comenzaron a exaltar a hombres y mujeres al rango de santos que reverenciaban y cayeron en su ignorancia en la práctica del culto a los muertos. Así, por asociación religiosa, el mismo cristianismo perdió su benéfica influencia, tanto por su ética como por su teología, principalmente a causa de los religiosos humanistas italianos. Al punto que veneraron a Sócrates y Platón por encima de los Padres de la Iglesia griega y latina de los primeros siglos. Y muchos religiosos humanistas ponían los escritos de Platón al nivel del Evangelio del Señor Jesucristo.

El humanismo es una expresión de rebeldía contra Dios; los humanistas manifiestan que no hay razón para someter el alma humana al dominio de Cristo, ya que impide la libertad de vivir en los placeres y en el gozo del mundo. Además, consideraban a la razón como el tribunal supremo de los actos y la conducta humana.

En la oración denominada el Padrenuestro, Jesús nos enseñó a exaltar sobre todas las cosas al Padre; por eso nuestra oración a Dios debe comenzar santificando el nombre de Dios. Luego nuestra petición debe decir: "*Venga tu reino (...) en la tierra*". ¿Por qué razón debemos pedir a Dios que venga su reino a la Tierra? La respuesta es debido a que en la Tierra hay otro reino que no es de Dios, y que pertenece a Satanás, el enemigo de Dios y de su Iglesia, quien ha contaminado a la humanidad de pecado, ha robado el dominio de la Tierra a nuestros primeros padres, Adán y Eva.

Recordemos que en la tentación en el desierto Satanás le ofreció a Jesús los reinos de la Tierra, cuando le dijo: "*A ti te daré esta potestad, y la gloria de ellos; porque a mí me ha sido entregada, y a quien quiero la doy. Si tú postrado me adorares, todos serán tuyos*".

Si bien Satanás no logró perpetuar su dominio al fracasar en su intento con Jesús, sigue intentándolo a través de las falsas religiones y del humanismo. La otra petición que sigue en nuestra oración al Padre es: "*Hágase tu voluntad, como en el cielo, así también en la tierra*". ¿Por qué esta petición? Porque por naturaleza el ser humano hace la voluntad de su rey, y el rey de este mundo es el diablo. Uno de los métodos que usa Satanás para lograr someter la voluntad humana a sus demandas es el sutil y diabólico humanismo, desde allí logra satisfacer "*los deseos de la carne, los deseos de los ojos, y la vanagloria de la vida*".

Pero la meta del humanismo es unir la ciencia humana con la religión, para preparar la venida del anticristo. Este es la seducción y el engaño que vienen desde el jardín del Edén diciendo: "*Seréis como Dios*" (Génesis 3:5). En estos tiempos se ha levantado una corriente teosófica que predica la unión de la ciencia humana con la religión, denominada el movimiento de la "Nueva Era", que ha encontrado gran cantidad de adeptos, especialmente en el mudo occidental. Con el atractivo adicional de incluir las filosofías y prácticas religiosas orientales, mezclándolas con algunas corrientes seudo-cristianas.

Y muchos intelectuales y religiosos humanistas se están volcando a la lectura y prácticas del yoga.

6. EL ESPÍRITU DE ERROR Y LAS SECTAS RELIGIOSAS

Se denomina secta a un grupo de personas que han desarrollado una perversión religiosa y apartada de la verdad de Dios establecida en la Biblia. Podría denominarse una herejía organizada centrada en una doctrina falsa o lasciva a la conciencia humana.

Cuando hablamos de perversión religiosa, nos referimos a aquellas sectas formadas por religiosos provenientes de un desprendimiento de alguna religión o filosofía religiosa, como ha ocurrido desde el cristianismo, por ejemplo con la secta liderada por el reverendo Jim Jones, que llevó al suicidio y a la muerte a sus fieles seguidores, en Guyana.

Este líder había sido un pastor evangélico perteneciente a una denominación cristiana. En general estos líderes sectarios dicen haber recibido una nueva revelación de forma sobrenatural y que es imperioso trasmitirla a ciertos "elegidos". También hay sectas provenientes de grupos ocultistas que dicen preservar misterios de la eternidad provenientes de espíritus superiores, trasmitidos por maestros iniciados en las ciencias ocultas, y así pasados de una generación a otra.

No cabe duda de quién está detrás de todas estas deformaciones de la verdad de Dios. Ni de quién es el espíritu de error que ha influido en las divisiones y formaciones de sectas religiosas. La Biblia dice que hay un padre de toda la mentira y que ese padre es el diablo, *"porque no hay verdad en él. Cuando habla mentira de suyo habla; porque es mentiroso y padre de mentira"* (Juan 8:44).

Veamos las características generales que pueden ser de ayuda al consejero para identificar una conducta religiosa sectaria:

- La mayoría son personas dogmáticas y sumamente cerradas para recibir y entender. Como consecuencia, son extremada mente intolerantes en cuanto a la modificación de cualquier tipo de pautas y prácticas religiosas que se aparten de su creencia. Aunque algunos grupos, como los seguidores de Bahai, aparentan ser abiertos en la búsqueda de la espiritualidad y del bien común, dado que promueven la unión de todas las religiones, especialmente aquellas que son totalmente antagónicas entre sí. Pero si profundizamos en sus creencias, esta tolerancia desaparece, y nos encontramos con una tolerancia engañosa que se encuentra en la mayoría de las sectas de origen oriental, que tratan de seducir a los occidentales. En general el dogma se basa en que las demás religiones están totalmente equivocadas en sus doctrinas, porque no tienen la elevada revelación espiritual que cada una manifiesta haber recibido de espíritus superiores.

• Los miembros de las sectas tienen una fuerte convicción de que ellos han sido liberados de la "explotación religiosa" que rige en las religiones organizadas. Este es el "chivo expiatorio" que seduce a los disconformes, y los hace miembros rebeldes, competitivos y hasta heroicos, lo que facilita su conversión al fanatismo religioso. En las sectas provenientes del cristianismo, atacan y distorsionan las doctrinas fundamentales, pretendiendo tener una revelación superior. Por ejemplo la secta "Solo Jesús" o "Nueva Luz", ataca la doctrina de la Divina Trinidad; dicen que han recibido la revelación de que solo Jesús es Dios. Los Testigos de Jehová predican que la salvación eterna es por obras humanas, y que solo 144.000 reinarán con Dios en la eternidad. Anulan así la doctrina de la salvación por gracia en base a la obra expiatoria en la cruz del Calvario consumada por el Señor Jesucristo.

• Las sectas tienden a ser fuertemente estructuradas. En general el líder es la máxima autoridad, y se requiere de los seguidores una obediencia superlativa a él. También la sede tiene carácter sagrado, o los escritos revelados, todos ellos deben recibir obediencia plena. La mayoría de las sectas le dan a su fundador o líder el carácter de Mesías o enviado de los dioses. Como el caso del ex miembro de la Iglesia Adventista, David Koresh (radicado en la ciudad de Waco, en el Estado de Texas, EE.UU.), que había edificado un pueblo donde los miembros de la secta vivían en comunidad, tenían entrenamiento militar y estaban fuertemente armados, listos para una sedición.

• Las sectas desprendidas del cristianismo utilizan la Biblia, pero quitan o agregan textos según su propia "revelación". Adicionan libros que dicen contener una nueva o última revelación de Dios. Como en el caso de los Mormones, que tienen una Biblia recortada en varias partes, y con agregados en otra, y que difiere de los textos originales conservados desde la antigüedad. Y, además, tienen el libro de las revelaciones del ángel Moroni, quien le indicó a su fundador, José Smith, el lugar donde estaban escondidas unas tablas de oro, escritas en jeroglíficos, que contenían las revelaciones de la "iglesia verdadera". Este "libro de Mormón", después de traducido enigmáticamente con unos cristales mágicos, se transformó en la máxima autoridad de fe y conducta para la llamada "Iglesia de Jesucristo de los Santos de los Últimos Días".

• Las sectas prohíben cualquier fuente de pensamiento que no provenga de sus propias revelaciones. En general los miembros de las sectas son sometidos a memorizaciones maquinales de respuestas dogmáticas; se produce en ellos un auténtico "lavado de cerebro". Esto impide el diálogo con los miembros, porque toman una posición autoritaria y fanática y dejan de lado todo tipo de razonamiento.

• Los miembros de las sectas tienen tan absoluta dependencia del líder, o de la institución, al punto que ninguno tiene libertad de sus propios actos ni tampoco en su comunicación con los dioses que pretender seguir.

• Todas las sectas obligan a sus miembros a una rigurosa disciplina de conducta y de sometimiento. Esto no significa que lleven un estilo de vida moralmente limpio, sino obediente a las imposiciones de sus líderes, sea lo que fuere lo que tengan que hacer. Por ejemplo, la secta seudo cristiana "Los niños de Dios", o más conocida como "la Familia", obligan a las jóvenes mujeres a prostituirse para ganar adeptos, y también a tener relaciones sexuales con su líder cuando a él se le antojara. Esta perversión moral se ha detectado en muchas de las sectas religiosas. También la sumisión de los miembros permite que el líder tenga derecho a requerir relaciones sexuales de cualquiera de sus componentes, sean casadas o solteras, en el momento que él lo requiera.

• En particular las sectas se apartan para vivir en comunidades autodependientes, crían ganado, siembran cultivos, fabrican el pan y otros alimentos, y confeccionan en algunos casos hasta sus vestimentas. Los líderes de las sectas a través de su suprema autoridad toman ingerencia en la vida de los matrimonios que habitan en la comunidad. E incluyen directivas absurdas o inmorales dirigidas a los hijos, que provocan el rompimiento de la autoridad que Dios ha delegado solo a los padres. También es una característica del líder sectario controlar la vida sexual de los matrimonios que conviven en las comunidades religiosas. Se ha comprobado que tanto Jim Jones como David Koresh, tenían relaciones sexuales con todas las mujeres, incluyendo las casadas que vivían dentro de la comunidad con sus maridos.

• La mayoría de los integrantes de las sectas viven oprimidos por el temor, y una profunda tristeza de corazón, pese a la supuesta felicidad que intentan demostrar, que no es más que una máscara de falsa apariencia.

• En la mayoría de los casos el miembro de una secta vive una vida fuera del contacto con el mundo. Han sido adoctrinados a una negación maníaca, se los ha convencido de lo malo en que viven las personas que no pertenecen a la secta. De esta manera logran que corten con todas sus relaciones, incluyendo las relaciones familiares, para evitar contaminarse con el mal que reside en ellos por no pertenecer a su culto. Literalmente, el miembro de una secta vive aislado y atrapado en una burbuja de maldición. Esclavizado física, mental y espiritualmente.

Estas son los nombres y denominaciones de algunos de los cultos y sectas seudo cristianas, bajo la influencia del espíritu de error, que están esparcidas en la actualidad por el mundo:

• Los Hijos de Dios, o La familia, o La Familia de Amor
• Ciencia Cristiana
• El Camino Internacional
• Testigos de Jehová
• Mormonismo, o La Iglesia de los Santos de los Últimos Días
• Solo Jesús, o Nueva Luz

- La Iglesia de la Unificación de Sun Myung Moon
- La Unidad (Unity School of Christianity)

También existen otros cultos y sectas religiosas que son camino de error y perdición para el ser humano, con raíces espirituales ocultistas y esotéricas:

- Rosacruces
- Cientología (Scientology)
- Meditación Trascendental
- Gran Fraternidad Universal
- Fenómeno OVNI
- Yoga
- Bahai
- Asociación de Auto-Realización
- El Cuarto Camino
- Espiritismo, y/o Espiritualismo
- Sai Baba
- Astrología
- Sociedad Teosófica
- Control Mental
- Meditación Trascendental
- Movimiento de la Nueva Era
- Masonería
- Asociación de Autoayuda Yogananda

7. EL MINISTERIO DE LIBERACIÓN

Leemos en 1 Juan 3:8 que Jesús vino *"para deshacer las obras del diablo"*. En Lucas 4:18 Jesús declara su ministerio diciendo: *"El Espíritu del Señor está sobre mí, por cuanto me ha ungido para dar buenas nuevas a los pobres; me ha enviado a sanar a los quebrantados de corazón; a pregonar libertad a los cautivos, y vista a los ciegos; a poner en libertad a los oprimidos"*. Después de llevar a la práctica lo que proclamó, nos ha llamado a cada uno de nosotros, como sus discípulos, a hacer lo mismo. Tal como lo expresó en Juan 14:12: *"De cierto, de cierto os digo: el que en mí cree, las obras que yo hago, él las hará también; y aun mayores hará, porque yo voy al Padre"*.

Esta delegación de autoridad no ha sido revocada en ningún momento; por lo tanto, debemos ejercerla en obediencia a lo que el Señor nos demanda. En Marcos 16:17 el Señor nos impulsa al ejercicio del ministerio de la liberación, cuando dijo: "*Y estas señales seguirán a los que creen: En mi nombre echarán fuera demonios*".

Cuando Jesús entró a una sinagoga dice Lucas que encontró "*allí una mujer que desde hacía dieciocho años tenía espíritu de enfermedad*" (13:11). Primeramente Jesús liberó a la mujer de ese espíritu y después puso las manos sobre ella para su sanidad. Este pasaje y otros versículos indican con claridad que muchas enfermedades pueden tener origen demoníaco.

En Hechos 8:6-8 vemos ministrar liberación a los primeros discípulos de Jesús: "*Y la gente, unánime, escuchaba atentamente las cosas que decía Felipe, oyendo y viendo las señales que hacía. Porque de muchos que tenían espíritus inmundos, salían éstos dando grandes voces; y muchos paralíticos y cojos eran sanados*".

Como consejeros debemos aprender cómo y cuándo los demonios pueden oprimir o entrar en las personas. Veamos algunos casos:

- **Los demonios pueden obrar por las palabras que pronunciamos.** Por ejemplo: Cuando alguien declara frases como: "Nunca lo lograré", "Soy un inútil", etc. Proverbios 6:2 nos advierte: "*Te has enlazado con las palabras de tu boca, y has quedado preso en los dichos de tus labios*". Para cada declaración negativa de marcada derrota espiritual de la persona, hay demonios que son asignados por medio de las palabras negativas que confiesa.
- **El uso de amuletos de la suerte, talismanes, mascotas, fetiches, permiten la opresión demoníaca.** Dice Deuteronomio 7:24-25: "*Él entregará sus reyes en tu mano, y tú destruirás el nombre de ellos de debajo del cielo; nadie te hará frente hasta que los destruyas. Las esculturas de sus dioses quemarás en el fuego; no codiciarás plata ni oro de ellas para tomarlo para ti, para que no tropieces en ello, pues es abominación a Jehová tu Dios*". El diablo tiene el derecho legal de tomar lugar en aquellos que usan sus emblemas como amuletos, ya sea que los cuelguen detrás de la puerta de sus casas o lo lleven en su propio cuerpo. Los seguidores de Cristo estamos protegidos por la sangre del Cordero y la palabra de nuestro testimonio. Sin embargo, debemos estar alertas respecto al uso de emblemas, aun una cruz puede ser un amuleto mal-

decido, si la persona que lo usa cree que le dará protección espiritual o que le traerá suerte.

• **El pecado oculto abre la puerta a la operación de demonios.** Debemos saber que hay un espíritu inmundo ligado con toda clase de pecado voluntario. Por ejemplo: desobedecer los mandamientos de Dios es pecado y debe confesarse como tal, con arrepentimiento. Hay muchas cosas que hacemos y que lamentablemente no las consideramos pecado. La ira es un ejemplo. Sabemos que el enojo es una emocion, pero también puede convertirse en pecado. ¿Cómo? Cuando al enojo le agregamos odio. La palabra de Dios nos advierte: *"Airaos, pero no pequéis; no se ponga el sol sobre vuestro enojo, ni deis lugar al diablo"* (Efesios 4:26). Si mantenemos el odio sin confesarlo como pecado y aún nos justificamos, abrimos la puerta para que un espíritu de odio comience a oprimir nuestra vida, presionando las emociones con ira descontrolada.

• **Un demonio puede entrar en una criatura que está en el vientre de su madre, antes del nacimiento.** Por ejemplo: a través del rechazo del propio padre o madre que dicen del hijo en camino: "Desearía no haber quedado embarazada...", "Yo no quería otro hijo", etc. O el niño cuya madre no quiso quedar embarazada por causa de fornicación, adulterio u otras razones. Está comprobado que los bebés son sensibles a las circunstancias en su período de gestación, como lo muestra positivamente Lucas 1:39-44. El bebé de este caso era Juan el Bautista y no fue rechazado, sino que saltó de gozo en el vientre de Elizabet cuando oyó la salutación de María.

• **La falta de perdón y el resentimiento abren la puerta para que los demonios controlen los sentimientos.** Dice Mateo 18:34-35: *"Entonces su señor; enojado, le entregó a los verdugos, hasta que pagase todo lo que le debía. Así también mi Padre celestial hará con vosotros si no perdonáis de todo corazón cada uno a su hermano sus ofensas"*. Dios siempre está en control de nuestras vidas y circunstancias; sin embargo, Él no podrá seguir en control si voluntariamente pecamos y abrimos la puerta a los verdugos, que son los demonios. Perdonar es olvidar y volver a amar. Nuestro Padre celestial siempre perdona y no vuelve a acordarse de nuestros pecados, porque nos ama. Nosotros debemos hacer lo mismo, estar siempre rendidos a Él.

- **Los demonios pueden permanecer por pactos satánicos o pecados de nuestros antecesores.** Dice Éxodo 20:5: "*No te inclinarás a ellas [ídolos o imágenes], ni las honrarás; porque yo soy Jehová tu Dios, fuerte, celoso, que visito la maldad de los padres sobre los hijos hasta la tercera y cuarta generación de los que me aborrecen*". Dice Éxodo 34:7: "*...que guarda misericordia a millares, que perdona la iniquidad, la rebelión y el pecado, y que de ningún modo tendrá por inocente al malvado; que visita la iniquidad de los padres sobre los hijos y sobre los hijos de los hijos, hasta la tercera y cuarta generación*". Los demonios, obtienen terreno legal para oprimir a las personas si los ancestros han violado las leyes de Dios a través de pactos y compromisos con el ocultismo, o por maldiciones recibidas. Dios ante todo repudia el pecado oculto. Los demonios pueden permanecer en nuestra línea sanguínea y pasar de generación en generación como una herencia familiar. Cuando descubrimos algo como el cáncer o problemas cardíacos, o cualquier otra cosa que se sucede de generación en generación, entonces debemos buscar la maldición en la línea sanguínea. Debemos ordenar a los espíritus que entraron por medio de esa maldición heredada, que salgan en el nombre de Jesús.
- **Un creyente puede haber cometido el pecado de estar ligados con el ocultismo por haber participado de él o por haberlo estudiado con interés, o por curiosidad.** Es el caso del creyente ha estado implicado en alguno de los siguientes cultos o prácticas ocultistas, y no ha renunciado a ellas: juegos de ocultismo como el de la Copa, Calabozos y Dragones, Yin y Yang, Tabla Ouija, Cartas de Tarot (cartomancia), Quiromancia (lectura de la palma), Análisis de la escritura, Escritura automática, Percepción extrasensorial, Hipnotismo, Astrología, Horóscopos, Levitación, Consultas de la Fortuna, Brujería, Magia Negra, Magia Blanca, Conjuros, Encantamientos, Hechizos, Amuletos, Fetichismos, Santería, Satanismo, Control Mental, Yoga, Artes Marciales,

etc. O si ha participado en sectas o cultos de origen ocultista, o que tergiversan la verdad de Dios escrita en la Biblia: como Hare-Krishna, Testigos de Jehová, Ciencia Cristiana, Rosacrucismo, Teosofía, Fenómeno Ovni, Unidad, Mormonismo, Bahaismo, Unitarismo, (y en general en todas las sociedades secretas y agencias sociales que usan la Biblia y a Dios como base, pero omiten la sangre redentora de Jesús). Dice Deuteronomio 18:9-13: *"Cuando entres a la tierra que Jehová tu Dios te da, no aprenderás a hacer según las abominaciones de aquellas naciones. No sea hallado en ti quien haga pasar a su hijo o a su hija por el fuego, ni quien practique adivinación, ni agorero, ni sortílego, ni hechicero, ni encantador; ni adivino, ni mago, ni quien consulte a los muertos. Porque es abominación para con Jehová cualquiera que hace estas cosas, y por estas abominaciones Jehová tu Dios echa estas naciones de delante de ti. Perfecto serás delante de Jehová tu Dios".*

- **El juego de la copa es uno de los juegos más demoníaco que se practican entre los jóvenes, o la tabla Ouija.** Es una puerta para que el practicante sea un esclavo del espiritismo, la hechicería, la necromancia u otras prácticas ocultistas. Es una puerta abierta a los demonios el participar de estos juegos.
- **Lo más nuevo y reciente del diablo es la conformación del movimiento de la Nueva Era.** En realidad, es el antiguo misticismo oriental con nuevo ropaje. Enseña la reencarnación, canalización, visualización, afirmación, humanismo, ecumenismo religioso. La canalización es ser poseído por un espíritu demoníaco como guía. La visualización y la afirmación, son un asentimiento a lo que la mente pueda concebir, creyendo que ocurrirá.

Debemos saber que hay un poder sobrenatural al alcance de todos los seres humanos, y que permite lograr mover objetos con la mente. El diablo es quien tiene esta clase de poder. Y continuamente lo ofrece a través del ocultismo, porque todavía él es el "dios de este mundo" y sabe lo poderosamente tentador que es el señuelo del ocultismo. El demonio atrae a los curiosos con el atractivo de obtener poder sobrenatural, de la misma forma como el pescador atrae al pez con la carnada que esconde el anzuelo, como lo advierte Santiago 1:12-15: "*Bienaventurado el varón que soporta la tentación, porque cuando haya resistido la prueba, recibirá la corona de vida, que Dios ha prometido a los que le aman. Cuando alguno es tentado, no diga que es tentado de parte de Dios, porque Dios no puede ser tentado por el mal, ni él tienta a nadie; sino que cada uno es tentado, cuando de su propia concupiscencia es atraído y seducido. Entonces la concupiscencia, después que ha concebido, da a luz el pecado; y el pecado, siendo consumado, da a luz la muerte*".

¿PUEDE UN CREYENTE ESTAR ENDEMONIADO?

En ninguna parte de las Escrituras dice que un cristiano puede o no estar endemoniado. Este tema ha establecido una de las mayores polémicas dentro de las iglesias cristianas evangélicas, aunque las dos teorías que prevalecen coinciden en que un cristiano no puede estar poseído; sin embargo, hay una diferencia sustancial entre ambas en el concepto de opresión y enajenación espiritual.

TEORÍA A FAVOR DE QUE NINGÚN CREYENTE PUEDE SER OPRIMIDO, ESCLAVIZADO O POSEÍDO POR DEMONIOS

Hay quienes ardientemente defienden el criterio de que si un creyente nacido de nuevo es templo del Espíritu Santo, y que la unidad humana es indivisible, pues toda persona que tiene vida permanece unida en cuerpo, alma y espíritu. Por lo tanto, nunca puede ser poseído ni controlado por demonios en ninguna de esas áreas, pues dicen que sería contrario al punto de vista bíblico, dado que si un demonio entra en cualquier esfera del cuerpo o de la mente estaría entrando en la unidad humana.

Según ellos, esto provocaría una división que no tiene sustento bíblico. Los que sostienen esta teoría aducen que algunos cristianos se han dejado influenciar por la filosofía oriental que acepta la trinidad humana con funciones independientes, y que a esto lo consideran una herejía doctrinal que debe combatirse.

TEORÍA A FAVOR DE QUE LOS DEMONIOS PUEDEN ENTRAR EN EL ALMA O LA CARNE DEL CREYENTE, AUNQUE NIEGAN LA POSESIÓN

Los que se oponen a esta teoría afirman que los demonios sí pueden entrar en algún área del cuerpo y del alma, para poder desde allí controlar la vida del creyente, pero no significa que haya posesión, porque posesión significa "ser dueño del poseído", y que Jesucristo es el único dueño del creyente. Dicen que los demonios no pueden entrar en el espíritu humano, porque es la habitación de Dios. Pero que la mente y el cuerpo no nacen de nuevo instantáneamente como el espíritu en la salvación, pues la mente se va transformando paulatinamente, más despacio, y requiere el proceso de despojarse de la vieja mente y "ponerse" la nueva mente, limpiada y purificada por la sangre de Cristo.

Y afirman que el cuerpo recién será renovado en la segunda venida del Señor. Mientras tanto sostienen que todo creyente seguirá luchando contra los deseos de la carne que se oponen al gobierno del Espíritu de Dios en cada vida. Debido a esta situación el creyente puede caer en pecado, y si esconde el pecado en lugar de confesarlo, puede ser oprimido por un espíritu maligno. En resumen, sostienen que mientras el creyente esté en un proceso de crecimiento y a causa de alguna debilidad cae en pecado, puede abrir las puertas para que demonios entren en su mente o en su cuerpo físico.

LO QUE DICE LA BIBLIA SOBRE LA POSESIÓN DEMONÍACA

Si partimos de la base de que somos una nueva creación en Cristo, hecha nueva por el nuevo nacimiento producido en nuestro espíritu (2 Corintios 5:17), que nuestro espíritu humano ha sido sellado con el Espíritu Santo de la promesa (Efesios 1:13 y 4:30) y hemos sido transformados en templo del Espíritu de Dios, bajo este fundamento bíblico podemos hacer una comparación del cuerpo humano con el templo antiguo que estaba constituido por tres partes: el lugar Santísimo, el lugar Santo y el Atrio. Nuestra constitución trinitaria incluye también tres partes: espíritu humano, alma humana y cuerpo humano. La Biblia dice que la presencia de Dios moraba solo en el Lugar Santísimo; corresponde comparativamente esta parte, al espíritu humano. En tanto que nuestra alma, que incluye nuestra mente, voluntad y sentimientos, correspondería al Lugar Santo y nuestros cuerpos corresponderían al Atrio. Dice Mateo 21:12-13 que Jesús expulsó a los infractores de los atrios del templo de Jerusalén: *"Y entró Jesús en el templo de Dios, y echó fuera a todos los que vendían y compraban en el templo, y volcó las mesas de los cambistas, y las sillas de los que vendían palomas; y les dijo: Escrito está: Mi casa, casa de oración será llamada; mas vosotros la habéis hecho cueva de ladrones".*

Así como Jesús llegó a un templo que estaba contaminado por mercaderes y cambistas especuladores, y echó fuera a aquellos que corrompían el templo de Dios, también nosotros debemos mantener limpio nuestro templo de toda contaminación. El cuerpo, que podemos compararlo con el atrio de nuestro templo, es nuestra responsabilidad mantenerlo limpio.

Por eso dice la Biblia que no debemos darle lugar al diablo, pues cuando un creyente le da lugar al diablo, necesitará liberación espiritual. Y también nuestra alma o nuestra mente, que comparativamente sería el Lugar Santo, necesita ser liberada si se les abrió la puerta a los demonios. Dice 1 Timoteo 4:1: *"Pero el Espíritu dice claramente que en los postreros tiempos algunos apostatarán de la fe, escuchando a espíritus engañadores y a doctrinas de demonios".*

Este texto nos ayuda a comprender que los demonios pueden estar activos también en la iglesia, aunque no tengan dominio absoluto; sin embargo, pueden producir opresión y pesadez espiritual a algún creyente desobediente. El orgullo y las enseñanzas distorsionadas que confunden legalismos humanos con doctrina, permiten muchas veces que estos creyentes vivan bajo opresión demoníaca.

Ciertamente para todo creyente oprimido espiritualmente, la liberación de Dios está disponible mediante el Espíritu Santo que obra por medio de los miembros del Cuerpo de Cristo. Pero tengamos presente que todo pecado no confesado y retenido permite que un demonio pueda influir en alguna area de cualquier creyente y desde allí ejercer pensamientos de opresión que conducirán a pensamientos y acciones más pecaminosas.

Por ejemplo, si el pecado es sexual, un demonio de sexo aumentará los deseos pecaminosos al punto de hacerlos incontrolables para el pecador, quien quedará atrapado en la esclavitud sexual. Y así con otros pecados que serán exacerbados por demonios del mismo pecado; lo que necesitará el pecador es liberación espiritual, para lo cual deberá confesar primeramente el pecado, y luego el demonio deberá ser echado del área en que lo oprime. Por lo tanto, podemos afirmar que la Biblia nunca dice ni da alguna sugerencia que sustente la idea de que un creyente pueda ser poseído por un demonio. Sin embargo, como hemos visto, sí puede ser oprimido y hasta esclavizado espiritualmente.

Los siguientes ejemplos de oración de liberación pueden servir de modelo para otros casos de creyentes que luchan contra la opresión, herencia o esclavitud demoníaca:

MODELO DE ORACIÓN PARA CONFESAR Y RENUNCIAR A LA PARTICIPACIÓN CON EL OCULTISMO E IDOLATRÍA

"Padre eterno, reconozco que busqué la ayuda de Satanás, lo reconozco y confieso que he pecado por medio de... (nombrar los pecados del ocultismo e idolatría en que ha incurrido: adivinación, quiromancia, espiritismo, yoga, meditación trascendental, control mental, hechicería, curanderos, magia blanca, roja o negra, religiones esotéricas, teosofía, nueva era, adoración de imágenes de dioses o diosas, adoración de falsos dioses, etc.). Confieso todas mis faltas contra ti, mi Señor, y aún las que no recuerdo, Padre del cielo, me arrepiento por haberte ofendido y te pido perdón.

Renuncio a la dependencia de Satanás y sus demonios, rompo y cancelo todo pacto consciente e inconsciente que hice con el diablo, ángeles caídos o demonios. En el nombre de Jesucristo, ¡sea cortada toda relación mía con la idolatría y el ocultismo para siempre! Gracias Señor, amén".

MODELO DE ORACIÓN PARA CORTAR CUALQUIER HERENCIA DE MALDICIÓN POR EL OCULTISMO O IDOLATRIA DE ANCESTROS

"Padre del cielo, en el nombre de Jesucristo, sea rota y cortada toda ramificación del diablo en mi vida, y toda herencia de maldición y de espíritus del mal. Te pido, Señor, que esta liberación alcance a mis hijos y toda mi descendencia, y que sean cortados todos los lazos de hechizos, encantos, conjuros, maleficios, embrujos, sortilegios, maldiciones, idolatría, ensalmos que hayan venido sobre mi familia, por medio de ancestros o poderes ocultos o psíquicos, vivos o muertos, de cualquier origen oculto del mundo de las tinieblas. Te doy gracias, Señor Jesucristo, por haberme liberado de toda herencia de maldición y de toda ligadura satánica o demoníaca. Me desligo hoy de toda maldición de idolatría y hechicería, hasta mi segunda, tercera, cuarta y anteriores generaciones de ascendientes. Señor Jesucristo, esto lo hago en el poder de tu Nombre, amén".

Capítulo 10

EL MATRIMONIO

1. EL MATRIMONIO CRISTIANO

Las relaciones matrimoniales siguen siendo uno de los grandes problemas en nuestras familias, al punto que las estadísticas mundiales indican que de dos matrimonios uno fracasa. Es un área muy difícil y compleja para ministrar y dar consejo, partiendo de la base de que no todos los eruditos cristianos evangélicos están de acuerdo acerca de lo que la palabra de Dios enseña sobre este asunto. Especialmente, cuando un matrimonio cristiano enfrenta la posibilidad de un divorcio o cuando algún creyente divorciado quiere contraer matrimonio en segundas nupcias.

Es importante aclarar que el punto de vista que vamos a estudiar puede no estar de acuerdo con otras corrientes de opinión cristianas que han abordado el tema. Aunque todos los estudios presentados están fundamentados sobre la Biblia y no sobre las experiencias humanas o suposiciones. Sí, coincidimos y estamos de acuerdo con la Escritura, en que la unidad matrimonial no solo está en el centro de la voluntad de Dios, sino que es agradable ante sus ojos, y que el deseo del Señor es que ninguno de los cónyuges altere su permanencia.

En los temas donde la Biblia guarda silencio o no es clara para nuestro entendimiento, debemos orar y estudiar lo que el Espíritu Santo nos diga; así podremos tener una mayor comprensión de cómo Dios mira la relación matrimonial y la solución de sus conflictos.

Como consejeros, todo la ministración y consejo que demos a las personas que tienen problemas matrimoniales, debe basarse en la reconciliación y la restauración de la pareja; siempre debemos buscar que los cónyuges le den a Dios la oportunidad de traer la solución a sus dificultades.

Es muy importante que el consejero no escuche ni dé consejo alguno cuando está solo frente a una de las partes, pues dado que el matrimonio es un pacto entre dos, si lo hacemos solo escucharemos la mitad del problema. Si damos un consejo desde esa perspectiva será parcial y erróneo. Dice Proverbios 18:17: *"Justo parece el primero que aboga por su causa; pero viene su adversario, y le descubre"*.

Debemos hacer comprender a los cónyuges que Dios ha establecido que el matrimonio es una relación con pacto. Dice Malaquías 2:14: *"Mas diréis: ¿Por qué? Porque Jehová ha atestiguado entre ti y la mujer de tu juventud, contra la cual has sido desleal, siendo ella tu compañera, y la mujer de tu pacto"*. Y Eclesiastés 5: 4-5 recuerda que *"Cuando a Dios haces promesa, no tardes en cumplirla; porque él no se complace en los insensatos. Cumple lo que prometes. Mejor es que no prometas, y no que prometas y no cumplas"*.

El otro punto fundamental es que los cónyuges puedan comprender que el matrimonio es sagrado y bueno a los ojos de Dios. Dice Génesis 2:18, 21-24. *"Y dijo Jehová Dios: No es bueno que el hombre esté solo, le haré ayuda idónea para él. Entonces Jehová Dios hizo caer sueño profundo sobre Adán, y mientras éste dormía, tomó una de sus costillas, y cerró la carne en su lugar. Y de la costilla que Jehová Dios tomó del hombre, hizo una mujer, y la trajo al hombre. Dijo entonces Adán: Esto es ahora hueso de mis huesos y carne de mi carne; ésta será llamada Varona, porque del varón fue tomada. Por tanto dejará el hombre a su padre y a su madre, y se unirá a su mujer, y serán una sola carne"* (énfasis mío).

Dice la palabra que debe "dejarse a los padres, para unirse al cónyuge", lo cual significa que se efectuará un cambio de dependencia para cada uno. Y que dicho cambio involucra primeramente establecer una relación nueva y adulta entre ambos. Para lo cual cada uno deberá estar sumamente interesado en las ideas, opiniones y prácticas del cónyuge, más que en las suyas propias. Dejará la dependencia de los padres para relaciones de afecto, aprobación, asistencia y consejo. Pues esto deberá ser desarrollado por la pareja. Aunque cada cónyuge deberá seguir honrando a sus progenitores siempre.

Por eso será de suma importancia, si hubo conflictos, eliminar las malas actitudes o resentimientos hacia los padres para prevenir, más adelante, ataduras emocionales. Ninguno debe intentar cambiar las actitudes del cónyuge, y mucho menos porque a sus padres no les agraden. El marido y la esposa deben hacer de la relación conyugal su relación humana prioritaria.

Cuando la Biblia dice "unirse al otro" a través del matrimonio, significa ante todo la promesa de ser fiel el uno al otro hasta la muerte. Debemos entender que el matrimonio es una elección deliberada, debemos verlo como que es un asunto de obediencia y no de conveniencia. Para ello deben estar dispuestos y determinados a trabajar en la relación y basar la relación matrimonial en el compromiso, no en los sentimientos. Estar convencidos de que el matrimonio es un pacto irrevocable o un contrato que obliga de por vida, sin cláusula de anulación, ni recesión. Mantener la fidelidad a pesar de lo que suceda a cualquiera de los dos cónyuges. Hacer el uno al otro el mismo tipo de compromiso, así como en nuestra relación con Cristo, el uno al otro. Cada uno debe recordar el compromiso hecho ante el altar de Dios el día del casamiento, donde se prometieron estar unidos en enfermedad y salud, pobreza y riqueza, placer y dolor, gozo y tristeza, buenos y malos tiempos, acuerdos y desacuerdos.

En el matrimonio se necesita aprender a encarar los problemas mutuamente y considerarlos conjuntamente; buscar la ayuda de Dios en ellos y resolverlos entre ambos, porque no hay otra manera dentro el matrimonio, pues cada uno está comprometido con la otra persona para toda su vida.

La Biblia dice que "serán una sola carne" a través del matrimonio. Lo que significa, ante todo, tener unión física sexual, dentro de los límites del matrimonio, y realizarlo como un acto de ofrecerse el uno al otro con el mayor placer y agrado. Practicar una entrega total, dar al otro y tomar del otro hasta que la muerte los separe. Alcanzar la mayor intimidad para estructurar una indestructible unidad. Compartirlo todo: cuerpo, posesiones, percepciones, ideas, habilidades, problemas, sufrimientos, triunfos, fracasos, etc. Pues el matrimonio es una sociedad al 50% y 50%.

Deben estar tan interesados acerca de las necesidades del otro, como lo hacen con las propias. No permitir que las diferencias de gustos, opiniones o elecciones estorben la unidad, sino que la fortalezcan con la aceptación de vivir en armonía, respetando siempre la opinión del otro.

2. LA NECESIDAD DEL CONSEJERO MATRIMONIAL

Dado que el matrimonio es el primer organismo social y humano creado por Dios, incluso antes de los gobiernos y de la misma iglesia, podemos decir que es la base de todas las demás instituciones.

Como hemos visto, Dios instituyó el matrimonio en el jardín del Edén, estableció los términos y allí realizó la primera ceremonia matrimonial. Es decir que Dios instituyó el matrimonio como la institución básica de la sociedad humana. Si se destruye el matrimonio, se destruye la Iglesia y se destruyen los gobiernos de las naciones. Por eso el diablo desde el principio puso problemas y desavenencias entre Adán y Eva, para que esa unión quedará dañada y, si es posible, disuelta.

Debido a que la armonía en la relación matrimonial es tan básica, el aconsejar matrimonial es fundamental para ayudar a los cónyuges cristianos en problemas.

Hay veces que los jóvenes matrimonios necesitan aprender a manejar las presiones en el hogar; los primeros choques hacen revivir el egoísmo de cada uno y piensan en la separación como única alternativa de solución. Para Dios no existe, ni es válido como argumento de separación la "incompatibilidad de caracteres".

Debemos aconsejar a los matrimonios jóvenes con problemas, que las presiones dentro del hogar sirven para sacar a luz los defectos de cada uno, pero para corregirlos bajo las normas de Dios. Estas manifestaciones aparecen como intensos problemas de difícil resolución, porque son expresiones de la carne que estaban escondidas, y ahora bajo la presión salen a la superficie. Lo que ocurre es que la carne no es compatible, porque está ligada al pecado.

Lo que verdaderamente se compatibiliza en el matrimonio es el espíritu, porque Cristo desde allí puede llegar a ser una unidad genuina y duradera.

Ante todo debe quitarse el engaño humanista de que la compatibilidad de caracteres es la suma de afinidades y desacuerdos de lo que cada uno era antes de casarse. El único camino para que los cónyuges logren ser compatibles uno al otro, es el crecimiento espiritual de cada uno conforme a Cristo. Por eso el consejero matrimonial debe centrar sus esfuerzos tanto en el crecimiento individual del carácter cristiano en cada cónyuge, como en su crecimiento corporativo. En Efesios 5, en la descripción de los roles matrimoniales, se presenta la relación armónica que existe entre Cristo y la Iglesia, como la norma que debe regir el matrimonio cristiano.

El trato de Cristo a la Iglesia debe ser el trato del marido a la esposa; lo que la Iglesia debe ser para Cristo, así debe ser la esposa para el marido. Cuando la relación entre los cónyuges llega a la similitud de la relación entre Cristo y su Iglesia, naturalmente habrá una inundación del amor de Dios sobre el hogar, que sobrepasará cualquier desacuerdo.

Cuando una pareja tiene problemas en la relación conyugal, cada uno en forma individual tendrá problemas en su relación con Dios, porque la discordia en el hogar interrumpe la bendición desde lo alto. Debemos entender que cuando hay discordia, hay pecado.

Por lo tanto, hasta que no haya confesión y arrepentimiento por parte de los cónyuges, no se podrá ministrar ni aconsejar a ninguno de ellos, pues ningún intento tendrá éxito. Cuando las disputas matrimoniales no se solucionan, aumentarán los problemas en el hogar, sea con los hijos, con las finanzas, con la salud, hasta tanto sea restaurada primeramente la relación con Dios. Cuando uno de los cónyuges se enoja con el otro y se niega a hablarle, sin duda, Dios tampoco lo escuchará. Dice 1 Pedro 3:7: "*Vosotros, maridos, igualmente, vivid con ellas sabiamente, dando honor a la mujer como a vaso frágil, y como a coherederas de la gracia de la vida, para que vuestras oraciones no tengan estorbo*". Aunque este pasaje se dirige al marido, debe usarse para ambos.

EL CONSEJERO Y SU PROPIO MATRIMONIO

Será imposible para un consejero, por más conocimiento bíblico que tenga y por más entendimiento de los principios y prácticas con que Dios gobierna sobre los esposos, ser efectivo en la consejería matrimonial, si su matrimonio está en malas relaciones. En este caso será importantísimo que el consejero busque ser aconsejado, y hasta tanto no solucione su problema deberá interrumpir cualquier intento de aconsejar a otros.

Mas allá que todo consejero matrimonial deberá adquirir el conocimiento apropiado para aconsejar, sobre todo el consejero deberá desarrollar, ejercer y mantener un matrimonio que refleje los principios bíblicos en su diario convivir, porque será la armonía de su propio matrimonio el que ofrecerá el mejor consejo para ayudar a quienes enfrentan problemas, pues la comprensión del uno para con el otro que intentan sostener esa armonía, proviene de la obediencia al Espíritu de Dios que gobierna su hogar.

Además, debemos recordar que si un consejero pretende dar el consejo de Dios sobre problemas matrimoniales, y él mismo no se somete a lo que bíblicamente está aconsejando, será un hipócrita para con el Señor y, como sabemos, Dios nunca bendice a los hipócritas.

Debemos también dejar en claro que si bien es importante que los consejeros matrimoniales aconsejen contando con la garantía que sus propios hogares están bajo la bendición de Dios, esto no significa que sus matrimonios deban ser perfectos.

Porque si la perfección fuese la condición *sine qua non* para aconsejar, creo que muy pocos, por no decir ninguno, estaría calificado para ministrar y aconsejar a otros. Recordemos siempre que no estamos aconsejando, ni para el bien de nosotros, ni para la Iglesia, sino para Cristo. Y su principal requerimiento es que seamos honestos en toda nuestra manera de vivir, que busquemos la santidad como meta para agradar a Dios, y que no aconsejemos siendo hipócritas, ni cargando con problemas conyugales no resueltos.

Jesús dijo de los religiosos hipócritas que eran guías ciegos, y si alguien pretende ayudar a un matrimonio en conflicto, cuando su matrimonio ha fracasado, será una guía ciego que intenta guiar a otros ciegos. Como consejeros matrimoniales debemos aconsejar no en nuestra propia experiencia, sino en la palabra de Dios revelada. Sin embargo, debemos mantener nuestros matrimonios sanos ante los ojos de Dios y también de los hombres.

Lo fundamental es contar con un matrimonio unido que sea ejemplo para otros, de la misma manera que Tito 2:7 requiere de los pastores y líderes de la iglesia, de que sean *"ejemplo de buenas obras"*. Se puede ser ejemplo sin ser totalmente perfecto. Por lo tanto, el éxito del consejero no estará en la sabiduría de cómo administra el consejo del Señor, sino en cuidar que su propio matrimonio no se aparte de los principios de Dios establecidos en la Biblia, tal como lo expresó David en el Salmo 101:2 cuando dijo: *"Entenderé el camino de la perfección cuando vengas a mí. En la integridad del corazón andaré en medio de mi casa"*. Esto es tener la prioridad de mantener siempre junto e íntegro lo que Dios ha unido.

3. PASOS PARA QUE UN MATRIMONIO ARMONICE CON LA VOLUNTAD DE DIOS

Para alcanzar la armonía conyugal de acuerdo a la voluntad de Dios, es fundamental trabajar juntos en la misma meta de Efesios 5:21: *"Someteos unos a otros en el temor de Dios"*. La armonía –que traerá como resultado la felicidad conyugal– comienza con el cumplimiento de las responsabilidades bíblicas establecidas por Dios para cada cónyuge; veamos cada una de estas responsabilidades:

- Comenzaremos con las responsabilidades de las esposas de acuerdo a Efesios 5:22-24. *"Las casadas estén sujetas a sus propios maridos, como al Señor; porque el marido es cabeza de la mujer, así como Cristo es cabeza de la Iglesia, la cual es su cuerpo, y él es su Salvador. Así que, como la Iglesia está sujeta a Cristo, así también las casadas lo estén a sus maridos en todo"*. El primer paso de la esposa es desarrollar su poder de influencia sobre el esposo, para lograr ser la ayuda idónea que Dios planeó. El problema que puede plantearse es cuando la esposa deja de apoyar a su esposo en todas las cosas, o que trate de invertir los roles y compita con su esposo en la jefatura y sacerdocio del hogar. Hay tres cualidades divinas provistas por Dios a las esposas cristianas para bendecir al marido en el hogar:

a. 1 Timoteo 3:11: *"Las mujeres asimismo sean honestas, no calumniadoras, sino sobrias, fieles en todo"*.
b. Proverbios 14:la *"La mujer sabia edifica su casa"*.
c. Proverbios 12:4a. *"La mujer virtuosa es corona de su marido"*.

• Respecto a la responsabilidad del esposo, dice Efesios 5:25-30: *"Maridos, amad a vuestras mujeres, así como Cristo amó a la iglesia, y se entregó a sí mismo por ella, para santificarla, habiéndola purificado en el lavamiento del agua por la palabra, a fin de presentársela a sí mismo, una iglesia gloriosa, que no tuviese mancha ni arruga, ni cosa semejante, sino que fuese santa y sin mancha. Así también los maridos deben amar a sus mujeres como a sus mismos cuerpos. El que ama a su mujer, a sí mismo se ama. Porque nadie aborreció jamás a su propia carne, sino que la sustenta y la cuida, como también Cristo a la iglesia, porque somos miembros de su cuerpo, de su carne y de sus huesos"*. La responsabilidad bíblica del esposo tiene que ver con asumir la autoridad delegada por Dios en el cumplimiento de ser jefe y sacerdote del hogar, para influir positivamente a su esposa. Cuando el esposo no cumple esta responsabilidad, no con la imposición de sus fuerzas varoniles, sino con el testimonio, la relación conyugal comenzará a debilitarse.

• Cuando el esposo y la esposa cumplen fielmente sus roles. Dios siempre hará su parte, influirá con su amor sobre los cónyuges y completará el matrimonio con su manto de gloria sobre el hogar, lo hará un "pedacito de cielo". La armonía del matrimonio feliz está descrito en Efesios 5:31-33: *"Por esto dejará el hombre a su padre y a su madre, y se unirá a su mujer, y los dos serán una sola carne. Grande es este misterio, mas yo digo esto respecto de Cristo y de la iglesia. Por lo demás, cada uno de vosotros ame también a su mujer como a sí mismo, y la mujer respete a su marido"*. A medida que el esposo y la esposa se acerquen más a Dios, llegarán a estar más cercanos y unidos el uno al otro en su relación matrimonial, permitirán que la felicidad inunde el hogar.

Así como Cristo es novio de la iglesia y alimenta su amorosa relación para preséntasela a Él mismo, santa, sin mancha, ni arruga; de la misma manera Dios les ha otorgado cualidades divinas a los esposos para aumentar el amor y la armonía con las esposas.

LA RELACIÓN DE CRISTO Y LA LA RELACIÓN DEL ESPOSO CON

LA IGLESIA:	LA ESPOSA:
– Pacto permanente (Hebreos 8:8-12)	– Pacto permanente (Efesios 5:31-32)
– Cabeza de la Iglesia (Efesios 5:23)	– Marido, cabeza del hogar (1 Corintios 11:3)
– Protege la Iglesia (Mateo 16:18)	– Marido, provee y protege (Efesios 5:28-30)
– Purifica la Iglesia por su palabra (Efesios 5:25-27)	– Marido purifica a la esposa con la palabra (Efesios 5:28)
– Cristo nunca se separará de su Iglesia, (Hebreos 13:5)	– Nunca se divorciará, ni aún por infidelidad (Hebreos 13:5; Malaquías 2:13-16; Colosenses 3:12-13; Oseas 2:14-20).

Todo tipo de rebelión y desobediencia hacia la Palabra de Dios bloquearán el fluir del Espíritu Santo entre Dios y el matrimonio, causará relaciones infructuosas y oraciones sin contestar. Otra vez encontramos en acción el principio de atar y desatar.

Ser obediente a la Palabra de Dios y vivir en Cristo traerá bendición en abundancia, y originará una relación matrimonial productiva y llena de felicidad.

4. PASOS PARA LOGRAR UN HOGAR FELIZ

Génesis 1:27-28 dice: *"Y creó Dios al hombre a su imagen, a imagen de Dios lo creó; varón y hembra los creó. Y los bendijo Dios, y les dijo: Fructificad y multiplicaos; llenad la tierra, y sojuzgadla [dominadla], y señoread en los peces del mar, en las aves de los cielos, y en todas las bestias que se mueven sobre la tierra"*.

El matrimonio que no ejerce el dominio a través de los roles asignados por Dios, causará los problemas que ensombrecerán la atmósfera de armonía en el hogar. Para entender mejor cómo resolver este problema básico, veamos los siguientes hechos bíblicos:

- Dios creó al hombre y dijo que no era bueno para él estar solo. Entonces Dios formó a la mujer –del hombre– para que ella pudiera ser su *"ayuda idónea"* (responsabilidad de la esposa) (Génesis 2:18, 21-23).
- 1 Corintios 11:7-9 dice: *"... el varón no procede de la mujer, sino la mujer del varón, y tampoco el varón fue creado por causa de la mujer, sino la mujer por causa del varón"*. Efesios 5:22 dice: *"La mujer fue creada para estar sujeta a su marido, como al Señor"*.
- El hombre fue delegado para asumir el liderazgo –responsabilidad del esposo– de su familia, y con la obligación de amar a su esposa como Cristo amó a la iglesia, tal como dice Efesios 5:25, 28-29: *"Maridos, amad a vuestras mujeres, así como Cristo amó a la iglesia, y se entregó a sí mismo por ella (...) El que ama a su mujer, a sí mismo se ama. Porque nadie aborreció jamás a su propia carne, sino que la sustenta y la cuida, como también Cristo a la iglesia"*.

El derrumbamiento de la armonía familiar empezó en el jardín del Edén con Adán y Eva. Eva falló en su papel de ayudadora y desobedeció al comer del fruto prohibido, pues usurpó la autoridad de Adán, quien le había comunicado a ella el mandato de Dios. Pero Adán falló en el ejercicio de su autoridad dada por Dios por aceptar la invitación tentadora de comer el fruto prohibido, de parte de Eva. Este acto de rebelión hacia los roles o funciones dadas por Dios se ponen de manifiesto cuando un creyente busca servir a Dios, pero al mismo tiempo trata de servir a dos señores: a Dios y al propio yo.

Por esto nos advierte Mateo 6:24: *"Nadie puede servir a dos señores"*. Pero si los esposos ejercen cada uno el dominio para funcionar en sus responsabilidades bíblicas, Dios se encargará de inundar de paz y armonía el matrimonio, para que reine la felicidad en el hogar y así cada uno producirá fruto de Dios.

Podemos ilustrar el funcionamiento bíblico de los roles de los esposos por medio de la puerta cerrada de una habitación. La puerta representa al esposo, pero no podrá abrirse sin la llave, que representa la esposa, como la ayuda idónea. El esposo como cabeza, es la puerta de acceso a la bendición, pero esta no podrá ser abierta sin la llave.

La Palabra de Dios dice que el único camino al Padre es a través de Jesucristo, Él es la "puerta" para llegar al Padre (ver Juan 14:6), pero será necesaria la llave de la convicción de pecado y la fe para creer, por medio del Espíritu Santo, para abrir la puerta de la salvación eterna.

Si miramos la autoridad divina a través de los ojos de Dios, vemos a Dios el Padre como la cabeza de Cristo, a Cristo la cabeza del esposo, el esposo la cabeza de su esposa e hijos. Tal como lo manifiesta 1 Corintios 11:3: *"Pero quiero que sepáis que Cristo es la cabeza de todo varón, y el varón es la cabeza de la mujer, y Dios la cabeza de Cristo"* .

Ahora bien, cuando usamos el ejemplo de la puerta y consideramos que un hogar feliz será logrado solo cuando los esposos se someten a la Palabra de Dios, vemos que cuando el esposo como "la puerta", funciona en el desempeño de su papel sacerdotal, el hogar será bendecido por Dios.

De todas formas, la esposa, como "la llave" de la puerta, tiene que ser usada primero antes de que pueda abrirse; de aquí la importancia de que las esposas estén en sumisión a sus maridos, de manera que bajo el designio de Dios ninguno de los cónyuges puede funcionar sin el otro, así como la puerta no puede ser abierta sin la llave, ni la llave tendrá utilidad sin una puerta.

Los principales problemas matrimoniales y familiares surgen por la rebeldía que reside en la vieja naturaleza, y que muchas veces hace fallar el funcionamiento de los roles dados por Dios. La inversión de estos roles terminan en la ruptura de la armonía conyugal, como cuando la esposa trata de ser una "puerta", en lugar de funcionar como "llave", o cuando el esposo pretende funcionar como una "llave" en lugar de ser "puerta".

Esto representa un fracaso en la rendición de los propios derechos a Dios, porque la palabra de Dios dice en 1 Corintios 11:11: *"Pero en el Señor, ni el varón es sin la mujer, ni la mujer sin el varón"*.

Satanás nunca podrá obrar contra la unión conyugal si los esposos asumen sus roles divinos y se mantienen dentro de ellos. Dios nos ha ordenado ejercer y tomar dominio sobre esta Tierra, y todo lo que se mueve sobre ella. Es esta la responsabilidad hoy sobre la iglesia y todos los cristianos, y también está sobre todos los esposos y padres creyentes.

Si fallan en asumir su responsabilidad como cabeza del hogar, dan lugar a que los poderes destructivos del diablo obren sobre el matrimonio y su familia. Y si las esposas y madres fallan en permitirle al esposo obrar a través de la sumisión a su liderazgo, estarán en rebeldía contra Dios y su Palabra, traerán desorden y conflictos en sus hogares.

La elección está en las manos de los cónyuges: o lo hacen a la manera de Dios, abriendo las puertas de sus abundantes bendiciones, de su paz y de su gozo, como fruto de la obediencia en el ejercicio de sus roles. O lo hacen a la manera de Adán y Eva, abriendo las puertas de la maldición para que el diablo tome sus hogares.

La Biblia dice que la bendición de Dios estará siempre sobre los obedientes y la maldición sobre los desobedientes. Dice Malaquías 4:6: *"Él hará volver el corazón de los padres hacia los hijos, y el corazón de los hijos hacia los padres, no sea que yo venga y hiera la tierra con maldición"*.

5. EL PROPÓSITO BÍBLICO DE LA PRÁCTICA SEXUAL EN EL MATRIMONIO

Desde la creación del hombre, la práctica sexual se fue tergiversando y alejando del propósito para el cual lo creó Dios. La Biblia se ocupa de dejar claro que la práctica sexual fue creada por Dios para realizarla únicamente dentro del marco matrimonial, por eso dice la Biblia: "*...dejará el hombre a su padre y a su madre, y se unirá a su mujer, y serán una sola carne*". Cuando Dios decretó los Diez Mandamientos para la raza humana, dos de ellos están referidos a evitar la práctica sexual fuera del matrimonio. El séptimo mandamiento dice: *"No cometerás adulterio"*, y el décimo mandamiento: *"No codiciarás (...) la mujer de tu prójimo"*.

Cuando Jesús predicó el famoso Sermón del Monte hizo un agregado al mandamiento sobre el adulterio, pues dijo: *"Oyeron que fue dicho: No cometerás adulterio. Pero yo le digo que cualquiera que mira una mujer para codiciarla, ya adulteró con ella en su corazón"*. Con el objetivo de que no se pervierta el propósito de Dios, ni siquiera en la mente humana.

En el Antiguo Testamento cuando un hombre o mujer israelita cometían adulterio, eran llevados ante los jueces y si se comprobaba el hecho, eran condenados a muerte. Esta ley se siguió cumpliendo hasta los tiempos de Jesús. Dice la Biblia que un día que Jesús pasaba por Jerusalén varios religiosos le presentaron a una mujer que había sido sorprendida en el acto del adulterio, por lo cual había sido sentenciada de acuerdo a la ley, a sufrir la muerte por apedreamiento. Los religiosos le dijeron a Jesús: "*Esta mujer ha sido sorprendida en el acto mismo del adulterio. Y en la ley nos mandó Moisés apedrear a tales mujeres. Tú pues ¿qué dices?*" Jesús parecía no escucharlos, estaba inclinado hacia el suelo y jugaba con su dedo, escribía sobre la tierra. Pero como le insistieron, se enderezó y les contestó diciendo: "*El que de vosotros esté sin pecado sea el primero en arrojar la piedra contra ella*"(Juan 8:4-7). Luego se inclinó y siguió jugando con la tierra.

Pasado un rato se enderezó y no vio a ninguno de los religiosos, solo la mujer estaba en el medio, sana y salva, a quién Jesús le preguntó: "*Mujer, ¿dónde están los que te acusaban? ¿Ninguno te condenó?*". Y ella respondió: "*Ninguno, Señor*". Entonces Jesús le dijo: "*Ni yo te condeno; vete, y no peques más*". En este "*no peques más*" está la exhortación para que la mujer vuelva a su marido y busque allí lo que practicaba fuera del matrimonio. Obviamente, el adúltero o la adúltera no buscan procrear, sino solamente gozarse carnalmente en el placer sexual. Tampoco cabe duda que Dios creó el acto sexual para procrear, pero no como único propósito. Por ello adicionó el placer sexual en el mismo acto.

Este propósito es de suma importancia, pues este deleite carnal e íntimo es uno de los factores creados por Dios para preservar la unión matrimonial. La Biblia dice en la primera carta que escribió Pablo a los Corintios 7:2-5: "*A causa de las fornicaciones, cada uno tenga su propia mujer, y cada uno tenga su propio marido. El marido cumpla con la mujer el deber conyugal, y asimismo la mujer con el marido. La mujer no tiene potestad sobre su propio cuerpo, sino el marido; ni tampoco el marido tiene propiedad sobre su propio cuerpo, sino la mujer. No se niegue el uno al otro, a no ser por algún tiempo de mutuo consentimiento (...) y volved a juntaros en uno, para que no los tiente Satanás a causa de vuestra incontinencia*". Aquí tenemos instrucciones explícitas sobre la importancia de mantener relaciones sexuales dentro del matrimonio y con continuidad, y no únicamente para gestar, al punto de que el texto bíblico denomina el acto sexual como un "deber conyugal".

Está claro que el propósito es para guardar la fidelidad matrimonial y la unión de la pareja, y el objeto del placer carnal es para que los cónyuges busquen practicarlo y deleitarse en él.

6. ¿EN QUÉ FORMA LA UNIDAD MATRIMONIAL PUEDE SER DESTRUIDA POR EL PECADO?

Los principales pecados que afectan la unidad matrimonial son: egoísmo, orgullo, amargura, falta de perdón, resentimiento, ingratitud, insultos, negligencia, crueldad, impaciencia, aspereza, insensibilidad, violencia y agresión mental o física, etc.

La Biblia dice que Dios diseñó y planeó el matrimonio para que sea una relación permanente. Dice 1 Corintios 7:10-14: *"Pero a los que están unidos en matrimonio (...) Que la mujer no se separe del marido (...) y que el marido no abandone a su mujer"*.

Muchos de los problemas matrimoniales entre creyentes con inconversos, se genera cuando se enfrentan en desacuerdos espirituales y religiosos, porque en lugar de estar ambos cónyuges bajo la perfecta voluntad de Dios, están bajo la voluntad permisiva de Dios. Cuando los esposos se rinden a la voluntad divina hay abundancia de bendición en el hogar. Pero cuando uno se rinde al control divino y el otro no, comienza a manifestarse los desacuerdos y las desavenencias. Por eso dice 2 Corintios 6:14 a los creyentes: *"No os unáis en yugo desigual con los incrédulos; porque ¿qué compañerismo tiene la justicia con la injusticia? ¿Y qué comunión la luz con las tinieblas?"*

Cuando dos creyentes se casan ante Dios, en el momento de intercambiar sus votos matrimoniales cada uno de ellos se convierte, de hecho, en cónyuge. La palabra cónyuge viene del latín *conyugis*, que literalmente significa "con yugo" o "bajo el mismo yugo". Solo desde ese punto, Dios puede cumplir su compromiso para terminar el trabajo de construir el carácter de cada cónyuge para que la unión matrimonial sea permanente, y se cumpla lo que dice Filipenses 2:13: *"Porque Dios es el que en vosotros produce así el hacer, por su buena voluntad"*.

El matrimonio ideal que Dios ha diseñado para que experimentemos y vivamos aquí en la Tierra, requiere amor y respeto recíproco. Pero cuando el amor y respeto es dado solo por una de las partes, cuando un cónyuge es generoso y el otro egoísta, cuando uno da y el otro solo busca recibir, se producirá un deterioro inevitable en la relación.

Aún si el que da es cristiano, se irá desgastando ante el embate natural de no ser correspondido o correspondida.

Sin embargo, la Biblia ofrece principios que pueden ayudar a disolver los problemas que parecen imposibles de solucionar. En 1 Pedro 3:1-2 dice: "*Asimismo vosotras, mujeres, estad sujetas a vuestros maridos, para que también los que no creen la palabra, sean ganados sin palabra por la conducta de sus esposas, considerando vuestra conducta casta y respetuosa*". Aquí hay instrucciones específicas para los cristianos que están casados con inconversos: el énfasis está puesto en ser ejemplo más que predicadores, en ser un testimonio vivo, y no solo verbal. Luego se refiere a la conducta, exhortando a llevar siempre una vida de pureza moral. Aunque en el caso de las mujeres, la Biblia no se opone ni dice nada en contra del maquillaje o los arreglos que usan para lucir más hermosas; sin embargo, hace énfasis en la belleza interior, o el "*incorruptible ornato*" del espíritu, pues esas son las cualidades que complacen a Dios y que alcanzará a quienes lo rodean en el círculo íntimo en el que vive.

Pero detengámonos por un momento para preguntarnos: ¿en qué consiste la belleza interna? ¿Qué significa un "*espíritu afable y apacible*"? Si tomamos el efecto de lo contrario, de lo que no es, podríamos decir que es un cónyuge que está siempre regañando, que grita a los hijos y al esposo o esposa, el cónyuge que rebaja al otro en público, o que no se comunica afablemente con el otro, y que cuando lo hace lo expresa con aspereza, que no escucha, que es impaciente e intolerante.

En otras palabras, un esposo o esposa creyente nunca va a ganar a su cónyuge para Cristo si es insensible, exigente, gritón y egoísta. Debe amar a su cónyuge como Cristo amó la iglesia, aunque la otra parte no sea creyente. Notemos el contexto más amplio en que aparece esta exhortación de la carta de Pedro a las mujeres y a los maridos; antes había dicho: "*Manteniendo vuestra manera de vivir entre los gentiles; para que en lo que murmuran de vosotros, como de malhechores, glorifiquen a Dios, en el día de la visitación, al considerar vuestras buenas obras*" (1 Pedro 2:12). Y estos inconversos incluyen a: reyes (1 Pedro 2:13), gobernadores

(1 Pedro 2:14), amos de esclavos (1 Pedro 2:18) y cónyuges no cristianos (1 Pedro 3:1-7).

¿Cuál es el camino para un cónyuge creyente que trata de ganar al otro para Cristo? En esencia la Palabra dice: "Sé un buen esposo", o "sé una buena esposa". El comportamiento debe ser igual como si estuviera casado con un creyente. El corazón del cónyuge inconverso puede estar endurecido para Dios, pero tarde o temprano responderá al genuino amor de Cristo, si se muestra de continuo de un modo transparente, con sinceridad y sin ninguna especulación.

Debemos aclarar que la Biblia no garantiza que el inconverso dará una respuesta siempre positiva, respecto a que reciba a Cristo en su corazón, o que cambie sus actitudes y conducta. Sin embargo, si hay paciencia y tolerancia en el cónyuge creyente, podremos esperar que haya una respuesta positiva a un comportamiento verdaderamente cristiano en cualquier relación. Recordemos el Proverbio 15:1: *"La blanda respuesta quita la ira, pero la palabra áspera hace subir el furor"*.

DIVORCIO Y ADULTERIO

El divorcio no es la voluntad perfecta de Dios, aunque en forma condicional entra en su voluntad permisiva. Sin embargo, ningún matrimonio debe tolerarlo siquiera como una opción. Mateo 19:7-8 dice: *"Le dijeron: ¿Por qué, pues, mandó Moisés dar carta y repudiarla? Él les dijo: Por la dureza de vuestro corazón Moisés os permitió repudiar a vuestras mujeres; mas al principio no fue así"*. Lucas 16:18 dice: *"Todo el que repudia a su mujer, y se casa con otra, a que se casa con la repudiada del marido, adultera"*.

El adulterio consiste en la infidelidad de una de las partes, y esta es la única causa por la que Dios permite el divorcio. Dice Mateo 5:31-32: *"Cualquiera que repudie a su mujer, déle carta de divorcio. Pero yo os digo que el que repudia a su mujer, a no ser por causa de fornicación, hace que ella adultere; y el que se casa con la repudiada comete adulterio"*.

Podemos decir que hay dos formas de divorcio: una es la que se lleva a cabo en complicidad con el silencio de los cónyuges, y el otro es el manifestado públicamente.

- Respecto al divorcio en silencio, está referido a aquellos matrimonios que han interrumpido todo tipo de relación entre ellos, incluyendo las relaciones sexuales, pero siguen viviendo en el mismo techo. Y que la paz que aparentan, es solo una tregua en medio de la guerra. Cada vez que el consejero discierna que hay un divorcio en silencio, que está disimulado, pero no declarado deberá, como primer paso, animar a la pareja a reparar la situación y ayudarlos a restaurar la comunicación interrumpida, hablando con honestidad y poniendo el perdón como premisa, pues esa será la llave a través de la cual se logrará la reconciliación y el respeto mutuo.

Veamos entonces cuales son las bases permisivas de Dios para el divorcio:

- La infidelidad sexual por parte de uno de los cónyuges. Mateo 5:32 dice: *"Pero yo os digo que el que repudia a su mujer, a no ser por causa de fornicación, hace que ella adultere, y el que se casa con la repudiada, comete adulterio"*.
  Por abandono del hogar y la negación de cumplir con ninguna responsabilidad conyugal. Tal como lo sentencia 1 Corintios 7:15: *"Pero si el incrédulo se separa, sepárese, pues no está el hermano o la hermana sujeto a servidumbre en semejante caso, sino que a paz nos llamó Dios"*. La palabra *servidumbre* fue traducida del griego. *DOULOO*, la cual significa "poner en esclavitud" o "hacer un sirviente". Por esto, la traducción literal de este versículo rompe las ataduras y desliga el compromiso, como para hacer esta relación matrimonial nula y sin valor alguno, para que así el abandonado o abandonada pueda continuar o rehacer su vida en libertad sin ningún tipo de ataduras.

7. DIVORCIO Y SEGUNDAS NUPCIAS

Algunas de las causas y argumentos que esgrimen los cónyuges cristianos que quieren separase o divorciarse son las siguientes:

- Unos dicen que quieren ser librados de las amarras matrimoniales, porque se sienten oprimidos en la relación, y que no hay otra salida que recuperar la "libertad".

- Otros creen que no sienten más amor por su cónyuge, y que al no existir la principal motivación, ha llegado el momento de renunciar a seguir conviviendo con el otro.
- Algunos dicen que se ha despertado en ellos una atracción amorosa por otro, y que consideran un "error" sus primeras nupcias; por lo tanto deben romper su compromiso dado que sus deseos son el unirse al otro en lugar de permanecer con su cónyuge.
- Hay quienes manifiestan que su cónyuge ha enfriado su relación de modo que ya no tiene más estímulo ni satisfacción de ningún tipo para seguir junto a él o ella.

En cada uno de estos casos la primera pregunta que surge es: ¿cómo vamos a aconsejar? o ¿qué les diremos? Ante todo debemos ir a la fuente: la Santa Biblia. Siempre recordemos que como consejeros de Dios no debemos mirar los valores de nuestra sociedad, porque desde allí solo podremos ofrecer soluciones humanas, provenientes de la carne y los sentimientos, pero nunca de Dios. Comenzaremos por buscar la opinión de Dios sobre el asunto que debemos aconsejar.

Como hemos dicho al comienzo de este capítulo, no hay acuerdo establecido entre los maestros y estudiosos de la Escrituras, respecto a lo que la Biblia enseña referido al divorcio y segundas nupcias. Cuando tratamos un tema bíblico sobre el que hay desacuerdos, debemos ser muy cuidadosos.

Si bien nuestra intención es dar respuestas claras y precisas, este tema es difícil para que lo logremos de una manera simple, porque sencillamente la Biblia no nos da todas las repuestas que necesitamos, por lo menos en los problemas específicos que se presentan en la sociedad actual sobre las rupturas matrimoniales.

Sin embargo, la Biblia habla con claridad del matrimonio, y de aspectos del divorcio y las segundas nupcias, las cuales pueden ayudarnos a inferir cuál es la voluntad de Dios en ciertos asuntos poco claros para nosotros.

Como hemos dicho, el divorcio no está dentro del plan perfecto de Dios ni en su perfecta voluntad, lo está solo en su voluntad permisiva. Sí, en cambio, está claro en las Escrituras que la muerte de un cónyuge disuelve el vínculo matrimonial y deja al cristiano viudo o viuda libre para volver a casarse.

También hallamos en la Biblia –como hemos mencionado– referencias de que Dios permite el divorcio bajo ciertas circunstancias. Deuteronomio 24:1-4 dice: *"Cuando alguno tomare mujer y se casare con ella, si no le agradare por haber hallado en ella alguna cosa indecente, le escribirá carta de divorcio (...) Y salida de su casa, podrá ir y casarse con otro hombre. Pero si la aborreciere este último, y le escribiere carta de divorcio (...) o si hubiere muerto el postrer hombre que la tomó por mujer, no podrá su primer marido, que la despidió, volverla a tomar para que sea su mujer (...) porque es abominación delante de Jehova"*.

Estos textos son claros en algunos aspectos, pero en otros no lo son. Por ejemplo, no sabemos cuál es la clase de *indecencia* aquí implicada, aunque sabemos que no es adulterio, porque el Antiguo Testamento condenaba con la muerte este pecado y, además, este texto solo implica el pecado en la mujer, no dice nada del hombre, y si está excluido no lo explica. ¿Por qué? Aunque esto podemos aclararlo en las enseñanzas de Jesús cuando se interpuso entre la adúltera y los que iban a apedrearla, y les dijo a los hombres que el que estuviera sin pecado lanzara la primer piedra contra la adúltera. Y en Marcos 10:11 Jesús dijo: *"Cualquier hombre que repudia a su mujer, y se casa con otra, adultera contra ella"*.

Aquí encontramos algo importante, a causa de que todavía sigue "viva" nuestra naturaleza pecaminosa. Esto hace que tengamos una inclinación a usar mal los textos que no están claros en la Biblia, a favor de la tendencia pecaminosa de nuestro viejo hombre. Pero si estudiamos cuidadosamente este pasaje, vemos que allí no hay ningún mandato, y que Jesús corrigió la falsa interpretación cuando los fariseos le preguntaron si era lícito al hombre repudiar a su mujer por cualquier causa, y Jesús les contestó que Moisés lo permitió a causa de la dureza de los corazones, pero agregó: *"mas al principio no fue así"* (Mateo 19:18).

Aunque continúe la falta de claridad en algunos casos específicos para aconsejar y ayudar a solucionar los problemas matrimoniales, no tenemos ninguna duda respecto a la eficacia de aplicar el perdón a cualquier tipo de conflicto de relación humana. Lamentablemente, algunos cristianos ponen a ciertos "pecados matrimoniales" en una clase especial que parecería que no pueden ser perdonados. Hay casos de legalismo religioso, en que los líderes espirituales han aconsejado y obligado a separase a matrimonios casados en segundas nupcias con hijos nacidos de dicha unión.

Cuando el rey David cometió los pecados de adulterio y de ser el autor intelectual de un homicidio, según la ley debía haber sido condenado a muerte y ejecutado por sus pecados. Pero David confesó sus pecados y mostró su arrepentimiento, le pidió misericordia a Dios, y Dios lo perdonó, aunque debió sufrir la consecuencia de los pecados cometidos, en sus propios hijos.

Cuando Jesús ministró el perdón a la adúltera le dijo: *"Ni yo te condeno, vete y no peques más"*. A modo de clarificar el tema podemos decir que primeramente el divorcio no es una parte del plan perfecto de Dios, y que a causa del pecado que opera en el mundo, afectó todas las relaciones humanas, y es por ello que Dios permite el divorcio y las segundas nupcias. El otro aspecto fundamental es que Dios ya hizo provisión por todos nuestros pecados, pasados, presentes y futuros, y la sangre de Jesucristo nos limpia de todo pecado. Aunque tampoco debemos olvidar que Dios no garantiza desligarnos de las consecuencias de los pecados cometidos.

BUSQUEMOS SOLUCIONES BÍBLICAS A LOS PROBLEMAS MATRIMONIALES ACTUALES

- ¿Qué pasa cuando descubrimos que los problemas matrimoniales provienen del pasado de los cónyuges, cuando todavía no eran creyentes? Sin lugar a dudas, como consejeros, debemos aplicar la ley del perdón. Dios borra el pasado en cuanto a condenación. Si bien hay consecuencias por los pecados cometidos, debemos estimular a los cónyuges creyentes a tomar esta adversidad como una oportunidad de comenzar de nuevo, de la misma forma en que recibieron la nueva vida de Cristo en el nuevo nacimiento espiritual, deben tratar de lograr juntos la misma experiencia en el matrimonio.
- ¿Cómo debemos tratar el caso de los problemas generados por un matrimonio mixto, entre un creyente y un inconverso? Debemos hacer entender al cónyuge cristiano que están bajo la "voluntad permisiva" de Dios y que, por lo tanto, Dios no es ajeno a lo que ocurre. El consejero debe hacer todos los esfuerzos para ayudar a salvar el matrimonio en

conflicto, ministrando perdón y reconciliación. También es importante recordar al aconsejado de que Dios permite el divorcio solo por causa de infidelidad conyugal o abandono del hogar.

• ¿Cómo debemos tratar el caso de los problemas generados por un cónyuge infiel? Tenemos que lograr que el cónyuge afectado pueda considerar la perfecta voluntad de Dios sobre la indisolubilidad del matrimonio. Y alentarlo a que haga todos los esfuerzos posibles por salvar el matrimonio, aunque tenga derecho legal de parte de Dios de divorciarse. Como consejeros debemos ministrarle reconciliación, y ayudarle a que pueda perdonar el adulterio de su cónyuge.

• ¿Puede el cónyuge que ha permanecido fiel, después del divorcio, volver a casarse? De acuerdo a Deuteronomio 24:1-4, el divorcio ocurrido bajo la circunstancias de infidelidad, y en el caso de que la reconciliación no pueda lograrse a causa de que el adúltero no quiera abandonar su pecado, ante Dios queda disuelta la relación conyugal y deja al cónyuge fiel libre de casarse de nuevo.

• ¿Cómo aconsejar cuando dos cristianos quieren divorciarse por "incompatibilidad de caracteres"? La Biblia deja claro que divorciarse por otra causa diferente al abandono o la inmoralidad sexual no es aceptable para Dios. Por lo tanto, divorciarse para casarse con otra persona es doblemente equivocado, porque están evitando la reconciliación y caen en el pecado de falta de perdón. Lo que encuadraría en un caso de intolerancia entre los cónyuges cristianos, es el versículo de 1 Corintios 7:11, que permite vivir separados, pero sin volver a casarse.

• ¿Cómo aconsejar cuando un cónyuge cristiano quiere reconciliarse y el otro no?

En este caso, si se comprueba que no hay infidelidad matrimonial, debemos indagar si el cristiano ha pecado contra el cónyuge. Es cuando debemos aplicar el mandato de Mateo 18:15-17, y proceder a seguir cada uno de sus pasos. Y si no se arrepiente, ni con el cónyuge, ni frente a las autoridades eclesiásticas, debe ser tratado en la iglesia, pero si tampoco escucha el consejo de la congregación, la Escritura dice que deberá ser tratado como un no creyente en respuesta a su desobediencia al mandato de Dios. En este caso puede aplicarse el consejo de Dios de 1 Corintios 7:15, como el caso del inconverso que abandona al cónyuge cristiano. Por lo tanto, el cónyuge cristiano quedará libre para volver a casarse.

Todos estos consejos implican que, solo y en cada caso, podrá procederse a aplicar dichas soluciones, siempre después de haber hecho todo el esfuerzo posible para restaurar a aquel que resiste someterse a la voluntad de Dios. También es importante recordar que los pecados prematrimoniales, específicamente los pecados de fornicación y de impureza sexual o adulterio, aunque perdonados por Jesucristo, no podrán evadirse a su consecuencia, que podrían generarse en el ajuste de los matrimonios, aún cuando se intentara comenzar de nuevo.

Cuando violamos las leyes de Dios sufrimos consecuencias, más allá del perdón recibido. Recordemos que el adulterio y la autoría intelectual de homicidio del rey David, los cuales fueron perdonados por Dios, trajeron consecuencias hasta la segunda y tercera generación.

Capítulo 11

EL HOGAR CRISTIANO

1. EL ROL BÍBLICO DE CADA INTEGRANTE DE LA FAMILIA CRISTIANA

La Biblia dice que un hogar es verdaderamente cristiano cuando Cristo es la cabeza, pues entonces la atmósfera del hogar estará impregnada de su presencia, traerá a sus moradores el gozo, la paz, la armonía y el amor de Dios.

El hogar cristiano debe ser como una pequeña iglesia y como una fortaleza y refugio contra las tormentas del pecado y los problemas y conflictos que nos rodean diariamente. Sin embargo, la atmósfera de bendición no estará presente en forma automática si los integrantes de la familia no hacen lo que Dios pide en su Palabra que hagamos . No cabe duda que es bastante fácil actuar como un buen cristiano en la iglesia, pero es muy distinto el lograr ser un buen cristiano en el hogar.

Demos una mirada al modelo y los roles que Dios ha establecido para los integrantes de la familia, y en particular al modo de nuestro vivir como creyentes.

En Colosenses 3:1-25 tenemos un listado detallado de conductas pecaminosas, y un mandato para dejar de actuar según nuestro instinto carnal y emocional, o sea, dejar de vivir a nuestra manera para comenzar a vivir a la manera de Cristo, y para ser de bendición unos a otros. Como dice el versículo 17: "*Y todo lo que hacéis, sea de palabra o de hecho, hacedlo todo en el nombre del Señor Jesús, dando gracias a Dios Padre por medio de él*".

Es bueno, como consejeros, que nos examinemos para comprobar si cumplimos con esta enseñanza en nuestro hogar:

- ¿Es usted amoroso o amorosa, busca satisfacer al otro, o busca solo su propia satisfacción?
- ¿Demuestra aprecio por el trabajo de su esposa o esposo?
- ¿Demuestra aprecio por la ayuda de sus hijos, hermanos o hermanas? O ¿cree que son la obligación de cada uno las tareas hogareñas y que por lo tanto no requieren agradecimiento?
- ¿Cómo hijo o hija, les ha demostrado aprecio a sus padres por todo lo que han hecho por usted?
- ¿Cómo es su carácter en el hogar, malhumorado o malhumorada, irritable o paciente, perdonador o se rehúsa a perdonar?
- ¿Cuál es su actitud al escuchar las opiniones del otro? ¿Tiene una actitud dictatorial o escucha con aceptación?
- ¿Es respetuoso o respetuosa en sus tratos: conyugales, o de padres a hijos, o de hijos a padres?
- ¿Hace las tareas del hogar por obligación, o las hace con una actitud de cooperación? ¿Es diligente, trabajador, esforzado/a o perezoso/a?
- ¿Es quejoso o quejosa, o coopera amablemente en lo que se le pida?
- ¿Mantiene un espíritu alegre, o se desalienta cuando las cosas van mal?
- ¿Considera que es fácil para otros vivir con usted?
- ¿Es confidente con su cónyuge, o guarda secretos?
- ¿Guarda la integridad del hogar y es fiel a su familia, o hace críticas a terceras personas?

Si encuentra respuestas que denotan un defecto o fracaso en algún área de su vida familiar, ante todo debe reconocerlas como faltas al orden establecido por Dios, y si hay pecado debe confesarlo ante Dios, y si no los hay, pero hay fallas en las relaciones familiares, pídale al Señor que le ayude a sobreponerse a ellas. Dios espera que cada uno de nosotros haga nuestra parte, para que el Señor pueda completar la suya.

Cristo nos enseñó a pedir perdón a aquellos a quienes hemos ofendido; si no lo hacemos, esa negación se interpondrá en nuestro compañerismo con Dios. Mateo 5:23-24 dice: *"Por tanto si traes tu ofrenda al altar, y allí te acuerdas de que tu hermano tiene algo contra ti, deja allí tu ofrenda delante del altar, y anda, y reconcíliate primero con tu hermano, y entonces ven y presenta tu ofrenda"*.

No es fácil decir al otro después de una fuerte discusión: "Estoy arrepentido por haberte hablado con tanta rudeza, te pido que me perdones...". Pero esta es la única manera en que podremos mantener una atmósfera de bendición en el hogar y deshacernos de sentimientos reacios y agresivos que alejan la presencia de Dios en nuestros hogares. Algunos se excusan porque dicen tener un mal carácter, esto es una mentira del diablo que mantiene en esclavitud a quien se la cree.

Como cristianos somos modelados en nuestro carácter por el Espíritu Santo, no permitirlo es rebeldía contra Dios. Por lo tanto, debemos ser humildes y confesar nuestras faltas, pedir ayuda a nuestros seres queridos, que oren por esa debilidad. Santiago 5:16 dice: *"Confesaos vuestras ofensas unos a otros, y orad unos por otros, para que seáis sanados. La oración eficaz del justo puede mucho"*.

Hay cuatro relaciones dentro del marco familiar descriptas en la carta de Pablo a los Efesios, con responsabilidades similares pero con roles distintos:

- Relación de las esposas con los maridos: *"Las casadas estén sujetas a sus propios maridos, como al Señor"* (5:22).
- Relación de los maridos con las esposas: *"Maridos, amad a vuestras mujeres, así como Cristo amó a la iglesia"* (4:25).
- Relación de los hijos con los padres: *"Hijos, obedeced en el Señor a vuestros padres, porque esto es justo"* (6:1).
- Relación de los padres con los hijos: *"Padres, no provoquéis a ira a vuestros hijos, sino criadlos en disciplina y amonestación del Señor"* (6:4).

Tenemos la tendencia como cristianos de considerar las palabras "sumisión", "amor" y "obediencia" en forma aislada, lo cual nos lleva a tomarlas como puntos extremos, particularmente en lo referido a la posición de la mujer y de los hijos en el hogar. Ante todo, debemos aclarar que estas palabras no son exclusivas y respectivas a la relación entre maridos, esposas e hijos; mas bien están referidas a las relaciones entre todos los miembros del cuerpo de Cristo.

Como hermanos en la fe debemos *"someternos unos a otros"* (5:21). Lo cual significa que los maridos deben someterse a las esposas, lo mismo que las esposas a los maridos. Y todos los creyentes debemos *"andar en amor"* (5:2). Todos los miembros del cuerpo de Cristo deben honrar y obedecer a quienes se encuentran en posición de autoridad, tal como lo dice Hebreos 13:17: *"Obedeced a vuestros pastores, y sujetaos a ellos, porque ellos velan por vuestras almas, como quienes han de dar cuenta; para que lo hagan con alegría, y no quejándose, porque esto no es provechoso"*.

Y los que están en autoridad en la iglesia no han de enseñorearse sobre quienes les han sido confiados por el Señor, sino que deben ser *"ejemplos de la grey"* (1 Pedro 5:3).

En otras palabras, como hemos dicho, dado que el hogar es como una iglesia en miniatura, esto significa que los maridos también han de someterse a las esposas, y las esposas han de amar a los maridos, los hijos han de amar y someterse a sus padres, y los padres deben ser sensibles y sensatos con sus hijos.

Si bien estas funciones en la carta a los Efesios están especificadas para que se cumplan dentro del marco de las relaciones familiares, demos una mirada a la Biblia en la creación de Adán y Eva. Dios primero creó al hombre, y con ello colocó sobre sus hombros una gran responsabilidad en los asuntos de la casa. La mujer debe reconocer esta responsabilidad ordenada por Dios. Por eso dice Efesios 5:23: *"El marido es cabeza de la mujer, así como Cristo es cabeza de la iglesia"*.

De la misma forma Dios dio a los padres autoridad sobre los hijos. Dejó claro en los diez mandamientos que los hijos deben honrar a sus padres. Sin embargo, esto no otorga a los padres el poder para dominar o controlar a sus hijos de manera que pueda destruir su personalidad.

Cuando estas funciones son infringidas, ningún miembro de la familia puede alcanzar la seguridad interior y la felicidad prometidas por Dios. Por esto la Biblia dice a los miembros de la familia lo que es bueno para lograr un total beneficio. No hay otro camino para hacer del hogar cristiano un pedacito de cielo, que cumplir con los roles que Dios ha establecido para todos los miembros de la familia y, cuando no los cumplimos, habrá frustraciones y ansiedades, que al final se convertirán en amargura y desilusión.

Dios tiene un plan único para cada miembro de la familia cristiana (Efesios 5:22, 4:25, 6:1, 4).

- En primer término veamos la sujeción de las esposas a sus maridos. Es ante todo el plan de Dios para las esposas. En el libro de Génesis vemos que Eva no se sometió a la autoridad de su esposo ni a la de Dios, y por el pecado de esa desobediencia existe en la mujer una tendencia natural a resistir esa autoridad, acrecentado por el impulso de manipular a los esposos. Era lo que ocurría en Éfeso en la época en que Pablo escribió la carta a la iglesia, y ocurre en la sociedad actual. Pero cuando la esposa se somete a su marido y obedece la ley de Dios, se producen los mejores resultados para su personalidad, y desde esa posición puede ministrar de un modo significativo a su marido y extender la bendición a toda la familia.
- Luego sigamos con el mandato a que los maridos amen a sus esposas, como Cristo amó la iglesia. Ante todo, el plan de Dios es que los esposos sean un ejemplo de Cristo como cabeza de familia. Amar a las esposas como Cristo amó es algo bien difícil que Dios pide a los esposos cristianos, especialmente en una cultura humana alimentada de tendencias "machistas", donde en algunos lugares se trata a las esposas como esclavas del hogar. Cuando un esposo ama y da el ejemplo de amar a su esposa como Cristo amó, producirá los mejores resultados en su propia personalidad, e impregnará de amor a la familia entera, creando una atmósfera de plena armonía.

A los hijos les toca obedecer a Dios en las relaciones con sus padres, darles siempre honra y respeto. Es el plan establecido por Dios para los hijos. Así como hoy es muy notorio que los jóvenes y adolescentes manifiesten una abierta tendencia hacia la desobediencia y el deshonor, y un rechazo a las autoridades paternales, anteriormente ese espíritu vivía también en Éfeso, y la causa siempre es la misma: la herencia del pecado de desobediencia de Adán y Eva. Todos hemos experimentado esa rebeldía en nuestra carne. Pero cuando los hijos creyentes se someten en obediencia a sus padres y los honran con gran respeto, serán afirmadas sus personalidades y tendrán un crecimiento sano en lo mental y espiritual, y fortalecerán los ingredientes básicos de la familia, que son la armonía y la felicidad.

• Finalmente, los padres no deben provocar la ira a sus hijos, sino criarlos en disciplina y amonestación del Señor. Ante todo debemos recordar que este es el plan de Dios para que así se haga. La tendencia natural es tener hijos, condicionado a que no molesten ni traigan muchos problemas. También surgen discordias en el hogar cuando entre los padres se empiezan a culpar acerca de las responsabilidades mal cumplidas con los hijos, el esposo le dice a la mujer: "esto te corresponde a vos", o la esposa le dice al marido: "esta es tu responsabilidad". Dios quiere que los padres ejerciten la sensibilidad y su mayor comprensión para cumplir lo ordenado por Dios respecto al rol de ser educadores amorosos de los hijos, sin negligencias ni abandono. Cuando los padres cumplen este mandato de Dios se genera la felicidad personal de cada integrante de la familia, y el permanente agradecimiento de los hijos.

El gran plan de Dios para todas las familias cristianas implica vivir en el mundo como una comunidad de creyentes que se aman unos a otros, entrañablemente, y que demuestran una unidad e integridad de corazón y espíritu que evidencian que Cristo vino de Dios, y que Él mismo habita en el corazón y el hogar de cada uno.

2. EL ROL DE LA ESPOSA CRISTIANA

La Biblia enseña que el hombre, por medio de la creación, tuvo una posición de autoridad en la familia como el plan ordenado por Dios; Él dijo: *"No es bueno que el hombre esté solo; le haré ayuda idónea para él"* (Génesis 2:18). En 1 Pedro 3:1 habla de las mujeres que no tienen maridos cristianos, y para que sean ganados por su conducta, dice: *"Mujeres, estad sujetas a vuestros maridos"*.

Pero la relación del hombre y la mujer fueron afectadas por la entrada del pecado, se crearon toda clase de problemas entre la relación de ambos. Uno de los principales ha sido el abuso del esposo cuando se excede en su rol ordenado por Dios como cabeza del hogar. Porque la Biblia no dice que la mujer fue creada para ser sierva o esclava del hombre, sino como ayuda idónea. Fue creada para ser complemento del marido y, en muchos aspectos, su igual. Sin dejar la esposa de reconocer la autoridad del marido en su vida.

La Biblia expresa con claridad el equilibrio de la relación conyugal en 1 Corintios 11:9 y 11-12: *"Y tampoco el varón fue creado por causa de la mujer, ni la mujer sin el varón (...) Pero en el Señor, ni el varón es sin la mujer, ni la mujer sin el varón, también el varón nace de la mujer; pero todo procede de Dios"*. Aquila y Priscila son un ejemplo destacados en el Nuevo Testamento como esposos que trabajaban a la par en la obra de Dios. En Romanos 16:3-4 dice de Aquila y Priscila: *"Mis colaboradores en Cristo Jesús, que expusieron su vida por mí; a los cuales no solo doy gracias, sino también todas las iglesias de los gentiles. Saludad también a la iglesia de su casa"*. Y en 1 Corintios 16:19 dice: *"Las iglesias de Asia os saludan. Aquila y Priscila, con la iglesia que está en su casa"*.

Otro de los males que han afectado la relación conyugal es la subestimación de la mujer como si fuera una ciudadana de segunda categoría en la sociedad humana. Espiritualmente, Dios no hace diferencia entre el hombre y la mujer, tal como lo expresa Gálatas 3:26-28 donde dice: *"Pues todos sois hijos de Dios por la fe en Cristo Jesús; porque todos los que habéis sido bautizados en Cristo, de Cristo estáis revestidos (...) no hay varón ni mujer, porque todos vosotros sois uno en Cristo Jesús"*. Y en Marcos 12:25 Jesús dice que no habrá diferencia de sexos en el cielo, debido a que Dios nos verá a todos por igual, identificados en Cristo. Debemos estar de acuerdo en que los hombres y mujeres son espiritualmente idénticos a la vista de Dios.

En vista de lo expresado, veamos ¿cuál es el verdadero significado bíblico de que la esposa esté sujeta al marido? Ante todo para cumplir la voluntad de Dios, cada esposa debe comprender que el Señor ha creado a la mujer especialmente para ser ayuda idónea del hombre. Ella debe serle de ayuda, pues está planeada de un modo único para complementar la personalidad del esposo y, en algunos aspectos, se la ha dotado de una fuerza que él no tiene.

Antes de la caída, la autoridad y la igualdad entre los dos estaban tan ligadas que era casi imposible separarlas. Pero el pecado cambió todo y afectó la relación entre ambos. Aunque en lo espiritual hay igualdad total, funcionalmente el esposo es cabeza de la familia y la esposa debe sujetarse a su autoridad.

Finalmente, debemos aclarar que la Biblia no dice que la esposa no puede ser activa fuera del hogar o esté impedida de seguir una carrera profesional. Si bien la Biblia enseña que la principal responsabilidad de la esposa es el hogar y dar satisfacción a las necesidades del marido y sus hijos, y la de mantener una íntima relación con Dios.

Tito 2:4-5 dice: "*Que enseñen a las mujeres jóvenes a amar a sus maridos y a sus hijos, a ser prudentes, castas, cuidadosas de sus casas, buenas, sujetas a sus maridos, para que la palabra de Dios no sea blasfemada*". Hay esposas que son capaces de llevar a cabo los requerimientos bíblicos, y al mismo tiempo emprender otras tareas también. Por ejemplo, la "*mujer virtuosa*" que está descripta en Proverbios 31, entre las muchas actividades que desarrolla dice que "*busca lana y lino, y con voluntad trabaja con sus manos (...) considera la heredad, y la compra, planta la viña del fruto de sus manos (...) ve que van bien sus negocios (...) alarga su mano al pobre, y extiende sus manos al menesteroso (...) hace telas y vende, y da cintas al mercader (...) sus hijo la llaman bienaventurada; y su marido la alaba*"(vv 31:13, 16, 18, 20, 24, 28).

3. EL ROL DEL ESPOSO CRISTIANO

El esposo cristiano debe ejercer el mandato de ser cabeza de la familia. La clave para averiguar el real sentido del concepto bíblico de ser cabeza está en Cristo. La Biblia deja claro esto al expresar: "*Porque el marido es cabeza de la mujer, así como Cristo es cabeza de la iglesia*" (Efesios 5:23). Y luego dice: "*Maridos, amad a vuestras mujeres, así como Cristo amó a la iglesia*" (Efesios 5:25). Vemos con claridad que la enseñanza para que el esposo ejerza el rol de cabeza, está en similitud y semejanza con que dicha autoridad deberá ser ejecutada de la misma manera que Jesucristo lo hace como cabeza de la Iglesia. Para ejercerla es necesario que el esposo sea perfecto en sus actitudes y acciones.

Jesús, siendo hombre, no manchó su amor por nosotros por medio de alguna debilidad humana, porque aunque fue tentado a ser egoísta, a ser envidioso, duro o a airarse fácilmente, y también orgulloso o violento, Él nunca permitió que sus actitudes ni su conducta fuesen manchadas por la injusticia. Si bien ningún esposo puede funcionar en todos los aspectos como Jesús obró, Dios ha hecho posible que cada esposo cristiano se vaya formando cada día conforme al carácter de Jesús, pues Él es el único ejemplo divino para todos los maridos cristianos.

¿Qué ocurre cuando el marido cristiano no busca conformar su carácter al de Jesús? Sucede que en lugar de ejercer la jefatura de la familia y del hogar, podría ejercer una "dictadura machista". Esto ocurre cuando el creyente usa el concepto de ser cabeza para justificar actitudes y conductas autoritarias, y precisamente esta actitud es lo opuesto al amor divino. Debemos aclarar que un marido creyente y autoritario no tendrá el respeto de su esposa e hijos, porque el respeto se gana siendo respetuoso con el otro.

El marido que falta el respeto, que da gritos o trata de intimidar o imponer sus caprichos, o da golpes, no será respetado en el corazón de los que sufren las agresiones. Si bien Dios da la posición de cabeza al marido, la autoridad solamente será ganada y ejercida en base al respeto mutuo.

Ser cabeza no significa que será el dueño de hacer todas las decisiones en la familia, esto no es lo que dice la Biblia. Aunque el concepto de ser cabeza implica autoridad, esto no indica que la esposa está anulada para hacer decisiones, ni que debe ser dejada de lado para ser consultada por el esposo a la hora de hacerlas.

¿Cómo un marido cristiano puede amar a su esposa tal como Cristo amó a la iglesia? Tiene que ver con actitudes y conductas semejantes al carácter de Jesús. Él se mostró siempre generoso, humilde y sacrificado en su trato con todos, nunca trató de manifestar el poder que en sí mismo tenía, mostró y ejerció su autoridad por medio de su ejemplar carácter. Por tanto, el esposo cristiano no debe aferrarse a su posición de autoridad para usarla en sus manipulaciones en obtener lo que desea. Dice la Biblia: *"No seáis ásperos con ellas"* (Colosenses 3:19). Ni tampoco debe desalentar a sus hijos. Colosenses 3:21 dice: *"Padres, no exasperéis a vuestros hijos, para que no se desalienten"*. Todo lo que haga el esposo es para proteger a su esposa, y ayudar a su familia al crecimiento personal de cada uno. Si bien Dios ha dado una posición de autoridad al esposo, debe ejercerla como siervo de Dios, no debe enseñorearse con su esposa, no debe usar su "yo" de varón como excusa para ser rudo y exigente.

Finalmente, el esposo debe tener una actitud de sacrificio ante su esposa, dejando de lado su propia y egoísta satisfacción. Dice Efesios 5:28-30: *"Así también los maridos deben amar a sus mujeres como a sus mismos cuerpos. El que ama a su mujer, a sí mismo se ama. Porque nadie aborreció jamás a su propia carne, sino que la sustenta y la cuida, como también Cristo a la iglesia, porque somos miembros de su cuerpo, de su carne y de sus huesos"*.

4. CÓMO ACTIVAR LOS ROLES ENTRE LOS ESPOSOS

La estimación mutua y la correcta comprensión de los roles que Dios ha asignado a cada uno, son las condiciones primarias de la armonía conyugal. Estimar a su cónyuge es apreciarlo más que como una persona querida, es verlo como alguien que ha sido colocado por el mismo Dios junto a nosotros para compartir nuestra vida en matrimonio. Pues el ser designado esposo o esposa por Dios es entrar a una posición de la más alta dignidad y confianza en su reino.

La estimación hacia el otro es un elemento esencial del amor, pero si la estimación está ausente, el amor deja de ser amor, porque estará incompleto. La estimación mutua protege el matrimonio para que no caiga en los altibajos de la discordia y las disputas. El fundamento está sobre la base de que el cónyuge ha sido colocado por Dios. Entonces podemos decir que no es el amor de los cónyuges lo que sostiene el matrimonio, sino que la unión matrimonial sostiene la llama del amor. Sin dejar de reconocer que el amor es el ingrediente esencial del matrimonio para su existencia prolongada hasta el fin, porque el amor es el que le da al matrimonio un estatus de firme estabilidad, y lo hace crecer hasta la madurez.

El matrimonio separa el amor de la tiranía, de las emociones y los sentimientos inmaduros, porque el amor nunca se desarrolla sobre la base de los sentimientos, sino por medio de la mutua estimación.

La esposa cristiana debe considerar a su cónyuge en la alta posición que Dios le ha otorgado con el nombre de su "esposo". Se le dice a una persona esposa o esposo, porque está sujetada o unida a otra por medio de un lazo, desposado con el lazo matrimonial.

Del mismo modo el hombre le da su protección a su mujer, a quien Dios honró con el nombre de "esposa". Es el respeto por la dignidad y honor que Dios coloca sobre los cónyuges lo que edifica la clase de amor que describe 1 Corintios 13:

El amor es sufrido,
– Mansamente soporta el mal trato del otro, suaviza todo lo que fuese violento e hiriente.

Es benigno,
– Trata siempre de ayudar, busca la manera de hacer feliz al otro, es sensible a las debilidades del otro.

El amor no tiene envidia,
– La fuente del amor en el matrimonio es Cristo, por eso no caben ni los celos, ni las envidias entre los cónyuges.

El amor no es jactancioso,
– No es presumido, ni arrogante en la relación.

No se envanece,
– Uno de los peligros en el matrimonio es cuando uno de los cónyuges se cree más espiritual que el otro, o trata de imponer su voluntad, o cree que la manera de hacer las cosas es siempre mejor que la del otro.

No es indecoroso,
– Tiene buenos modales, continúa siendo tan cortés como cuando estaba de novio. Si el otro tiene algún defecto trata de cubrirlo, y nunca ventilarlo en público, para no avergonzarlo.

No busca lo suyo,
– No insiste en sus propios derechos ni se esfuerza en salirse con la suya. Después de una discusión busca hacer las paces sin importarle quién tuvo la razón.

No se irrita,
– No provoca, no se exaspera, no se enciende en ira ante una adversidad.

No guarda rencor
– No toma en cuenta el mal recibido, ni las injusticias sufridas. Siempre perdona y olvida, deja atrás los problemas y mira hacia adelante.

No se goza en la injusticia,
– Nunca acepta, ni se complace en la maldad sobre nadie. Hay veces que uno de los cónyuges se alegra interiormente cuando el otro pierde el control, o tiene un revés por haber cometido algún acto errado. Esto es gozarse en la injusticia del otro.

Más se goza de la verdad,

– Siempre se alegra cuando triunfa la verdad, aunque no lo favorezca.

El amor nunca deja de ser.

– Su fe, esperanza y paciencia nunca decrece, porque sabe que el amor es eterno, y que el amor es de Dios.

La Biblia, como hemos mencionado, no contempla el matrimonio como un contrato social de convivencia entre un hombre y una mujer, con una cláusula de recesión a favor de cualquiera de las partes que quiera disolverlo. La Biblia no solo contempla el matrimonio como una relación inalterable, sino que describe al matrimonio como un gran misterio. Dice Efesios 5:31-32: *"Por esto dejará el hombre a su padre y a su madre, y se unirá a su mujer, y los dos serán una sola carne. Grande es este misterio; mas yo digo esto respecto de Cristo y la iglesia"*.

Este misterio está referido a la unión de Cristo con la Iglesia, de forma que: –"en un solo Cuerpo"– todos los creyentes del mundo y a través de todas las edades, tuviésemos cabida en un mismo nivel como miembros del cuerpo, aunque con diversas funciones.

Este misterio estuvo escondido por siglos, pero ahora, después de la glorificación de Cristo, ha sido revelado como el nuevo pacto, fundado en la unión matrimonial entre Cristo: el esposo de la Iglesia, y la Iglesia: la esposa de Cristo. Este gran misterio pone de relieve el carácter sobrenatural del matrimonio cristiano. El misterio consiste en que Cristo y la Iglesia forman una unidad, así como el marido y la mujer forman una unidad siendo sola carne. Por eso en la exhortación a los maridos dice: *"El que ama a su mujer, a sí mismo se ama. Porque nadie aborreció su propia carne, sino que la sustenta y la cuida, como también Cristo a la iglesia"*. Cristo ve en la Iglesia su propia carne, para tratarla como suya.

Este misterio tiene aplicación en la unión matrimonial de los cristianos, pues en el matrimonio el esposo debe amar, sustentar y cuidar a su mujer como Cristo amó, sustenta y cuida a su Iglesia, y la mujer debe amar, respetar y honrar a su marido, como la Iglesia ama, respeta y honra a Cristo.

5. CÓMO BUSCAR LA SOLUCION A LOS CONFLICTOS MATRIMONIALES

La sola naturaleza de la relación matrimonial entre los dos sexos produce conflictos. Aunque los que son resueltos pueden ser beneficiosos en la medida en que ellos produzcan fortalecimiento y equilibrio en la relación matrimonial, pero los no resueltos pueden llevar a una respuesta pecaminosa.

Veamos algunas de las causas principales de conflictos en el matrimonio:

- **Religión:** Uno de los grandes problemas es cuando hay diferencias de creencias religiosas entre los cónyuges. Especialmente entre los matrimonios de creyentes con inconversos, los problemas se acentúan cuando crecen los hijos y uno de los padres quiere que siga el camino religioso y el otro que no siga ninguna religión. Cuando el hombre es creyente deberá conducir a su familia a la iglesia; aunque su esposa no concurra, irá con sus hijos y proveerá el liderazgo espiritual en su hogar a través de la oración y la lectura de la Palabra de Dios, con lo cual establecerá un buen ejemplo para que su familia imite. Cuando la mujer es creyente y el marido se opone a que lleve los hijos a la iglesia, sin desobedecer al marido, la esposa concurrirá a la iglesia, y en la casa instruirá a sus hijos en el camino del Señor. Dice Génesis 18:19: *"Porque yo sé que mandará a sus hijos y a su casa después de sí, que guarden el camino del Señor"*.
- **Sexo:** Algunos cristianos tienen la tendencia de caer en, por lo menos, dos errores comunes en la actitud hacia el sexo. El primero es considerarlo un mal necesario en el matrimonio, como si el sexo fuese algo vergonzoso y malo. El segundo es el de mistificar el sexo y elevarlo a una espiritualización superior y etérea donde no se lo practica fuera del propósito de la concepción. La Biblia trata el sexo en una forma totalmente clara y práctica. En 1 Corintios 7 dice que *"El marido cumpla con la mujer el deber conyugal, y asimismo la mujer con el marido"*. Además, exhorta a que ninguno se niegue al otro para tener relaciones sexuales, porque en el matrimonio la esposa no es dueña de su cuerpo, sino el marido;

ni el marido es dueño de su cuerpo, sino la esposa. También advierte que no dejen de practicarlo para que ninguno sea tentado por Satanás. Debemos considerar el sexo como una parte muy importante de la unión matrimonial. Los esposos deben participar en la relación sexual con intimidad y amor. La verdadera felicidad sexual en el matrimonio se encuentra cuando los esposos están dispuestos a rendir sus vidas y deseos para traer gozo y realización uno al otro. Es importante que ambos estén seguros del amor de su cónyuge, y así cada uno podrá responder voluntariamente al otro. Leemos en 1 Corintios 7:3: *"El marido cumpla con la mujer el deber conyugal, y asimismo la mujer con el marido"*.

• **Finanzas:** Otra área de conflicto es el manejo del dinero. Por ejemplo: cuando el esposo nunca le descubre a la esposa cuál es su verdadero salario. O el esposo que le entrega en cuotas el dinero para imponerle dependencia a su esposa. O la esposa que no mide sus gastos y no cuida la economía del hogar. Los cónyuges, en obediencia a la Palabra de Dios, deben diezmar y ofrendar a la Iglesia del Señor, pagar los impuestos al gobierno y administrar el dinero para el bienestar financiero de la familia. Es la responsabilidad del esposo como cabeza de su hogar, proveer el dinero al hogar, y es responsabilidad de la esposa administrar el dinero; preparar un presupuesto y pagar las cuentas, para que la familia viva sin sobresaltos ni sorpresas en el orden financiero. Mateo 22:21 dice: *"Y les dijo: dad, pues, a César lo que es de César, y a Dios lo que es de Dios"*.

• **Parientes políticos:** Aquí aparece el clásico tema de las "suegras entrometidas". Esto se debe a que ciertamente muchas veces la ingerencia de los padres sobre los asuntos de los matrimonios jóvenes causan serios problemas conyugales. El matrimonio cristiano debe vivir libre de ataduras con sus padres y parientes cercanos, sin dejar de ser hospitalarios y respetuosos con ellos. Una vez que el hombre se casa, debería liberarse de cualquier tipo de atadura de sus padres, parientes y amigos. Los problemas con parientes políticos radican en el egoísmo de sus afectos y la rebeldía hacia la Palabra de Dios tocante a la relación matrimonial. Dice Génesis 2:24: *"Por* *tanto, dejará el hombre a su padre y a su madre y se unirá a su mujer, y serán una sola carne".*

• **Tiempo libre y recreación:** El uso egoísta del tiempo libre muchas veces daña las relaciones conyugales. Por ejemplo, cuando el esposo deja sola a la esposa para ir a ver un espectáculo deportivo con sus amigos. O si la esposa deja solo a su marido para reunirse o salir con sus amigas. Esto hecho como hábito –no circunstancialmente– puede traer consecuencias desastrosas. En la forma que los esposos hagan uso de sus ratos libres, deben siempre considerarse los deseos y necesidades de su familia. El tiempo permitido para recreación colectiva e individual debe ser un asunto de mutuo acuerdo familiar. Dice Eclesiastés 3:1: "*Todo tiene su tiempo, y todo lo que se quiere debajo del cielo tiene su hora*".

• **Comunicación:** La falta de comunicación y de diálogo entre los cónyuges es otro generador de los problemas en el matrimonio. A veces por mala comunicación, y otras por incomunicación total. Los esposos deben comunicarse fluidamente entre ellos para producir un clima de amor y entendimiento mutuo, lo cual resultará a favor de consolidar la armonía y unidad familiar. Amós 3:3 dice: "*¿Andarán dos juntos si no estuvieren de acuerdo?*" En Colosenses 3:16-17 leemos: "*La palabra de Cristo more en abundancia en vosotros, enseñándoos y exhortándoos unos a otros en toda sabiduría, cantando con gracia en vuestros corazones al Señor con salmos e himnos y cánticos espirituales. Y todo lo que hacéis, sea de palabra o de hecho, hacedlo todo en el nombre del Señor Jesús, dando gracias a Dios. Padre por medio de él*".

• **Hijos:** El trato con los hijos es una de las áreas más difíciles para los padres. Recordemos que la Biblia exhorta a los padres a que no pierdan la paciencia con sus hijos, para que no se desalienten. Es importante el tiempo que los padres le dediquen a sus hijos, especialmente en la edad de formación, dándoles atención, afecto, estímulo y, sobre todo, amor. Los padres deben dar buen ejemplo para que sus hijos lo imiten, lo cual incluye enseñar la Palabra de Dios para reprobación, corrección y capacitación. Deuteronomio 6:6-7 dice: "*Y estas palabras que yo te mando hoy,* *estarán sobre tu corazón; y las repetirás a tus hijos, y hablarás de ellas estando en tu casa, y andando por el camino, y al acostarte y cuando te levantes".*

- **Trabajo:** No cabe duda que cuando el esposo deja de ser el proveedor de las necesidades materiales del hogar, generará problemas en el matrimonio. También cuando la esposa trabaja fuera de la casa, es importante establecer un acuerdo de responsabilidades en el hogar, acerca de cómo repartir las labores de la casa entre los dos, para que no se lesione la relación conyugal. Por medio del trabajo el hombre deberá proveer para las necesidades materiales de su casa, y tomar el tiempo necesario para satisfacer las necesidades personales y espirituales de su familia. Efesios 4:28b dice: "*Trabaje, haciendo con sus manos lo que es bueno*". Y en 1 Tesalonicenses 4:11-12 dice: "*Y que procuréis tener tranquilidad, y ocuparos en vuestros negocios, y trabajar con vuestras manos de la manera que os hemos mandado, a fin de que os conduzcáis honradamente para con los de afuera, y no tengáis necesidad de nada*".

6. GUÍAS PARA FAVORECER LA COMUNICACIÓN CONYUGAL

- **Ante una duda que pueda surgir sobre el otro debemos preguntarnos: ¿Es realmente la verdad?** ¿Tengo realmente la evidencia de los hechos que me han contado? Nunca debemos llevarnos por cuentos o suposiciones, hasta comprobar la realidad del asunto que nos provoca una duda sobre el otro. Dice Efesios 4:29: "*Ninguna palabra corrompida salga de vuestra boca, sino la que sea buena para la necesaria edificación, a fin de dar gracia a los oyentes*".
- **¿Será de provecho lo que siento decirle?** ¿Lo ayudará o lo herirá? ¿Será constructivo o destructivo para él o ella? Dice Romanos 15:1-2: "*Así que, los que somos fuertes debemos soportar las flaquezas de los débiles, y no agradarnos a nosotros mismos. Cada uno de nosotros agrade a su prójimo en lo que es bueno, para edificación*".
- **¿Es este el momento apropiado para que yo se lo diga o sería mejor esperar?** Proverbios 15:23 dice: "*El hombre se*

alegra con la respuesta de su boca; y la palabra a su tiempo, cuán buena es".

• **¿Es mi actitud la correcta?** Efesios 4:32: *"Antes sed benignos unos con otros, misericordiosos, perdonándoos unos a otros, como Dios también os perdonó a vosotros en Cristo".*

• **¿Son las palabras que usaré la mejor manera de decirlo?** Leemos en Proverbios 15:1: *"La blanda respuesta quita la ira; mas la palabra áspera hace subir el furor".*

• **¿He orado lo suficiente sobre este asunto y confío en que Dios me ayudará?** Proverbios 3:5-6: *"Fíate de Jehová de todo tu corazón, y no te apoyes en tu propia prudencia. Reconócelo en todos tus caminos y él enderezará tus veredas".*

CONSEJOS PARA RESOLVER LOS CONFLICTOS CONYUGALES

• **Sea honesto consigo mismo.** Esté dispuesto a admitir que pudo haber cometido una falta. Tenga humildad para escuchar y pedir perdón.

• **Nunca trate de herir al otro o tomar venganza.** Respeto, admiración y confianza deben ser permanentes en un matrimonio.

• **Cuando aflore un deseo de herir, pare por un tiempo.** Evite la confrontación, si es posible. Tome tiempo para recapacitar y recobrar su perspectiva. El mejor recurso es la oración. Deje que Jesús restaure su autocontrol.

• **Siempre esté dispuesto a decir estas dos importantes palabras: "Te perdono".** Decir que todo está bien, cuando estamos heridos después de una discusión, es tanto como decir una mentira y un insulto. Hasta que la cruz de Cristo limpie, no hay ningún "todo está bien", no importa lo que pensemos o sintamos.

7. AYUDAS PARA EL MANEJO DE LAS FINANZAS

Cuando un creyente pide consejo a causa de problemas con el dinero, como consejeros debemos aclararle que el dinero en sí mismo, como valor de intercambio, no es la causa del problema, ni la raíz de todos de los males. En cambio la Biblia sí dice que *"el amor al dinero es la raíz de todos los males"* (1 Timoteo 6:10). Lo primero que hay que descubrir si el problema matrimonial está generado porque alguno de los cónyuges, o ambos, tiene "amor al dinero". Porque los que tienen amor al dinero corren el riesgo de "extraviarse en la fe", como sigue diciendo el versículo 10.

Debemos saber que no solo los ricos tienen la tendencia de hacer dinero como su objetivo principal, sino que el deseo de tener dinero puede ser tan intenso también en los que tienen poco o ningún dinero. La cuestión principal es descubrir cuál es la actitud del aconsejado hacia el dinero, y si lo anhela en forma de amor, debe confesar el pecado y arrepentirse.

En tiempos difíciles y de crisis económica, la tentación a comprometerse en compras en cuotas con planes de pago extendidos, han traído malas consecuencias a muchas familias de cristianos.

Otros creyentes han seguido falsas enseñanzas sobre el uso del dinero, acerca de que es bíblico que el cristiano busque enriquecerse, y que es un objetivo digno en la vida, y hoy se encuentran endeudados y han perdido aún lo que no tuvieron, sin encontrar una salida a su desastrosa situación económica.

Es importante ministrar a los aconsejados con problemas de dinero acerca de las promesas de Dios para los que practican una buena administración del dinero. Dice Deuteronomio 28:12-13: "*Te abrirá el Señor su buen tesoro, el cielo, para enviar la lluvia a tu tierra en su tiempo, y para bendecir toda obra de tus manos. Y prestarás a muchas naciones, y tú no pedirás prestado. Te pondrá Jehová por cabeza, y no por cola; y estarás encima solamente, y no estarás debajo, si obedecieres los mandamientos del Señor tu Dios, que yo te ordeno hoy, para que los guardes y cumplas*".

También es importante que el aconsejado sepa las amonestaciones de Dios por la desobediencia en la práctica de la mayordomía del uso del dinero. Dice Deuteronomio 28:43-45: "*El extranjero que estará en medio de ti se elevará sobre ti muy alto, y tú descenderás muy abajo. Él te prestará a ti, y tú no le prestarás a él; él será por cabeza, y tú serás por cola. Y vendrán sobre ti todas estas maldiciones, y te perseguirán, y te alcanzarán hasta que perezcas; por cuanto no habrás atendido a la voz de Jehová tu Dios para guardar sus mandamientos y sus estatutos, que él te mandó*".

Dios es quien nos da la abundancia de sus riquezas, y Él nos la confía con el propósito de que seamos buenos administradores. En

1 de Timoteo 6:17 dice: "*A los ricos de este siglo manda que no sean altivos, ni pongan la esperanza en las riquezas, las cuales son inciertas, sino en el Dios vivo, que nos da todas las cosas en abundancia para que las disfrutemos*". Y Proverbios 11:28 dice: "*El que confía en sus riquezas caerá; mas los justos reverdecerán como ramas*".

El consejo de Dios es que vivamos de acuerdo con nuestras posibilidades, lo que quiere decir que no gastemos más de lo que ganamos. Esto significa no tener que usar créditos, ni pedir dinero prestado para proveer los gastos normales del hogar. También implica el uso del dominio propio y la autodisciplina para controlar gastos y cubrir necesidades, gustos y deseos de cada integrante de la familia.

En el establecimiento de nuestra seguridad y estabilidad financiera, es necesario separar necesidades de gustos y deseos, para no perder nuestra libertad.

Nuestra responsabilidad frente a las necesidades básicas de la familia está considerada en 1 Timoteo 5:8 que dice: "*Porque si alguno no provee para los suyos, y mayormente para los de su casa, ha negado la fe, y es peor que un incrédulo*".

Los gustos que impulsan los deseos son expresados por preferencias en calidad, tales como desear caviar en lugar de una hamburguesa, sin tener la provisión de Dios. La Palabra de Dios nos habla respecto al trato que debemos darle a los gustos en 1 Pedro 3:4 donde dice: "*Vuestro atavío no sea el externo de peinados ostentosos, de adornos de oro o de vestidos lujosos, sino el interno, el del corazón, en el incorruptible ornato de un espíritu afable y apacible, que es de grande estima delante de Dios*".

Los deseos son preferencias, las cuales solo deben ser tenidas en cuenta como sobrantes: 1 Juan 2:15-16 nos recuerda: "*No améis al mundo, ni las cosas que están en el mundo. Si alguno ama al mundo, el amor del Padre no está en él. Porque todo lo que hay en el mundo, los deseos de la carne, los deseos de los ojos, y la vanagloria de la vida, no proviene del Padre, sino del mundo*".

El punto de equilibrio donde nuestros ingresos se equilibran con nuestros egresos, es un punto de decisión. Debemos preguntarnos cuando estamos ante esa disyuntiva: ¿debo ganar más? o ¿debo gastar menos? Si esperamos la respuesta del Espíritu de Dios, no tomemos en cuenta la alternativa de conseguir un préstamo, porque podrá traernos una solución transitoria, pero luego no tardará en llegar el problema económico.

Con el fin de obtener una autentica libertad financiera, debe establecerse un presupuesto de gastos en relación a nuestras entradas. Una mejor administración dará como resultado una mejor mayordomía de los recursos que manejamos.

Recordemos que la primera opción corresponde a Dios, darle el diez por ciento de todos nuestros ingresos, es el diezmo a la iglesia del Señor. Este 10% proviene del ingreso bruto mensual antes de deducir los impuestos. Malaquías 3:8 dice: *"¿Robará el hombre a Dios? Pues vosotros me habéis robado. Y dijisteis: ¿En qué te hemos robado? En vuestros diezmos y ofrendas"*. Todos estamos obligados a pagar impuestos al gobierno. Mateo 22:21 dice: *"Y les dijo: Dad, pues, a César lo que es de César, y a Dios lo que es de Dios"*.

La parte disponible para distribuir después de descontar los diezmos y los impuestos, lo denominaremos: "el ingreso neto consumible", el cual debe ser usado para satisfacer las necesidades de toda la familia.

Dios dice que paguemos todas nuestras deudas. Dice el Salmo 37:21: *"El impío toma prestado, y no paga; mas el justo tiene misericordia, y da"*.

Un manejo disciplinado de nuestras finanzas proveerá un dinero sobrante, el cual nos permitirá responder a las necesidades de otros, como también ahorrar para gastos imprevistos y aún para hacer sabias inversiones. En 2 Corintios 8:14 dice: *"Sino para que en este tiempo, con igualdad, la abundancia vuestra supla la escasez de ellos"*.

GUÍA PARA PLANEAR E IMPLEMENTAR UN PRESUPUESTO FAMILIAR:

Paso 1. El ingreso mensual neto:....................................$100
Paso 2. Diezmo: $10
Paso 3. ¿Cuál es en la actualidad el nivel de gastos?.........$80
Paso 4. Establezca un presupuesto definitivo..................$80
Paso 5. Controle los gastos para permanecer y no
salirse del límite del presupuesto, para poder ahorrar $10

Capítulo 12

LA FAMILIA CRISTIANA

1. EL ROL DE LOS HIJOS CRISTIANOS

En el mundo en que vivimos todos intentan hacer lo que se les da la gana, por lo tanto la obediencia a algún tipo de autoridad generalmente provoca irritación. Desde que Dios creó al hombre la obediencia ha sido uno de los grandes problemas de la humanidad.

Adán y Eva fueron creados con libre albedrío, es decir que tenían el potencial para obedecer o para desobedecer a Dios. La desobediencia de ellos hundió a la raza humana en el pecado, hecho que afectó todos los demás aspectos de cada ser humano. Esto también afectó seriamente las relaciones familiares, específicamente entre hijos y padres. En Romanos 1:29-30 dice: "*Estando atestados de toda injusticia, fornicación, perversidad, avaricia, maldad; llenos de envidia, homicidios, contiendas, engaños y malignidades, murmuradores, detractores, aborrecedores de Dios, injuriosos, soberbios, altivos, inventores de males, desobedientes a los padres, necios, sin afecto, implacables, sin misericordia*".

Aquí se describe de un modo general los efectos del grave deterioro causado por el pecado en las relaciones humanas de los unos con los otros. Pero luego la Escritura se enfoca en los efectos del pecado sobre la relación entre hijos y padres, pues dice: *"Desobedientes a los padres, necios, desleales, sin afecto natural, implacables, sin misericordia"*.

Por eso la Palabra de Dios exhorta a los hijos creyentes a considerar las nuevas actitudes y acciones cristianas que cada uno debe tener con sus padres. En Efesios 6:1-3 dice: *"Hijos, obedeced en el Señor a vuestros padres, porque esto es justo. Honra a tu padre y a tu madre, que es el primer mandamiento con promesa; para que te vaya bien, y seas de larga vida en la tierra"*. Y en Colosenses 3:20: *"Hijos, obedeced a vuestros padres en todo, porque esto agrada al Señor"*.

Aquí encontramos cuatro razones por qué los hijos deben obedecer a sus padres.

- La primera razón está basada en una verdad doctrinal. Se refiere a que los hijos deben obedecer a sus padres porque ellos "están en el Señor", lo que significa que sus vidas ya no son suyas, fueron compradas por Cristo por medio de su sangre. Por ello, los hijos de padres creyentes deben comprender que ahora son parte de una nueva familia mucho más grande que la propia: la familia de Dios.
- La segunda razón es *"porque esto es justo"* (Efesios 6:1). Cuando Jesús fue encontrado por sus padres en Jerusalén, que lo habían extraviado, lo hallaron hablando con los maestros de la ley acerca de la obra de Dios. Sin embargo, Jesús dejó la reunión del templo, siguió a sus padres, y regresó al hogar con ellos en perfecta obediencia. Aunque Él ya sabía para qué había venido al mundo, y que era el Hijo de Dios, se sometió a la autoridad de sus padres humanos, porque era lo recto y justo para el Padre.
- La tercera razón es que la obediencia a los padres de parte de los hijos es tan importante ante los ojos de Dios que, además, incluye beneficios personales a todos los hijos cristianos que obedecen a sus padres. ¿Cuáles son estos beneficios? Efesios 6:3 dice: *"Para que te vaya bien"*. En resumen: ¿quieres que tus padres te tengan confianza? Entonces hónralos y obedécelos. ¿Quieres que todo te salga bien? Entonces, demuéstrales a tus padres que los amas y que tu deseo es agradarles en todo. No hay cosa más frustrante en

la familia, que cuando hay luchas entre hijos y padres. Cuando un hijo obedece a sus padres, se hace un favor a sí mismo, y a sus padres también.

• La cuarta razón es *"para que puedas disfrutar de larga vida en la tierra"* (Efesios 6:3). La esencia de este pasaje es la promesa de disfrutar todo el tiempo de vida sin desilusiones ni frustraciones. También sabemos que un hijo desobediente puede acortar su vida a causa de acciones irresponsables e insensatas.

La exhortación de Efesios 6:1-3 está dirigida directamente a los hijos, pero la obediencia en toda la Biblia es para todos los cristianos sin excepción alguna. La obediencia, como la sujeción y el amor, deben ser las marcas de identificación de cada creyente

2. EL ROL DE LOS PADRES CRISTIANOS

La primera referencia que tiene un hijo de familia creyente, respecto de lo que significa un padre, lo tiene a través de sus padres carnales, y esto puede ser para bien o para mal de ellos, pues como padres visibles todos los padres cristianos son la representación del Padre Dios invisible. Los hijos no aprenderán solos de lo que los padres le enseñen de Dios a sus hijos, sino más bien a través de las actitudes o tratos hacia ellos y hacia otros, de lo que ellos vean en sus propias conductas.

Siempre lo que un cristiano hace es mucho más elocuente y convincente que lo que un cristiano dice. Recordemos que Hechos 1:1 habla de *"las cosas que Jesús comenzó a hacer y a enseñar"*. Primero hizo, y luego enseñó sobre lo que hizo.

Pablo en sus cartas a los efesios y a los colosenses aconseja a los padres sobre la forma de criar a los hijos; dice: *"Padres, no provoquéis a ira a vuestros hijos, sino criadlos en disciplina y amonestación del Señor"* (Efesios 6:4); y en Colosenses 3:21: *"Padres, no exasperéis a ira a vuestros hijos, para que no se desalienten"*.

Aquí las Escrituras hablan en plural, a los padres y madres. Tanto el hombre como la mujer fueron creados a la imagen de Dios. Aunque el peso de la responsabilidad final de la enseñanza espiritual de los hijos recae sobre el padre por ser el sacerdote del hogar, cuando esta responsabilidad no es ejercida por el padre, por negligencia o mal ejemplo de conducta, la madre lo reemplazará en la totalidad. Pero aclaremos que la responsabilidad de la crianza y la educación es compartida por ambos padres.

En la carta a los colosenses dice que los padres enseñen, pero no deben irritar ni lastimar a sus hijos, *"para que no se desalienten"*. Si bien la vida actual está llena de tensiones, esto lleva muchas veces a que los padres tengan una tendencia a la impaciencia, y que en ocasiones termina con el maltrato a los hijos. Por eso Pablo recuerda a los padres, que ahora que son cristianos deben abandonar toda gritería, violencia o lenguaje inadecuado con los hijos, no deben vivir como los inconversos.

Esta exhortación específica está dirigida a que los padres no maltraten físicamente a los hijos, no hay fundamento en la Biblia para aplicarles una disciplina con castigo físico. Sí, por supuesto, Dios quiere que los padres corrijan a sus hijos con disciplina, hasta se permitiría una palmada o bofetada, no más de eso. Pero siempre con amor y para beneficio del hijo. Tampoco los padres deben maltratar psicológicamente a sus hijos, humillándolos o rebajándolos.

Esta clase de maltrato conduce a que la ira, el resentimiento, la depresión y el desánimo del hijo se arraiguen en su corazón y son mucho más severos que los efectos psicológicos que puedan provocar por el maltrato físico. Es más perjudicial el agravio mental y tiene una mayor duración de efectos negativos en la personalidad del hijo.

Es fundamental escuchar a los hijos. Los problemas del mundo actual y las propias preocupaciones y necesidades de la vida, tienden a absorber la mente de los padres, hacen perder de vista lo que los hijos hacen o desean expresar, cuáles son sus preocupaciones o dónde experimentan sus verdaderos problemas.

Si los padres le dan un buen ejemplo de vida a sus hijos, si les enseñan las verdades que deben saber, si viven como Jesucristo delante de ellos, cumplirán la tarea a la manera de Dios. Si no lo hacen a la manera de Dios, o no lo han hecho en el tiempo debido, deberán corregir los errores cuanto antes, nunca es tarde. Deben arrepentirse y pedirles perdón a los hijos que han desalentado o lastimado, y también a Dios por la negligencia en sus responsabilidades.

"Criadlos en el Señor". Hay dos maneras bíblicas de criar a los hijos: por medio del ejemplo, y por la instrucción y enseñanza directa de la Palabra de Dios.

Como hemos mencionado, la manera más poderosa de enseñarles a los hijos es por medio del ejemplo de los padres. Y luego también, por medio de la instrucción directa. Dice 1 Tesalonicenses 2:11-12: "*Así como también sabéis de qué modo, como el padre a sus hijos, exhortábamos y consolábamos a cada uno de vosotros*".

Los padres deben dedicarse a cada hijo particularmente, y cubrir sus necesidades individuales propias. Los padres no deben criar a los hijos "globalmente", ni "grupalmente", sino individualmente. En definitiva, la responsabilidad de los padres es alentar siempre a sus hijos en el Señor, y enseñarles que el trato de Dios con nosotros también es individual.

3. OBJETIVOS Y FUNCIONES DE LA FAMILIA CRISTIANA

Hay por lo menos tres objetivos espirituales básicos para la familia cristiana:

- **Dejar de confiar en las soluciones humanas y en el beneficio de las cosas materiales como acciones prioritarias.** Actuar en la fe de Dios, creer que todo lo que Él promete en la Biblia se cumplirá por medio del cumplimiento de los roles de cada uno. La familia cristiana debe distinguirse en reflejar su fe en Dios en todas las circunstancias.
- **Ser doctrinalmente estables como familia, esperar siempre lo mejor del Padre.** Aprender las verdades de Dios y sus mandatos, y creer que el cumplimiento de ellos permitirán la constante armonía familiar. Esto hará que se desarrolle una "*esperanza viva*" en todos los miembros de la familia.
- **Desarrollar un interés personal y afectivo, fruto del amor del uno por el otro miembro de la familia.** Esto nos posibilita madurar cristianamente, y es lo que permite que Dios los use para ministrar a otros. En realidad Dios quiere que cada familia cristiana se transforme en un círculo de desbordante amor.

En cada uno de estos tres objetivos tenemos los ingredientes fundamentales del cristianismo: fe, esperanza y amor, y especialmente el amor, es el que produce la unidad y felicidad que permiten que la familia sea un testimonio dinámico, para alcanzar a otras familias para Cristo en la comunidad en que viven.

Hay cuatro funciones que diferencian las familias creyentes de las que no lo son. Estas funciones se derivan de las directivas y principios que hemos visto a través del estudio de la familia cristiana. Pero recordemos que somos nosotros los miembros de la familia, los responsables de realizarlos y llevarlos a la experiencia diaria, para que la armonía del Señor reine siempre en nuestros hogares.

- **Sujeción y jefatura.** No se trata de fijar reglas estrictas para no quebrar el mandato bíblico, se trata de encontrar la forma de que los esposos armonicen sus funciones para que cada rol sea respetado por el otro, con la libertad que Dios ha establecido en la Biblia. Sin maridos "autoritarios" ni esposas "esclavas"; sin esposas "rebeldes" ni maridos "tolerantes". El marido es la cabeza del hogar y debe amar a su esposa como al Señor, y la esposa estar sujeta al marido como al Señor.
- **Función sexual.** Es muy importante –como hemos visto– para afirmar la unión y la armonía matrimonial, y de hecho es un mandato bíblico, que se practique el acto sexual como expresión de que los cónyuges son una sola carne. Sin embargo, debe comprenderse la práctica del sexo dentro del matrimonio a la manera de Dios, sin sobreponer restricciones en la periodicidad de la práctica sexual, que algunos hacen por errores de enseñanza recibidas a través de herencias culturales o religiosas. Ni tampoco caer en el erotismo ni en prácticas obscenas, pues Dios ha provisto libertad sexual con tal de que no se violen los principios de moral, sensibilidad, comprensión y generosidad. Algunos creyentes con problemas en la relación sexual han recurrido a la consulta de sexólogos humanistas, que los llevaron a una esclavitud sexual perversa fuera de los planes de Dios.
- **Crianza de los hijos.** Dios quiere que los padres eduquen a sus hijos con una personalidad individual, que reconozcan los rasgos de cada carácter y los respeten. No hay dos hijos con el mismo carácter y temperamento. Ni tampoco hay un solo método para disciplinar a los hijos, sino que cada padre debe ser considerado con cada hijo para aplicar las correcciones o castigos, con amor, sensibilidad y comprensión, de acuerdo a la naturaleza de ese hijo en particular.

- **Obediencia de los hijos.** La obediencia de los hijos debe estar ligada a las directrices bíblicas. Pero la obediencia dependerá del ejemplo moral, ético y espiritual de sus padres, y de las explicaciones bíblicas dadas por los padres, para que entiendan la obediencia como un camino de bendición.

La familia cristiana tiene un capitán en quien confiar en medio de cualquier tempestad inesperada. Dice la carta a los Hebreos 4:14-16: "*Por tanto, teniendo un gran sumo sacerdote que traspasó los cielos, Jesús el Hijo de Dios, retengamos nuestra profesión. Porque no tenemos un sumo sacerdote que no pueda compadecerse de nuestras debilidades, sino uno que fue tentado en todo según nuestra semejanza, pero sin pecado*".

4. CÓMO TRATAR LA REBELDÍA DE LOS HIJOS

La rebelión en los hijos es ocasionada principalmente por padres que han fallado en el desempeño de la posición y el rol ordenado por Dios como padres.

En una encuesta realizada hace unos años, surgieron en detalle algunas de las principales fallas que muchos padres cometieron en la formación de sus hijos:

- No los disciplinaban.
- Fueron muy complacientes con ellos.
- Los hijos lo tenían todo con mucha facilidad.
- Los padres fueron negligentes con la educación de los hijos.
- Los padres descuidaron a sus hijos en sus relaciones.
- Los padres no daban buen ejemplo de conducta.
- Los hijos no eran tratados ni ética ni humanamente.
- Los hijos tenían muy pocas responsabilidades en el hogar.

Las fallas anteriores indican una real falta de amor para los hijos, lo cual produce en ellos un estado de frustración, pérdida de propósitos, falta de dirección y desaliento.

En otra encuesta realizada a jóvenes, se dio a conocer que en general los padres han cosechado lo que sembraron. Los problemas mayores de la juventud, según la encuesta, eran las drogas, el abuso del alcohol, el desinterés laboral y la debilidad para someterse a la presión de malas conductas de los compañeros. La falta de cuidado y responsabilidad paternal profundiza la raíz de muchos problemas en nuestros hijos, los conduce a la rebeldía contra Dios.

Estos son los puntos más negativos que resultaron de la encuesta:

- **Rivalidad entre hermanos:** Ocurre generalmente entre el primogénito y sus hermanos. Esto es causado por la naturaleza pecaminosa del niño, motivada por un sentido de preservación de sí mismo. Da lugar a los celos y la envidia. Esta rivalidad puede ser promovida por los padres cuando tienen preferencia por cierto hijo.
- **Presiones de los compañeros:** Se operan en la vida de los niños porque necesitan de la aceptación de sus compañeros de la misma edad. Rendirse a estas presiones, significa prolongar el desarrollo de una imagen positiva de sí mismo y promover el rechazo de la autoridad paterna; resultan en una perspectiva negativa para el futuro de los niños, y en desconfianza hacia las personas de las cuales ellos buscaban aceptación. Generalmente sucede en los pequeños cuyos padres fallan al proveerles el amor, la enseñanza, la seguridad, el ánimo y la aceptación que ellos necesitan para contrarrestar las presiones de los demás. Entonces deciden buscar la aceptación del grupo, aunque esto los lleve a la delincuencia o al mal vivir.
- **Vocabulario grosero:** Es una manifestación de profundas frustraciones que son exteriorizadas por medio de palabras groseras. Muchas veces esto se debe a que los niños son guiados por patrones de comportamiento que se manifiestan en el hogar o entre sus compañeros de estudio. Una de las principales causas de este hábito es el deseo de llamar la atención.
- **Comportamiento indeseable:** Se nota usualmente en un niño que ha sido maltratado, en el área física, mental o emocional.
- **Estilo de vida indisciplinada y perezosa:** Generalmente es fomentado por padres que no tienen disciplina en sus vidas. Lo opuesto también puede ser perjudicial, cuando las expectativas de un padre son irreales por la edad o capacidad del hijo, ya que el niño puede llegar a desanimarse por los fracasos requeridos y darse por vencido.

- **Ingratitud:** Es promovida por padres y compañeros que dan mucho y esperan muy poco o ningún agradecimiento del otro, lo que produce egoísmo y no da ejemplo de gratitud.
- **Negativa a la ayuda en el hogar:** El hijo intenta poner a prueba el liderazgo y la autoridad de los padres. Si falta el debido seguimiento y disciplina el niño seguirá rebelándose.
- **Pereza o apatía en hacer las tareas escolares:** Manifiestan una falta de disciplina y propósito. Muchas veces es el resultado de ciertos padres que fallan en fijar apropiadamente las prioridades, y que principalmente no muestran interés en el ciclo de aprendizaje de su hijo.
- **La mentira:** En muchos casos es un resultado directo de hijos que han sido engañados con mentiras de padres y amigos. Esto pone en acción un pecaminoso patrón de hábito en sus vidas.
- **El robo:** Es fomentado en un nino que ha sido perjudicado en sus intereses personales. La atención, el amor y la aceptación que él necesita han sido disminuidas, y se siente como víctima de un robo.
- **Curiosidad e indiscreción sexual:** Es motivada por falta de amor y aceptación paternal o maternal, lo que provoca un deseo de satisfacer la carne. Puede comenzar con masturbación, y seguir con pornografía, lo que puede llevarlo a la esclavitud sexual.
- **Abuso de las drogas y el alcohol:** Puede ser motivado por presión de los compañeros, o por mal ejemplo de los padres, o el deseo de escapar de la realidad en que vive.

A continuación detallamos algunas guías generales para el consejero, para que pueda ayudar a padres que se enfrentan con la necesidad de tratar con estas áreas de notoria rebeldía en sus hijos:

RIVALIDAD ENTRE HERMANOS

A cada hijo se le debe hacer sentir que su posición en la familia es única y especial a la vista de Dios. El reconocimiento y desarrollo de los talentos y dones es un instrumento valioso en el cumplimiento de estos propósitos. Dice Santiago 3:16: *"Porque donde hay celos y contención, allí hay perturbación y toda obra perversa"*.

PRESIONES DE LOS COMPAÑEROS

La mayor protección para que un niño no se rinda ante las presiones de los demás, es su relación personal con Cristo y su habilidad de mantenerse firme por sí mismo. El ejemplo dado por los padres es muy importante, especialmente en la conducta frente a la competitividad y las modas. Por ejemplo: no "estar en competencia con los vecinos", ni tampoco estar a merced de las "modas". Esto es una puerta para ceder en la integridad de la identidad, para ser aceptados socialmente. Romanos 12:2 dice: *"No os conforméis a este siglo, sino transformaos por medio de la renovación de vuestro entendimiento"*.

VOCABULARIO GROSERO

Cuando el uso de un lenguaje grosero es el resultado de lo que han escuchado de un miembro de la familia en el hogar, la raíz del problema está en ese familiar. Este debe arrepentirse y pedir perdón al Señor y al niño. Cuando la fuente resulta fuera del hogar, enseñarles los principios bíblicos acerca de la lengua, junto con la memorización de las Escrituras, pueden ser útiles para corregir el problema del lenguaje grosero. Efesios 4:29 dice: *"Ninguna palabra corrompida salga de vuestra boca, sino la que sea buena para la necesaria edificación, a fin de dar gracia a los oyentes"*.

COMPORTAMIENTO INDESEABLE

Cuando un comportamiento abusivo es habitual, los padres necesitan tener cuidado y buscar las razones y causas. Es importante ministrarlo primero por las frustraciones interiores, antes de aplicar una disciplina. En 1 Tesalonicenses 5:14 dice: *"También os rogamos, hermanos, que amonestéis a los ociosos, que alentéis a los de poco ánimo"*.

ESTILO DE VIDA INDISCIPLINADO Y PEREZOSO

Lo que parece ser pereza puede ser síntoma de problemas más profundos. Falta de descanso, dieta pobre y crecimiento rápido –especialmente en la adolescencia– aún pueden ser problemas visuales y de oído los que ocasionan que un niño manifieste poca motivación. Cuando la causa es un mal ejemplo de parte de los padres o que ellos esperan demasiado de su hijo, naturalmente los padres deben examinarse y corregir su propio pecado.

Un programa de trabajo con un sistema de recompensa por su cumplimiento, puede ser efectivo en algunas oportunidades para corregir el ciclo de pereza. Proverbios 13:4 dice: *"El alma del perezoso desea, y nada alcanza"*.

INGRATITUD

Un ambiente de gratitud se establece en el hogar cuando los padres hacen que los hijos se enteren de todo lo que Dios ha hecho y hace en sus vidas. Reconocer a Dios como la fuente de todo don, desarrolla en el corazón del niño una actitud de agradecimiento. Leemos en 1 Timoteo 6:6: *"Pero gran ganancia es la piedad acompañada de contentamiento"*.

NEGATIVA A LA AYUDA EN EL HOGAR

La colaboración en el hogar ayuda a un niño a valorar el trabajo de equipo y a aceptar el cumplimiento y la realización de las responsabilidades asignadas. Cuando un niño desconoce la autoridad de sus padres, estos deben responder inmediatamente con disciplina, que es lo apropiado en un caso de rebeldía.

Muchas veces el ejemplo de los padres en el hogar no alienta al niño para cumplir sus responsabilidades. Los padres que son culpables necesitan confesar y arrepentirse de su pecado y de haber fallado en dar un buen ejemplo para que sus hijos lo imiten. Dice 2 Tesalonicenses 3:10: *"Porque también cuando estábamos con vosotros, os ordenábamos esto: Si alguno no quiere trabajar, tampoco coma"*.

REHUSO O PEREZA PARA HACER LAS TAREAS ESCOLARES EN EL HOGAR

La prioridad de cumplir con las tareas escolares en el hogar antes del tiempo de descanso o entretenimiento, necesita ser establecida. Esto requiere control estricto de parte de los padres, ya que el niño necesita ejercitar su responsabilidad para completar las tareas que le corresponden. Proverbios 12:24 dice: *"La mano de los diligentes señoreará"*.

LA MENTIRA

Los padres deben ser cuidadosos en decir siempre la verdad y solo la verdad. Cuando usted no es culpable de haber mentido, puede tratar con los culpables. Si usted sabe que es una mentira y por temor a una confrontación la pasa por alto, solo aumentará el problema. Haga de la verdad la norma de su hogar, sin importarle el costo. Efesios 4:25 dice: "*Por lo cual, desechando la mentira, hablad verdad cada uno con su prójimo, porque somos miembros los unos de los otros*".

EL ROBO

Cualquier cosa que ha sido robada debe ser devuelta y el niño debe declarar que la robó y pedir perdón a Dios y a la persona. Si el objeto ha sido destruido o dañado, debe ser reemplazado por el mismo niño con sus propios recursos. Los padres deberían aprovechar esta situación para enseñar a los niños acerca de la "propiedad privada". Refuerce con las Escrituras y pida al niño que exprese cómo se sentiría si alguien le robara algo suyo. Pregúntele si tiene algún motivo por el cual se siente perjudicado –en su tiempo, en sus intereses personales, etc.–.

Entonces responda como Dios le respondería a usted a través del perdón y el cambio. Mateo 19:18 dice: "*Le dijo: ¿Cuáles? Y Jesús dijo: No matarás. No adulterarás. No hurtarás. No dirás falso testimonio*".

CURIOSIDAD E INDISCRECIÓN SEXUAL

Cuando la natural curiosidad acerca del sexo no es enfocada hacia el conocimiento del propósito de Dios, la indiscreción sexual dará como resultado alguna perversión. Los padres deberían ayudar a sus hijos a entender el valor de vivir una vida en el Espíritu Santo, a dirigir sus energías hacia actos piadosos. El ejemplo de padres que se aman y se demuestran afecto ayuda a los hijos a guardar equilibrio en el entendimiento del justo lugar que ocupa el sexo.

En 1 Pedro 1:16 dice: "*Porque escrito está: Sed santos, porque yo soy santo*".

ABUSO DE LAS DROGAS Y DEL ALCOHÓL

Cuando a un hijo se involucra con el alcohol o las drogas, o ambos, es porque busca la oportunidad de poder escapar de la realidad de la vida. Los padres necesitan determinar cuál es el motivo para que actúe de esa manera. Muchas veces los hijos necesitan ayuda de un consejero entrenado al respecto. Esta situación puede demostrar que los padres no cumplen las responsabilidades que Dios les ha asignado para con sus hijos. Un padre puede ser también dependiente de la droga o del alcohol, de tal modo que pone en acción un patrón de pecado para el hijo. Los padres que se sientan culpables necesitan buscar liberación a través de la confesión y el arrepentimiento de sus pecados. En Efesios 5:18 leemos: *"No os embriaguéis con vino, en lo cual hay disolución; antes bien sed llenos del Espíritu"*.

Estas distintas manifestaciones de rebelión que hemos mencionado, son producto del pecado en la vida del niño, adolescente o joven, frente a los embates de la vida. Para los padres estos son signos visibles de que el hijo o hija está pidiendo ayuda y buscando inconscientemente alguna orientación para salir. No cabe duda que lo que necesitan es todo el consejo de Dios para ser liberados.

5. CÓMO RESTAURAR LA FAMILIA BÍBLICA

Dice Génesis 12:2-3: *"Y haré de ti una nación grande, y te bendeciré, y engrandeceré tu nombre, y serás bendición. Bendeciré a los que te bendijeren, y a los que te maldijeren maldeciré; y serán benditas en ti todas las familias de la tierra"*. La familia bíblica solo prospera donde existe una comprensión de las necesidades del espíritu y del alma, y cuando hay el ferviente deseo de edificarla de acuerdo con la Palabra de Dios. Deuteronomio 28:1-2 dice: *"Acontecerá que si oyeres atentamente la voz de Jehová tu Dios, para guardar y poner por obra todos sus mandamientos que yo te prescribo hoy, también Jehová tu Dios te exaltará sobre todas las naciones de la tierra. Y vendrán sobre ti todas estas bendiciones, y te alcanzarán, si oyeres la voz de Jehová tu Dios"*.

La Palabra de Dios expresa en Tito 2:1-8: *"Pero tú habla lo que está de acuerdo con la sana doctrina. Que los ancianos sean sobrios, serios, prudentes, sanos en la fe, en el amor, en la paciencia. Las ancianas asimismo sean reverentes en su porte; no calumniadoras; no esclavas del vino, maestras del bien; que enseñen a las mujeres jóvenes a amar a sus maridos y a sus hijos, a ser prudentes, castas, cuidadosas de su casa, buenas, sujetas a sus maridos, para que la palabra de Dios no sea blasfemada. Exhorta asimismo a los jóvenes a que sean prudentes; presentándote tú en todo como ejemplo de buenas obras; en la enseñanza mostrando integridad, seriedad, palabra sana e irreprochable, de modo que el adversario se avergüence, y no tenga nada malo que decir de vosotros".*

Dios ha colocado a los padres en una posición tal que pueden darle acceso al Señor, para ser la puerta de bendición o, por el contrario, ser un obstáculo que impide que la gracia de Dios llegue a todos los integrantes de la familia. Desde los patriarcas del Antiguo Testamento vemos cómo la bendición de un padre dirige el fluir de la generosidad divina y atrae el favor de Dios sobre su casa. Los principios bíblicos que rigen a los padres son sencillos: Él ha puesto el cuidado de los hijos en las manos de los padres; por lo tanto, la bendición que nuestros hijos esperan descansa sobre nosotros. Un niño sin la bendición de un padre vagará en un terreno espiritual árido y sin fruto.

Ninguna familia bíblica prosperará sin el consentimiento ni la bendición del padre. Esta bendición desciende por herencia de tres maneras:

• A través de los genes heredamos tanto la salud corporal como la tendencia del carácter de nuestros padres.
• Recibimos bendición de nuestros padres por obedecerlos por medio de la obediencia a la palabra de Dios.
• Por la ley divina que rige la siembra y la cosecha espiritual. El padre no solo cosecha de lo sembrado en su vida, sino los hijos de sus hijos también cosecharán de esta siembra. Si el padre siembra bendición sus hijos cosecharán bendición; en caso contrario recogerán maldición. Porque todo lo que le suceda en su vida traerá bendición abundante, o maldición y aflicción para sus hijos. Dice Proverbios 13:22: "*El bueno dejará herederos a los hijos de sus hijos*".

Dice Éxodo 20:3, 5-6: "*No tendrás dioses ajenos delante de mí (...) No te inclinarás a ellas ni las honrarás, porque yo soy Jehová tu Dios, fuerte, celoso, que visito la maldad de los padres [a] sobre los hijos hasta la tercera y cuarta generación de los que me aborrecen, y hago misericordia [b] a millares, a los que me aman y guardan mis mandamientos*".

Con claridad la Escritura advierte acerca de la maldición, la primera, que puede alcanzar a los desobedientes a los mandatos de Dios, y la segura bendición para quienes obedecen sus mandamientos.

Por esto los padres pueden ser una bendición o una maldición para sus hijos; deben orar para encontrar la dirección de Dios y así poder bendecir específica y proféticamente a sus hijos.

La santidad personal de los padres tiene mucho que ver con la crianza y cuidado de los hijos, proveerá bendición para ellos. Cada padre y madre necesita darse cuenta que mientras sigan los principios de disciplina y de autoridad de parte de Dios, el espíritu y la mente de sus hijos serán nutridos con estos principios.

La santidad que Dios requiere no significa vivir inflexiblemente ajustados a la legalidad. Santidad es la vida de amor que se vive cada momento del día, especialmente dentro de la familia. La religiosidad legalista nunca puede reemplazar la santidad; santidad es amor personal expresado y brindado en el hogar.

Así que, todo lo que los padres son en sus conductas y expresan en su carácter, llega al alma y al espíritu de los hijos. Recordemos que dondequiera que los padres fallen en expresar la naturaleza del Señor, obstaculizarán su bendición.

Cada padre y madre debe reconocer que Dios es quien da los hijos. Es imprescindible que los padres avancen en el conocimiento de quién es Dios, y así, conociéndolo, lo amarán con la mayor plenitud, llenos del Espíritu. De modo que la vida de Jesús en cada padre y madre pueda afectar completamente, en el espíritu, alma y cuerpo de cada uno de sus hijos.

6. LA PROVISIÓN DE DIOS PARA PROTEGER LA FAMILIA

Nunca antes se ha sabido de un ataque espiritual semejante contra la familia cristiana como sucede hoy. Satanás ha intentado de muchas maneras destruir la iglesia cristiana, pero hasta hoy han sido infructuosos sus propósitos.

La iglesia no es más fuerte que la fortaleza de las familias que la componen. Por esto Satanás tiene un plan de batalla contra los padres y los esposos. El enemigo sabe que si logra desviar a los padres y esposos del cumplimiento de sus roles, impedirá que Dios bendiga con su amor a la familia, y esto debilitará el impacto espiritual y social de la Iglesia.

En realidad Satanás busca que los cónyuges dejen de estar bajo el control del Espíritu Santo, para poder tomar él mismo el control de la familia, para destruirla.

La influencia de los padres sobre los hijos en el área espiritual es mucho mayor que en cualquier otra área. Si los padres, o particularmente el hombre, practican cierto pecado de vez en cuando, los hijos serán influidos para que tarde o temprano caigan en la esclavitud de dicho pecado, o sea que la magnitud del pecado aumentará en los hijos de pecadores.

Esto sucede porque Dios dispuso que el padre sea el protector del hogar, que sea un verdadero escudo de su esposa e hijos, de las influencias destructivas del mundo y de Satanás.

Lo que un padre traiga o permita que entre en el hogar, tendrá efectos positivos si son benéficos, y negativos si son maléficos. Por eso el enemigo siempre ataca a los padres; que son los pilares de la familia. Una vez que Satanás logra "atar" al padre espiritualmente, el resto de la familia comenzará a tambalear.

El consejero debe saber que cuando es consultado por la indisciplina de un hijo, será importante hablar primeramente con los padres, para averiguar si ellos no han abierto alguna puerta para dar lugar al diablo. Esto no significa que cada hijo que esté en problemas sea a causa de algún pecado de los padres, puede haber muchas otras causas por la que los hijos caigan en pecados que los afecten espiritual y emocionalmente. Por ello el padre y la madre deben estar siempre alertas contra las asechanzas y tentaciones de Satanás, para que él no tenga éxito en sus actuales esfuerzos por destruir a la iglesia a través de las familias.

Como hemos dicho, los padres deben ser ejemplo para que los hijos los imiten. Para derrotar los esfuerzos del diablo es necesario que los padres y esposos asuman su papel sacerdotal en el hogar y tomen la autoridad que Dios ha puesto en ellos a través de su palabra, a fin de deshacer las obras de Satanás.

CÓMO ATAR A SATANÁS

Satanás está suelto y puede atacar a cualquier miembro de la familia. Está particularmente deseoso de entrar al hogar de cualquier cristiano para capturar tanto a hijos como a hijas. Todo padre, en cualquier sitio, debe permanecer en estado de alerta, hacer oraciones preventivas contra los ataques del diablo a los miembros de la familia, y específicamente cuando hay alguna manifestación sobre el hogar. Debe utilizar, por ejemplo, la oración de Mateo 18:18 que dice: "*Que todo lo que atéis en la tierra, será atado en el cielo; y todo lo que desatéis en la tierra, será desatado en el cielo*".

También hay que recordar Mateo 12:29 que dice: "*Porque ¿cómo puede alguno entrar en la casa del hombre fuerte, y saquear sus bienes, si primero no le ata? Y entonces podrá saquear su casa*".

CÓMO DESTRUIR LAS FORTALEZAS DE SATANÁS

Aun cuando Satanás tiene una derrota inexorable sobre su existencia, todavía sigue siendo el dios de este mundo y se niega a ceder en la lucha por el dominio de la raza humana. Tenazmente retiene su terreno ocupado, manteniendo su diabólica empuñadura sobre alguna "fortaleza" espiritual edificada en algún padre debilitado por el pecado, o quizás una madre, o en los hijos o hijas de un hogar. Cuando se ha dado lugar al diablo, lo primero que debe hacerse, es recuperar el terreno que se le ha cedido al enemigo.

Para ello el arrepentimiento del pecador será el primer paso; debe confesar a Dios lo que ha hecho mal, y renunciar al hábito pecaminoso que lo esclavizó. Entonces recién podrá estar firme para resistir al diablo. Desde esa posición debe derribarse la fortaleza de mentira que el enemigo ha construido, por medio de la verdad de Dios.

Jesús dijo que es su verdad la que nos hace libres del engañador. Cuando la fortaleza ha sido demolida quedará el "hueco" de los cimientos; entonces debe inmediatamente rellenarse el hueco, edificar allí una fortaleza de verdad, para que cuando el enemigo vuelva con la mentira por la que cayó en pecado, quede impedido de entrar, porque la fortaleza de verdad lo hará desistir.

Y el último paso es: cuando vuelvan los pensamientos de error y de tentación, debe apresarlos y llevarlos inmediatamente ante Dios. Entonces todos los pensamientos que fluyan sobre el alma liberada serán solo de Dios. Dice 2 Corintios 10:4-5: "*Porque las armas de nuestra milicia no son carnales, sino poderosas en Dios para la destrucción de fortalezas, derribando argumentos y toda altivez que se levanta contra el conocimiento de Dios, y llevando cautivo todo pensamiento a la obediencia a Cristo...*". Dice 1 Pedro 5:8-9: "*Sed sobrios, y velad; porque vuestro adversario el diablo, como león rugiente, anda alrededor buscando a quien devorar; al cual resistid firmes en la fe, sabiendo que los mismos padecimientos se van cumpliendo en vuestros hermanos en todo el mundo*".

CÓMO ESTABLECER CERCOS DIVINOS DE PROTECCIÓN

Dios pone una especial protección alrededor de las familias, en respuesta a las oraciones y la acción de los padres devotos. Todos sus hijos, sus negocios, y todo su patrimonio están a salvo de los esfuerzos destructivos de Satanás, cuando un padre cumple fielmente las funciones específicas.

Cómo los padres pueden establecer un cerco de protección espiritual:

• Desarrolle como primera prioridad el vivir una vida tal, como para llevar gloria a Dios y estar fuera de la censura de los hombres y de la acusación de Satanás. Dice Mateo 6:33: *"Mas buscad primeramente el reino de Dios y su justicia, y todas estas cosas os serán añadidas"*.

• Desarrolle aquellas características que se necesitan en la vida de un padre, para establecer un "cerco de protección" alrededor de la familia. Dice Job 1:1-10: *"Hubo en tierra de Uz un varón llamado Job, y era este hombre perfecto y recto, temeroso de Dios y apartado del mal. Y le nacieron siete hijos y tres hijas. Su hacienda era siete mil ovejas, tres mil camellos, quinientas yuntas de bueyes, quinientas asnas y muchísimos criados; y era aquel varón más grande que todos los orientales. E iban sus hijos y hacían banquetes en sus casas, cada uno en su día; y enviaban a llamar a sus tres hermanas para que comiesen y bebiesen con ellos. Y acontecía que habiendo pasado en turno los días del convite, Job enviaba y los santificaba, y se levantaba de mañana y ofrecía holocaustos conforme al número de todos ellos. Porque decía Job: Quizá habrán pecado mis hijos y habrán blasfemado contra Dios en sus corazones. De esta manera hacía todos los días. Un día vinieron a presentarse delante de Jehová los hijos de Dios, entre los cuales vino también Satanás. Y dijo Jehová a Satanás: ¿De dónde vienes? Respondiendo Satanás a Jehová, dijo: De rodear la tierra y de andar por ella. y Jehová dijo a Satanás: ¿No has considerado a mi siervo Job, que no hay otro como él en la tierra, varón perfecto y recto, temeroso de Dios y apartado del mal? Respondiendo Satanás a Jehová, dijo: ¿Acaso teme Job a Dios de balde? **¿No le has cercado alrededor a él y a su casa y a todo lo que tiene?** Al trabajo de sus manos has dado bendición; por tanto, sus bienes han aumentado sobre la tierra"* (énfasis mío).

• ¿Qué hará que el "cerco" de protección sea inefectivo en el hogar?: el pecado de los padres derrumba la protección. Dice

Números 14:18: *"Jehová, tardo para la ira y grande en misericordia, que perdona la iniquidad y la rebelión, aunque de ningún modo tendrá por inocente al culpable; que visita la maldad de los padres sobre los hijos hasta los terceros y hasta los cuartos".*

• Los pasos para hacer efectivo este "cerco" es el sometimiento de la obediencia del padre a Dios. Dice Ezequiel 22:30: *"Y busqué entre ellos hombre que hiciese vallado y que se pusiese en la brecha delante de mí, a favor de la tierra, para que no la destruyese; y no lo hallé".*

• El cerco de protección de cada creyente es el mismo Jesús. En el capítulo 17 de Juan Jesús descubre su obrar como "cerco de protección" sobre los discípulos, al elevar esta oración al Padre: *"Cuando estaba con ellos en el mundo, <u>yo los guardaba en tu nombre; a los que me diste, yo los guardé</u>, y ninguno de ellos se perdió, sino el hijo de perdición, para que la Escritura se cumpliese"* (Juan 17:12, énfasis mío).

• ¿Cómo restaurar a un miembro rebelde de la familia construyendo un "cerco de espinos" a través de la oración? Dice Oseas 2:5-7: *"Porque su madre se prostituyó; la que los dio a luz se deshonró, porque dijo: Iré tras mis amantes, que me dan mi pan y mi agua, mi lana y mi lino, mi aceite y mi bebida.* **Por tanto, he aquí yo rodearé de espinos su camino, y la cercaré con seto, y no hallará sus caminos.** *Seguirá a sus amantes, y no los alcanzará; los buscará, y no los hallará. Entonces dirá: Iré y me volveré a mi primer marido; porque mejor me iba entonces que ahora"* (énfasis mío). Veamos, ¿qué es lo que sucedió como resultado del "cerco de Dios?": Primeramente Gomer perdió su rumbo, luego los amantes de ella también perdieron su rumbo. Y finalmente, ella retornó con Oseas. La oración que establece un "cerco divino", sea que se relacione con una persona o con las circunstancias que la rodean, siempre produce resultados positivos, porque la Palabra de Dios nunca falla.

¿Cuándo podría ser removido el cerco? El cerco puede ser removido cuando la persona rechaza la verdad de Dios. Dice la Biblia que se debe remover el "cerco de protección" para permitir que el Señor lleve a cabo la disciplina. Tal como lo dice 1 Corintios 5:5: *"El tal sea entregado a Satanás para destrucción de la carne, a fin de que el espíritu sea salvo en el día del Señor Jesús".* Cuando Jesús le avisó a Pedro que el diablo iba a "sacudir como a trigo", algunas áreas de su vida, y que esas pruebas le ayudarían a refinar su vida espiritual, también le hizo entender que su "cerco de protección" sería quitado, aunque Jesús había orado a favor de él para que no falle en la fe. "*Simón, Simón, he aquí Satanás os ha pedido para zarandearos como a trigo; pero yo he rogado por ti, que tu fe no falte; y tú, una vez vuelto, confirma a tus hermanos*" (Lucas 22:31-32).

7. EL CONSEJERO Y LA SANTIDAD

Dice Romanos 12:1-2: "*Así que, hermanos, os ruego por las misericordias de Dios, que presentéis vuestros cuerpos en sacrificio vivo, santo, agradable a Dios, que es vuestro culto racional. No os conforméis a este siglo, sino transformaos por medio de la renovación de vuestro entendimiento, para que comprobéis cual sea la buena voluntad de Dios agradable y perfecta*". La palabra griega de donde se tradujo "presentéis", es PARISTEMI, cuyo significado literal es "ponerse al lado", "presentar" y también "someter". Esta misma palabra es la que aparece en el Evangelio de Lucas 2:22, referido al momento en que José y María llevaron al niño Jesús para "presentarlo" en el templo ante Dios. Estaban devolviendo al niño Jesús al Padre Celestial, para que cumpliera sus propósitos en Él; lo consagraron y separaron para Dios.

Como consejeros espirituales es necesario presentarnos ante Dios, tal como lo pide la palabra: "con nuestros cuerpos en sacrificio vivo". El Señor busca que nos dispongamos a hacer una decisión principal en nuestras vidas para consagrarnos a Dios, y prepararnos en el servicio a Él. Pero esta no es una decisión temporal, sino que dura toda la vida; es un sacrificio viviente, es una muerte a nosotros mismos en el cuerpo a fin de usarlo para el Señor. No se trata solo de una actitud interna, requiere de una expresión exterior con nuestros cuerpos, porque nos expresamos y actuamos a través del cuerpo.

Dice 1 Corintios 6:15-20: "*¿No sabéis que vuestros cuerpos son miembros de Cristo? ¿Quitaré, pues, los miembros de Cristo y los haré miembros de una ramera? De ningún modo. ¿O no sabéis que el que se une con una ramera, es un cuerpo con ella? Porque dice: los dos serán una sola carne. Pero el que se une al Señor, un espíritu es con él. Huid de la fornicación. Cualquier otro pecado que el hombre cometa, está fuera del cuerpo; más el que fornica, contra su propio cuerpo peca. ¿O ignoráis que vuestro cuerpo es templo del Espíritu santo, el cual* *está en vosotros, el cual tenéis de Dios, y que no sois vuestros? Porque habéis sido comprados por precio; glorificad, pues, a Dios en vuestro cuerpo y en vuestro espíritu, los cuales son de Dios".*

Aquí se requiere que exista una liberación total del pecado que asedia nuestros cuerpos, y tiene mayor peso aún dado que Pablo lo había experimentado en carne propia. Recordemos que él también dijo: *"Golpeo mi cuerpo, y lo pongo en servidumbre, no sea que habiendo sido heraldo para otros, yo mismo venga a ser eliminado"* (1 Corintios 9:27).

La exhortación del apóstol en Romanos 12:1-2 está dirigida a que nos ofrezcamos en un continuo sacrificio vivo, puesto que nuestros cuerpos se han convertido en templo del Espíritu Santo.

Pero este sacrificio no debemos ofrecerlo con la muerte, sino con nuestras vidas, y como es para Dios debe ser un sacrificio de santidad.

La palabra *"santo"* de Romanos 12:1 fue traducida del griego *HAGION*, que es el neutro del adjetivo *HAGIOS*, que significa "separado", y entre los griegos se usaba para señalar a las personas que se dedicaban a los dioses; que en la Biblia se usa para definir la conducta personal de quienes se separan del pecado, para vivir consagrados a Dios. *HAGIOS* se usa para definir a aquellas cosas que se ponen aparte para el servicio de Dios; por ejemplo, Hebreos 9:1 define al tabernáculo del Antiguo Testamento como "santuario terrenal", y se usa el mismo neutro *HAGIOS*, cuya traducción literal es "santuario", aunque en Romanos 12:1 fue traducida como "santo".

Ciertamente somos el santuario de Dios en nuestros cuerpos, como templos del Espíritu Santo.

Y en Romanos 12:3 somos instruidos acerca de cómo lograremos ser un sacrificio vivo, santo y agradable a Dios. Dice el texto que es un proceso dinámico de transformación (del griego *METAMORPHOO*, que es la raíz de metamorfosis), y requiere que lo vivamos en un tiempo de presente continuo. El punto principal es dejar de vivir el estilo de vida del mundo, salir del molde de la vida trasgresora y pecaminosa, liberarnos del asedio de los deseos y las pasiones de la carne.

Pero esto no significa que debamos escondernos de este mundo, ni que huyamos de la compañía de quienes viven al estilo del mundo. Sino que vivamos como un sacrificio vivo, al estilo de la nueva vida en Cristo Jesús.

Por lo tanto, necesitamos ser liberados de toda contaminación pecaminosa en nuestros cuerpos, lo que requiere una renovación de nuestra mente. No necesitamos una nueva mente o un nuevo cerebro, sino una renovación, una nueva mentalidad constantemente renovada para poder discernir qué es lo que Dios quiere que hagamos en cada circunstancia que nos toque vivir.

Debemos tener en cuenta que cuando estamos ante una elección, lo que es más honroso para la gloria de Dios y lo más beneficioso para nuestro prójimo, puede ser que con seguridad sea contrario a los intereses de nuestro yo y de nuestra mente carnal.

Se requiere el sacrificio vivo, santo y agradable para hacer siempre la voluntad de Dios, y rendir todos los derechos sobre nosotros mismos. El Señor sabe que si nuestros corazones no están comprometidos, nuestras acciones tampoco lo estarán.

LO QUE NOS SEPARA DE DIOS

Se requiere una acción de nuestra parte. Una vez que Dios obró y nos liberó debemos desechar todo acercamiento al pecado, alejarnos y también huir de toda tentación pecaminosa, para nunca más volver a tener una doble vida.

Cuando nos postramos a orar al Señor, en la lucha contra el pecado que nos asedia, debemos pedir y buscar ser ungidos por una ira santa, impregnados por un odio santo contra todo pecado y sus frutos.

También es bueno confrontar nuestras vidas con los pecados que las Escrituras enuncian, y hacerlo nombre por nombre, para fortalecernos en un odio santo contra cada uno de ellos.

La meta de Dios es hacernos santos como Él es santo, y que lo seamos en toda nuestra manera de vivir. Creo que la carta de Pablo a los gálatas en el capítulo 5:19-21 descubre por su nombre las obras del cuerpo generadas por la carnalidad humana en las mentes pecadoras.

Lo invito a que se detenga en cada nombre y definición de los pecados, y le pida a Dios: "**Dame un odio santo sobre este pecado, quiero tu ira sobre él, ¡dámela ahora, mi Dios, en el nombre de mi Salvador! Amén**".

Pero si encuentra algo de simpatía retenida en su mente respecto a alguno de ellos, confiéselo al Señor y no siga adelante hasta recibir el odio de Dios por cada pecado de:

- **ADULTERIO:** del griego *MOICHEA*, denota a alguien que tiene relaciones sexuales ilegítimas con el cónyuge de otro. Jesús dijo en Mateo 6:27-28: *"Oísteis que fue dicho: No cometerás adulterio. Pero yo os digo que cualquiera que mira una mujer para codiciarla, ya adulteró con ella en el corazón"*. En el sentido espiritual es pecado cuando un creyente quebranta su relación con Dios, por mantener afinidad o amor por las cosas del mundo.
- **FORNICACIÓN:** del griego *PORNEIA*, se refiere a cualquier relación sexual fuera del matrimonio, por lo tanto ilícita. Hay dos pecados que tienen una fuerza casi irresistible aún para los creyentes, y el consejo de Dios es "huir" de ellos. Dice 1 Corintios 6:18: *"Huid de la fornicación"*. También se aconseja lo mismo para con la idolatría.
- **INMUNDICIA:** del griego *AKATHARSIA*, denota un acto de suciedad física y moral, que incluye cualquier depravación sexual, desde practicar relaciones sexuales entre varones o entre mujeres, hasta las relaciones sexuales de seres humanos con animales. Romanos 1:24 dice: *"Por lo cual Dios los entregó a la inmundicia, en la concupiscencia de sus corazones, de modo que deshonraron entre sí sus propios cuerpos"*. También incluye la participación en la pornografía, por medio de revistas, libros, películas o videos con contenido de sexo explícito.
- **LASCIVIA:** del griego *ASELGEIA*, denota libertinaje moral, indecencia desenfrenada y disolución con conducta desvergonzada. En Romanos 1:26 dice: *"Por eso Dios los entregó a pasiones vergonzosas; pues aún sus mujeres cambiaron el uso natural por el que es contra naturaleza, y de igual modo también los hombres, dejando el uso natural de la mujer, se encendieron en su lascivia, unos con otros, cometiendo hechos vergonzosos hombres con hombres"*.
- **IDOLATRÍA:** del griego *EIDOLATRIA*, se refiere a la persona que voluntariamente se somete a las ideas depravadas que proviene del ídolo que venera. Los pecados de inmoralidad de

la carne, son considerados idolatría, pues permiten que la búsqueda de sus propias y egoístas pasiones los esclavice, y cometen pecados con la mente y con el cuerpo contra Dios. En 1 Corintios 10:14 dice: *"Por tanto, amados míos, huid de la idolatría"*.

• **HECHICERÍAS:** del griego *PHARMAKIA*, significa primariamente el uso de fármacos, drogas, encantamientos, con fines predeterminados hacia la invocación de poderes ocultos. Se aplican amuletos y talismanes para atacar o defender al paciente del poder de los supuestos enemigos espirituales. Es la práctica de las artes mágicas. Involucra cualquier participación en el ocultismo y al mundo de las tinieblas.

• **ENEMISTADES:** del griego *ECHTHRA*, denota aborrecer, ser hostil o enemigo de alguien. En el Sermón del Monte Jesús dice que si estamos enemistados con alguien y queremos llevar una ofrenda a Dios, debemos postergar la ofrenda e ir primeramente a reconciliarnos con el enemistado (Mateo 5:23-24).

• **PLEITOS:** del griego *ERIS*, es un acto de contienda o pelea contra alguien.

• **CELOS:** del griego ZELOO, es pecado en el sentido de anhelar ardientemente algo que le fue concedido o pertenece como cualidad a otro.

• **IRAS:** del griego *THUMOS*, es un arrebato sostenido de enojo violento, es la condición más agitada de los sentimientos humanos, por indignación interna. La ira es altamente peligrosa porque hace hervir el corazón y puede llevar a la venganza contra el otro.

• **CONTIENDAS:** del griego *ERITHIA*, literalmente significa rivalidad; denota el impulso de alcanzar lo suyo propio, o de lograr mezquinas ambiciones por medio de las riñas y la violencia.

• **DISENSIONES:** del griego *DICHOSTASIA*, causar divisiones, literalmente proviene de DI: división y *CHESTASIS*: estar aparte. Traer discordia o romper los lazos de la familia. Incluye los chismes como instrumento de división.

• **HEREJÍAS:** del griego *HAIRESIS*, una opinión errónea que toma el lugar de la verdad, y que al no someterse a ella, conduce a la división y a la formación de sectas.

• **ENVIDIAS:** del griego *PHTHONOS*, significa envidia, que es un profundo sentimiento de disgusto y resentimiento por oír o ser testigo de la prosperidad o felicidad de otro.

• **HOMICIDIOS:** del griego *PHONOS*, es cometer un asesinato contra alguien, o quitarle la vida violentamente. En el Sermón del Monte Jesús nos recuerda el mandamiento de Dios que dice: *"No matarás, y cualquiera que matare será culpable de juicio"*. Pero el Señor amplió el cumplimiento de este mandamiento a todo pensamiento de mal o insulto degradante contra cualquier persona (Mateo 6:21-23).

• **BORRACHERAS:** del griego METHE, denota el acto de embriagarse con bebidas alcohólicas. El resultado de las borracheras es que la persona pierde el control de sí misma y puede cometer cualquier tipo de mal a otro. En el sentido metafórico, se dice de las personas que viven embriagadas con el abuso del poder y de las abominaciones de los placeres del mundo.

• **ORGÍAS:** del griego *KOMOS*, se refiere a los desenfrenos morales, a las fiestas privadas donde prevalecen las borracheras, intoxicaciones con drogas y perversiones sexuales en las que participan varias personas a la vez, tanto heterosexuales como homosexuales.

• **COSAS SEMEJANTES A ESTAS:** del griego HOMOIOPATHES, significa literalmente sentimientos o pasiones semejantes.

Debemos hacernos enemigos tenaces de cada uno de los pecados enunciados, tal como es enemigo de cada uno de ellos el Espíritu Santo de Dios (ver Gálatas 5:17).

En el momento de recibir la salvación de nuestras almas, Dios nos confiere una posición de santos, nos separa para Él y, además, el Espíritu Santo nos impregna de su santidad y pone en nuestros corazones los deseos de ser santos en nuestra conducta.

Esta santidad dependerá de la pureza de nuestra mente y las acciones de nuestro cuerpo, enfocadas en la obediencia a la Palabra de Dios, que nos exhorta a salir de los moldes de la mentalidad mundana y buscar siempre la transformación de nuestra mentalidad para hacer la voluntad de Dios y nunca más la nuestra.

LO QUE NOS SEPARA DEL MUNDO

Creo que el mandato de Señor es conciso y simple: primero debemos presentarnos ante Dios y ofrecernos como un sacrificio viviente, y luego no conformarnos más a los moldes de la manera de vivir del mundo, y buscar transformarnos en la renovación de nuestras mentes, para vivir en santidad, a la nueva manera de Dios.

El cumplimiento de esta solicitud se hará efectivo si nos presentamos cada día ante Dios por sus misericordias recibidas. Debemos hacerlo como seguidores de Cristo, como si estuviéramos alineados en las filas de los condenados a muerte y vamos tras Jesús con nuestra propia cruz de sacrificio.

El Señor nos dijo que si queremos seguir sus pasos, debemos tomar la cruz de nuestro sacrificio cada día. Esto significa que cada día debemos reiterar y renovar ante el Señor nuestro ofrecimiento voluntario de ser un sacrificio viviente para Él. La santidad de Dios solo será evidenciada cuando nuestras conductas sean semejantes a la conducta santa que vivió Jesús cuando estuvo en la Tierra.

Ser santos en nuestra conducta requiere un esfuerzo cotidiano para no caer en la tentación del pecado o en las trampas con que nos asecha el diablo; no es que debemos vivir pendientes de no pecar. Todo lo contrario, debemos vivir pendientes de que nuestro sacrificio esté vivo, para que nuestra mente carnal nunca más se enseñoree de nuestros cuerpos y de nuestras pecaminosas conductas, porque está muerta y bien sepultada.

Antes de finalizar hay una invitación para que usted haga una oración de consagración. Es una invitación para que se presente una vez más ante Dios, como un sacrificio vivo, santo y agradable al Señor.

No porque su oración de consagración haya sido ineficaz, sino porque la vida que le hemos ofrecido a Dios, alguna vez podemos habérsela quitado para servirnos a nosotros mismos, y esto hará que podamos encontrarnos sirviendo a Dios, pero separados de Él.

Yo no sé si le ha ocurrido esto, pero creo que hoy tiene una nueva oportunidad de decirle a Dios que usted sigue estando disponible para Él, para servirlo en el lugar y en el ministerio al que Jesús lo ha llamado.

Pero en esta oportunidad debemos incluir algo más. Antes de tomar la decisión de hacer la oración, el Señor nos demanda salirnos de los moldes del mundo, por medio de la renovación de nuestro entendimiento. La palabra entendimiento de Romanos 12:2 fue traducida del griego *NOUS*, que significa "la mente como asiento de la conciencia reflexiva, que abarca las facultades de la percepción y la comprensión".

Se trata de que comencemos a percibir todas las cosas que provienen de la mente del Señor, y dejemos de lado toda percepción que se origina en nuestra mente sensitiva.

¿Qué es lo que tenemos que comprender o percibir en la renovación de nuestro entendimiento? Principalmente, conocer cuál es la actitud de Dios hacia el pecado. Este entendimiento nos separará de todo afecto hacia los deseos y las costumbres de este mundo, porque percibiremos el profundo odio que Dios tiene hacia el pecado. Entonces odiaremos el pecado en pensamiento, palabra y hecho, cuando logremos alcanzar ese odio por la renovación de nuestras mentes, porque allí es donde nace todo pecado.

En definitiva, renovarnos en el entendimiento es cambiar de mente, de corazón y de manera de vivir respecto al pecado, y solo así podemos experimentar el verdadero arrepentimiento que nos llevará a buscar la santidad de conducta y la integridad de corazón, para ser santos como Dios es Santo.

Y esta será nuestra verdadera liberación del pecado, para siempre.

Y ahora sí, en este espíritu lo invitamos a repetir estas palabras en oración:

> "Amado Señor y Salvador mío: una vez más vengo a presentarme ante ti. Vengo dispuesto a pagar el precio, para ofrecerme como un sacrificio viviente, para ser usado por ti.
> Quiero desligarme ante ti de mi egoísmo y de mi autosatisfacción, para que sean quemados en el fuego de tu altar.
> Quiero separarme solo para ti, y agradarte para siempre.
> Crea en mí, oh Dios, un corazón limpio, y renueva un espíritu recto dentro de mí.
> Cantará mi lengua tu justicia a todos los pueblos y naciones.
> Y publicará mi boca tu alabanza a todas las gentes de la Tierra, por amor a tu nombre, y por siempre, ¡amén!"

Esperamos que este libro haya sido de su agrado.
Para información o comentarios, escríbanos a la dirección que aparece debajo.
Muchas gracias.

Libros para siempre

info@peniel.com

www.editorialpeniel.com